Pour Pascal Sieger.

Ce livre parle français parce que
j'ai rencontré un saxophoniste à Bangalore.
Tous les traducteurs devraient être musiciens.

Tempora

À titre p

y People

PAK UNNIKRISHNAN

ovisoire

JUSTIFICATIF DE TIRAGE

Cette première édition d'*À titre provisoire* a été achevée d'imprimer au pic de chaleur du printemps 2023 sous les rotatives de Polygraph, à Sofia (Bulgarie).

50 exemplaires, numérotés, contiennent un tiré à part des dessins de l'auteur signé par lui.

N°   / 50

First published as Temporary People *by Restless Books, Brooklyn, NY, 2017*

© 2017 Deepak Unnikrishnan pour le texte
© Le nouvel Attila 2023 pour la traduction et la maquette.

Ce livre a été composé en **Charter** et en **impact** dans une maquette de Théo Delambre.
La couverture a été dessinée par Sylvain Lamy.

Othello est un label du Nouvel Attila dédié aux textes mutants.

Le nouvel Attila
127 avenue Parmentier 75011 Paris
www.lenouvelattila.fr

Deepak Unnikrishnan

À titre provisoire

*Traduit de l'anglais
(Inde, États-Unis, Émirats)
et préfacé par Pascal Sieger*

Othello

Note de l'auteur

Avant toute chose, l'Auteur tient à faire savoir qu'il est opposé à l'usage des italiques dans ce livre. Faute de syndicat assez puissant pour combattre la charte ortho-typographique de l'éditeur, celui-ci a néanmoins retenu le principe des mots étrangers en italique.

Note de l'éditeur

Le texte jongle entre mots en urdu, hindi, anglais, arabe et malayalam, dont il livre parfois les définitions au fil des chapitres. Voici les plus fréquents :
Behenchod et *Madarchod,* fils de pute (littéralement baiseur de sœur et baiseur de mère en hindi)
Kada, commerce en malayalam
Pravasi, travailleur immigré en malayalam
Shurtha, agent de police en arabe
Viid (ou veed), maison en malayalam

Page 175 (chapitre Moonseepaltye). Moonseepaltye est le nom d'un immeuble.

Page 238 (chapitre Sarama), la multiplicité des personnages et des sauts chronologiques, sont un hommage aux épopées indiennes telles le Rāmayāna et le Mahābhārata.

Pour **Atchân et Amma,**
parents écorchés.

Pour **Meenu et Raya,**
les femmes que j'aime,
qui me donnent une raison de vivre.

Pour **Milo,**
animal qui a toujours fait partie de la famille.

Pour **tous ceux qui sont partis**,
puis restés dans le Golfe pour le bien
de leur famille, pour finir par repartir.

Pour **les enfants du Golfe**
qui ont grandi sans mère/père/pays/confiance.

Pour **nous, inventeurs de royaumes**,
d'identités, embrouilleurs de langue(s).

Et, pour finir, **à ma ville**,
pour tout ce qu'elle a/m'a fait.

Préface

Notre planète est traversée de flux d'humains, de biens, d'argent, de virus... mais aussi de discours, de métaphores, d'idées... Les Émirats arabes unis sont une plaque tournante de ces flux. Nous connaissons les tours et les hôtels de luxe de Dubaï, le Louvre d'Abou Dhabi ainsi que le pétrole des Émirats, mais nous ne savons rien de leur littérature contemporaine. Wikipédia recense à peine deux écrivains émiratis ! *À titre provisoire* de Deepak Unnikrishnan est le roman parfait pour entrer dans ce monde inexploré, qui se construit dans une tension entre tradition arabe (poésie orale, textes sacrés) et modernité globale.

Roman « émirati », bien que la nationalité émiratie soit à jamais interdite à son auteur d'origine indienne qui a passé presque toute sa vie à Abou Dhabi, *À titre provisoire* est avant tout un roman-monde. Pour reprendre les termes du fameux manifeste de 2007, « Pour une littérature-monde », cet ouvrage libère la langue de « son pacte exclusif avec la nation » pour ne donner à l'imagination d'autres « frontières que celles de l'esprit ». Écrit en anglais car c'est la langue scolaire de l'auteur, mais constellée de mots et d'expressions issus de l'arabe et de langues indiennes qui font le parler des migrants indiens d'Abou Dhabi, ce roman est la première tentative de donner une voix à tous les invisibles du golfe Persique, les petites mains de l'industrie du luxe, du pétrole et du tourisme sans lesquelles cette région n'aurait pas l'aura dont elle bénéficie. Outre une poétique de la Relation chère à Édouard Glissant, qui donne les rôles principaux aux personnages d'habitude secondaires, l'auteur nous propose une vision et un engagement sociologique qui ne peut laisser insensible. Son texte est porté par des techniques narratives qui font exploser la linéarité du récit sans pour autant perdre en lisibilité.

Deepak Unnikrishnan partage avec ses personnages leurs diverses manières de s'exprimer, il transcrit leurs accents, donne des lettres de noblesse à leur langue. La forme que prend le récit reflète la diversité des personnages : fonctionnaires travaillant pour le gouvernement, collégien d'origine indienne, ouvrier expulsé après une peine de prison, écrivain américain ou chauffeur de taxi pakistanais. Chaque protagoniste a son discours, ses mots et déploie son imaginaire dont l'auteur se fait l'interprète. Il peut prendre la forme de poésie, de liste obsessionnelle, de logorrhée ou de lamentation, peut avoir la sécheresse d'un rapport administratif ou l'évanescence d'un récit de rêve. La forme éclatée décrit une réalité éclatée. Plus encore qu'un roman-monde, *À titre provisoire* est un roman du tout-monde car il donne aux Autres et à l'Ailleurs la place qui leur revient dans notre nouveau monde, celui qui se construit sous nos yeux.

En 2022, la Coupe du monde de football a eu lieu au Qatar, proche voisin des É.A.U. On y retrouve le même clivage entre les autochtones et une main d'œuvre originaire du sous-continent indien. *À titre provisoire* permet d'ouvrir les yeux sur cette réalité de la mondialisation à travers le cosmopolitisme d'en bas.

Pascal Sieger

LIVRE 1

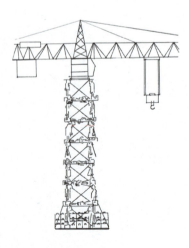

MEMBRES

Dans cette ville bâtie à la sueur de leur front, les ouvriers, des hommes pour l'essentiel, disparaissent une fois leur travail achevé. Une fois la dernière brique posée, la dernière vitre essuyée, les ascenseurs vérifiés, la plomberie raccordée, tous les ouvriers, sans exception, s'estompent avant de disparaître complètement. On dit qu'ils deviennent des fantômes qui hantent les façades qu'ils ont construites.

Lors de votre visite, si vous passez dans la rue en bas des immeubles, prenez garde. Des fantômes pourraient bien vous tomber dessus.

Nom de l'auteur non communiqué à la demande de l'intéressé

Chafitre un   Retour du Golfe

Dans un camp de travailleurs, quelque part dans le golfe Persique, un ouvrier a avalé son passeport et s'est transformé en passeport. Son colocataire, lui, a avalé une valise et s'est transformé en petite valise. Le matin suivant, le troisième lascar dans la combine a pris la fuite muni du passeport et de la petite valise tout neufs, il est passé devant le gardien de nuit et a sauté dans le bus du matin pour l'aéroport, il est passé par le comptoir d'enregistrement, il a tendu son billet à un steward fatigué, il a passé les contrôles de sécurité, il est passé à la fouille, corps et biens, il est passé aux toilettes, une fois, deux fois, trois fois, pour faire pipi, pour faire caca, pour faire une pause, il est passé devant les boutiques de duty free, regardant avec envie les chocolats, les alcools, les magazines et les devises étrangères, il est passé devant des familles habillées jogging ou haute couture attablées dans des fast-foods, passé devant des hommes et des femmes qui dormaient par terre, passé devant son passé, passé par son présent, tout était dépassé. Il se repassait l'or dans les souks, les grues dans le ciel, le pétrole dans l'air, les rêves plein sa tête, du passé. Dieu et le diable, les relents des réfectoires, du passé. L'humidité et l'air chaud, du passé tout ça, jusqu'à ce qu'il trouve un fauteuil libre dans le hall d'embarquement où il s'est assis et a pris son avenir en main. C'est à ce moment que des jambes et des oreilles ont germé sur la petite valise, que des paumes et de longs doigts ont poussé sur le passeport, un nez et une moustache, peu après l'appel de l'embarquement, quand l'hôtesse était en train de contrôler ses papiers. On a prié le troisième ouvrier d'attendre.

L'hôtesse mit un peu de temps pour trouver le protocole à suivre ou un précédent pour traiter le cas de ce passager et de ses biens. L'homme préféra ne pas attendre et se mit à courir le plus vite possible vers la porte d'embarquement, il passa devant la queue des voyageurs débarrassés des formalités attendant dans un gros tuyau percé de petites fenêtres, comme du sang dans une seringue, maintenant suivi au trot par une petite valise avec des jambes, sur laquelle un passeport à longs doigts était assis à califourchon, vision à la fois fascinante et effrayante qui incita le personnel, propulsé par un étrange sens du devoir, à faire obstacle au trio et à l'empêcher d'avancer pour protéger l'avion, ses pilotes et le personnel de cabine d'un danger indéfinissable. Quoi qu'ils fassent, ça n'aurait rien changé, car l'homme qui menait la charge, dans un geste désespéré, ouvrit grand la bouche pour leur demander de dégager, dégager, bouche ouverte, grande ouverte, un four qui avala la première personne sur son chemin, puis la suivante et la suivante encore, tandis que la petite valise s'ouvrait et se fermait, marchait sur les gens, les aspirait comme un siphon avec l'aide du passeport-jockey qui fourrait dans l'orifice ceux qui tentaient désespérément d'y échapper. Tout se déroula si vite, la course, l'avalage, l'enfournage, cette folie, que parvenus aux portes de l'avion tous trois semblaient plus étonnés que triomphants puis soulagés tandis que les pilotes et le personnel de cabine se lançaient des regards incrédules à l'autre bout du gros tuyau où tout le monde s'était précipité pour se repaître du spectacle.

L'homme, la petite valise et le petit passeport reprirent leur souffle, inspirant et expirant bruyamment, comme si l'air était saturé d'épingles pendant qu'au loin, dans le raffut d'un million de chevaux, des hommes bien intentionnés porteurs d'armes et de gaz couraient vers la porte où l'hôtesse avait poussé un cri et s'était évanouie. Le trio se rendit compte que c'était maintenant ou jamais, *abhi ya nahi*, marche ou crève, ils bondirent dans l'avion désert, verrouillèrent la porte, la petite valise et le petit passeport trouvèrent des places en première classe et attachèrent leur ceinture, l'homme fonça au fond de l'avion et se mit à avaler tout ce qui était à sa portée, à commencer par les deux lavabos, les dessertes des plateaux végé et non végé, le jus de pomme et les Bloody Mary, les sièges et les magazines, les tablettes et les ampoules clignotantes, les couvertures et les coffres, les chaussettes et les écrans télé, l'air de la cabine, avec ses miasmes de mauvaise haleine et de bonbons à la menthe, il avala tout ce qui était en vue, passant méthodiquement de la classe économique à la classe affaire et à la première, engouffrant même la petite valise et le petit passeport, la moquette, les issues de secours, les commandes de l'appareil, les hublots sales et l'odeur des pilotes, se laissant glisser le long du nez de l'avion et engloutissant tout sur son passage, de la queue au bec de l'aéroplane, les ailes, les roues, les bagages, le carburant, la carrosserie, tout jusqu'à ce que, rendu méconnaissable, il se transforme en jumbo énorme sous les regards ébahis des passagers du terminal bouclé et des porteurs d'armes et de gaz dont le chef demandait quel protocole mettre en place alors que cela n'avait plus d'importance. L'avion s'était mis à bouger sur la piste, il passait devant d'autres appareils en attente, ignorant les appels de la tour de contrôle lui enjoignant de s'arrêter, discutons de la situation et des otages, mais l'avion s'en fichait, il continua son petit bonhomme de chemin, prit de la vitesse, souleva son nez, rentra ses roues puissantes, et rendit sa cargaison.

Chafitre deux   Les oiseaux

Anna Varghese travaillait à Abou Dhabi. Elle scotchait les gens. Surtout les ouvriers du bâtiment qui tombaient des immeubles en construction.

Anna travaillait de nuit, elle furetait à la recherche des blessés puis les réparait au scotch, à la colle, ou les recousait si nécessaire, elle les rapiéçait avec une aiguille et du crin de cheval avant de les renvoyer à leurs affaires. Cette tâche très discrète lui prenait toute la nuit.

Il y avait dans son équipe dix personnes sous les ordres de Khalid, un colosse qui venait de Naplouse. L'équipe de Khalid était responsable des rues Hamdan, Electra, Salaam et Khalifa. Ils étaient tous à vélo et roulaient vite.

Ça faisait trente ans qu'Anna faisait ça et elle avait vu la plupart de ses collègues partir à la retraite – ils avaient été remplacés par des employés moins performants, disait Khalid qui, vu son ancienneté, l'autorisait à organiser sa tournée toute seule.

Anna connaissait Hamdan comme sa poche. À son arrivée dans les années soixante-dix, les immeubles y étaient moins hauts. Mais elle collait et scotchait déjà tous les jours des tas d'hommes, ajustant et rattachant des membres, remettant des organes en place et des yeux dans leurs orbites – et parfois, dans les cas désespérés, priant jusqu'à ce que le mourant rende l'âme. Mais il y avait peu de morts. Les ouvriers mouraient rarement au travail, c'était comme si quelque chose les en empêchait. Pour rigoler, les anciens disaient que les chantiers étaient interdits à la mort. Pour le prouver, certains d'entre eux se jetaient du haut d'un immeuble, devant les nouvelles recrues, à la pause déjeuner. La chute ne les tuait pas. Mais s'ils n'étaient pas sportifs et ne savaient pas se recevoir, leurs corps se disloquaient et ils restaient là jusqu'au soir, en attendant d'être repérés par une de ces personnes à vélo qui réparent, remettent en état et recollent les morceaux cassés comme un maître-pâtissier efface sur ses gâteaux les bavures d'un glaçage.

Quand Anna avait passé un entretien pour ce poste, Khalid lui avait demandé si elle était douée en travail manuel. Elle avait avoué : « Non. » Il lui avait répondu : « C'est pas grave. » Elle pourrait apprendre sur le tas.

« Vous avez peur du sang ? »

Elle avait réfléchi et répondu par la négative.

« Vous commencez demain » avait dit Khalid. Elle lui demanda en quoi ça consistait, tout en maudissant la cousine Thracy qui l'avait incitée à tenter sa chance à l'étranger, où elle se retrouvait maintenant à travailler pour une boîte dirigée par un Arabe qui semblait se ficher complètement de ses compétences. « On scotche, répondit Khalid, on nous appelle les Recolleurs. Je sais, c'est pas très joli, mais au moins, ils nous acceptent. »

Le secteur du bâtiment était alors jeune. Le pétrole commençait tout juste à imposer sa loi. Anna aussi était jeune. Quand elle était encore au village, elle pensait que si, un jour, elle allait dans le Golfe, ce serait pour être nourrice ou infirmière dans un hôpital mais les intermédiaires qui lui avaient fourni un visa voulaient être payés. Elle n'avait pas d'argent, alors elle emprunta. La cousine Thracy avait mis ses boucles d'oreilles en or au clou. « J'espère que j'aurai un retour sur investissement » avait-elle glissé à l'oreille d'Anna à l'aéroport.

Khalid l'attendait à l'atterrissage. « C'est un grand hôpital ? » lui avait-elle demandé pendant qu'il conduisait son pick-up délabré. Il avait répété : « Hôpital ? » Au cours du repas, il lui avait gentiment fait comprendre qu'on lui avait menti.

« Pas de travail ? »

Elle s'était mise à pleurer. Khalid lui avait assuré qu'il y avait un boulot mais qu'il fallait d'abord qu'elle mange. Puis il devait lui poser quelques questions.

« Inchallah, avait-il dit, si vous le voulez, le poste est à vous. »

Anna s'était bâti une renommée parmi les ouvriers, qui avaient appris à lui faire confiance. Ils se faisaient très mal en tombant et en se disloquant, mais c'était supportable. Le plus terrible, c'était la solitude et la peur de la chute qu'ils avaient constamment à l'esprit.

La plupart des piétons n'avaient rien à faire des corps qui dégringolaient des immeubles en construction, ils les contournaient, les montraient parfois du doigt ou les examinaient. Les plus aisés se précipitaient chez eux pour revenir avec une caméra. Les chauffeurs de poids lourds ou de berline faisaient attention à ne pas les écraser. Mais quel que soit l'endroit de la chute, les passants restaient indifférents. Au centre-ville, ce qui troublait le plus, ce n'était pas que les hommes tombés perdent leurs membres qui se fissuraient, c'était qu'ils perdent aussi leur voix. Ils vous fixaient en remuant frénétiquement ce qu'ils étaient encore capables de remuer. Le plus souvent, surtout dans des zones de constructions récentes, les corps attendaient au sol. Parfois, ils tombaient sur ou sous des objets, à des endroits où personne n'avait idée de regarder. Personne ne signalait leur disparition. C'était pour ces raisons que les ouvriers mouraient, disait Anna quand on lui demandait.

Et puis, il y avait ceux qu'on ne retrouvait jamais. À cause de tout un ensemble de facteurs : pas de chance, maladresse, trop de travail. Un ouvrier tombé pouvait survivre une semaine sans qu'on le retrouve, mais au bout de ce temps-là, il commençait à se détériorer. Et mourait.

Anna était devenue une championne pour repérer les hommes tombés. Elle devait avoir du sang de chien de chasse. Elle retrouvait tous les indices d'une chute, tels que dents ou lambeaux de peau. Elle fouillait minutieusement son territoire, en pointant sa lampe torche vers des endroits auxquels personne n'aurait pensé, des coins jamais éclairés par les lumières des chantiers. Le matin, avant la fin de son service, elle retournait sur les sites, pour voir le contremaître ou les ouvriers débarqués des bus Ashok Leyland. Elle vérifiait que personne ne manquait, et que ceux qu'elle avait réparés puis renvoyés au portail pour une inspection figuraient bien sur la feuille du contremaître. Les hommes étaient touchés qu'elle s'inquiète pour eux.

Anna n'était pas belle, mais dans une ville où les femmes sont rares, elle était appréciée. Elle avait aussi d'autres talents. Les tombés racontaient que quand elle recollait les morceaux, elle murmurait dans sa langue en leur caressant parfois les cheveux ou le menton. Elle racontait les hauts et les bas de sa vie, parlait de ses enfants qui lui manquaient, ou du poisson frais au bord de la rivière, elle leur posait des questions sur leurs vies, leurs rêves, même s'ils étaient incapables de répondre. Si l'homme semblait comprendre, ou qu'il lui plaisait, elle flirtait un peu. « Vous êtes certainement marié », les taquinait-elle. S'ils ne la comprenaient pas, elle chantait, pas très bien, mais de tout son cœur. Pourtant même à Anna, il arrivait de perdre des gens.

« Certains hommes meurent, quoi qu'on fasse on ne peut pas les sauver, seul Allah sait pourquoi » lui disait Khalid.

Une nuit, Anna passa quatre heures auprès d'un homme qui retenait sa tête avec son bras droit pour l'empêcher de se détacher. La semaine d'avant, elle avait traité un cas similaire et rapiécé l'homme en moins de deux heures. Mais avec celui-ci, son dernier cas probablement avant la retraite, rien ne marchait. Les points de suture sautaient. La colle ne prenait pas. Pourtant l'homme, contre toute attente, était encore capable de parler. Au cours de toutes ces années de pratique, aucun des tombés n'avait pu dire un mot. « Ça marche pas ? » demanda-t-il. Anna pinça les lèvres et se contenta de le soutenir. Ça n'aurait servi à rien d'appeler une ambulance. Ni d'aller chercher un docteur.

« Si tu déplaces les tombés, l'avait prévenu Khalid, ils meurent. » Tout le monde le savait. Il n'y avait que sur les chantiers qu'on pouvait survivre à ce genre de chutes. Si les ouvriers ne pouvaient pas être réparés sur place, peu de chance qu'ils puissent l'être ailleurs.

Le mourant en question s'appelait Iqbal. Il devait avoir environ trente-cinq ans et serait le premier homme à mourir sous ses yeux en cinq ans. Au cours de sa longue carrière elle n'avait perdu que trente-sept personnes, un palmarès exceptionnel. Elle lui demanda d'où il venait.

« Chez moi, c'est merdique, dit-il. Les jeunes étouffent au village. Il est si petit qu'en les tassant bien, on pourrait fourrer tous les habitants et toutes les terres dans la panse d'une seule vache. » La seule industrie était une manufacture de nattes de coco tressé. « Tu sais à quoi on se rend compte qu'un village est foutu ? avait-il poursuivi d'une voix traînante. C'est quand les jeunes s'y ennuient. » Iqbal avait fui.

Il était parti parce qu'il voulait un peu voir du pays. Parce que le rêve de tous les jeunes était de devenir comme ces gars du Golfe. Tous les six mois, les recruteurs apparaissaient dans leur taxi de location avec leurs chemises amidonnées et leurs pantalons repassés et ils enrôlaient les volontaires. « Quand je me suis présenté, ils m'ont assuré que tout ce qu'il fallait, c'est que je supporte la chaleur », dit Iqbal. L'argent, comme pour Anna, avait fait le reste. « Non imposable » brailla-t-il. Ils lui avaient dit que s'il se débrouillait bien, il reviendrait cousu d'or.

Avant de prendre sa décision, Iqbal s'était rendu chez le voyant du village – son perroquet avait tiré une carte confirmant que le Golfe transformerait sa vie. Il fit sa valise cette nuit-là, rendit visite à Philomena la Douce, la prostituée du quartier, pour une partie de jambes en l'air qui dura si longtemps « qu'une louve frappa à la porte pour nous supplier de nous arrêter ». Puis il se faufila dans sa maison et vola toutes les économies de son vieux père pour se payer le visa et le voyage.

« Uppa était paralysé – un accident à l'usine. Il m'a regardé lui faucher son fric » dit Iqbal. Anna fronça les sourcils.

— Ne t'en fais pas, la rassura Iqbal, mon frère s'est bien occupé de lui.

— Comment va-t-il maintenant ? demanda Anna.

— Il est mort dans les bras de mon frère, je n'ai pas réussi à le revoir.

Anna lui tenait la tête et Iqbal lui raconta qu'il avait espéré faire fortune en dix ans. Et qu'ensuite, il se serait trouvé une femme, aurait eu des enfants et construit sa maison. Son père, s'il avait encore été vivant, lui aurait pardonné. Ses anciens maîtres d'école qui le traitaient de paysan ou de doux rêveur l'auraient invité à dîner chez eux. Mais il était tombé, hein ? Il avait glissé comme un singe maladroit pendait qu'il faisait autre chose – il semblait gêné d'en parler.

« Tu faisais quoi ? le pressa Anna. Allez, dis-moi, je ne le répèterai à personne. »

Iqbal sourit.

« J'étais en train de me masturber sur le toit. Tout au bord », avoua-t-il. Il le faisait souvent. « C'est super, dit-il en riant. Mais un pigeon a atterri sur mon zob... » L'oiseau l'avait surpris. Et il avait perdu l'équilibre.

— C'est pas vrai ! Anna éclata de rire.

— Tu devrais essayer, c'est génial. C'est comme si tu faisais un enfant au ciel. Ou, dans ton cas, s'il te pénétrait.

— Un peu de respect, dit Anna, je pourrais être ta mère ou ta grande sœur.

— La chaleur, dit-il doucement. C'est la chaleur qui m'a fait tomber.

— Pas l'oiseau ?

Iqbal réussit à sourire. « Un jour, j'ai éjaculé sur un oiseau. C'était comme si je lui avais tiré dessus. »

Comme Anna, Iqbal connaissait la chaleur depuis son enfance. Il avait appris à vivre avec, même quand la vapeur dans l'air était si chaude qu'elle faisait bouillir votre cerveau. Mais la chaleur du Golfe cuisait les hommes d'une autre manière. Elle commençait à frire leur chemise pour s'attaquer ensuite à leur peau.

Sur le chantier, Iqbal pouvait se fier à son instinct. Il avait toujours de l'eau, parfois du petit lait à portée de main, mais des pauses fréquentes ralentissaient le travail et Iqbal savait qu'on le surveillait. Il avait une formation de tailleur, comme son père. Il savait qu'on mettait du temps pour apprendre un nouveau métier. Il suivait donc une règle : lorsque sa peau se parcheminait, il s'arrêtait et étanchait sa soif, en buvant si rapidement qu'il en avait parfois mal. Il ne laissait jamais le soleil prendre le dessus. Son corps était fort. Mais ce avec quoi il avait du mal, dit-il à Anna, c'était les réactions des gens qu'il croisait dans la rue, surtout s'il décidait d'aller dans l'un de ces petits *kadas* pour acheter de l'eau ou des boissons fraîches pour ses collègues au milieu de l'après-midi.

— Comment ça ? demanda Anna.

— L'été, poursuivit Iqbal, on brûle, les habits brûlent, on sent comme un vieux four.

Il lui demanda alors :

— Tu ne brûles pas ?

— Tout le monde brûle ici, répondit-elle. Mais pourquoi es-tu tombé aujourd'hui ? Qu'est-ce qui était différent ?

— On aurait dit le jour parfait, dit Iqbal sèchement. Qu'est-ce qu'ils disent, les autres ?

— Les autres ?

— Ceux qui tombent.

Iqbal n'attendit pas la réponse.

— Crois-le ou non mais en plein air, on supporte mieux la chaleur. Moi, c'est mon cas au sommet des immeubles, insista-t-il. Mais la plupart des hommes s'assèchent comme des raisins. Là-haut, on ne brûle pas, on se désintègre.

— Il ne fait pas plus frais en hauteur ? demanda Anna.

— Habillé des pieds à la tête avec un casque ? Non. J'ai vu un jour un homme rétrécir jusqu'à la taille d'un enfant. À la pause déjeuner, après avoir bu une bassine d'eau, il est revenu à sa taille de départ. » Pourtant le plein air laissait le corps respirer. « Il y a du vent. »

Enfermés dans des campements, confinés, collés les uns aux autres dans leurs couchettes à la climatisation défaillante, les corps cuisaient, perdaient leur sel, et la sueur brûlait les yeux. Ils n'en pouvaient plus, tout était trop. Anna acquiesça. Une fois, elle avait rapiécé un homme dont la peau était si sèche qu'elle avait dû frotter tout son corps avec de l'huile d'olive après l'avoir réparé.

Bien qu'immunisés contre la mort par chute, ils ne pouvaient rien contre la chaleur. Pendant leur pause repas, il était plus important de pouvoir se mettre un peu à l'ombre sous les bâches des tracteurs ou la croupe des grues que de manger. Avec leurs chemises en guise de coussins, le corps couvert de journaux, les ouvriers se reposaient.

Iqbal demanda à Anna si elle voulait bien lui gratter la tête.

— Tu es fraîche, la taquina-t-il, aussi fraîche qu'une jeune mariée.

Anna sourit :

— J'ai des petits-enfants maintenant.

Elle planta ses ongles dans son cuir chevelu.

— Ils ne t'ont pas dit de faire attention au soleil ? demanda Iqbal.

— Qui ?

— Les recruteurs.

— Non.

— Personne ne parle de la nuit, soupira Iqbal. Ils devraient. La nuit, la chaleur t'agresse d'une autre façon, elle devient humide. J'ai connu un homme qui recueillait la transpiration. Il allait de porte en porte avec un chariot plein de seaux. Au bout d'une semaine, ce type – il s'appelait Badran – a creusé un trou à côté de l'immeuble où on vivait. Ça lui a pris une éternité pour vider tous les seaux dans ce trou. Au début, je l'ai regardé faire, et j'ai été l'aider. On a vite eu une piscine – une piscine d'eau salée. C'était super chouette. On y flottait pendant des heures.

— Et Badran n'a pas eu de problème ?

— Badran était un petit malin, dit Iqbal. Il a revendu une partie de l'eau de la piscine à un chauffeur de camion-citerne d'eau, un type louche. Le chauffeur venait au camp vers trois heures du matin et remplissait son camion à ras bord. Tout le monde le savait. Tous les gros bonnets ont eu leur part.

— Où amenait-il l'eau ?

— Je lui ai demandé plusieurs fois, dit Iqbal. Il ne me l'a jamais dit.

— Badran a dû gagner pas mal d'argent.

— Je suppose. Il est mort il y a quelques mois.

— Comment ?

— Un accident. Son heure avait sonné.

— Où ?

— On était à l'arrière d'un pick-up en train de rentrer

chez nous. Le chauffeur a heurté quelque chose près de Mussafah. Badran est tombé… et la roue…

Anna ne voulut pas en savoir plus. Elle avait compris. Toutes les nuits, elle prenait son dîner dans une petite cafétéria appartenant à Abdu, un homme de son village qui lui donnait les restes qui ne figuraient pas sur la carte. Elle mangeait à l'œil en écoutant le propriétaire lui raconter les derniers potins. Abdu s'en sortait bien. Toutes les nuits, des camions et des bus transportant des ouvriers s'arrêtaient devant chez lui. Badran et Iqbal s'y étaient probablement arrêtés eux aussi, pour s'asseoir le long de la vitrine, épuisés.

« Peut-être, dit Iqbal. Un jour, j'étais assis à côté d'un type qui avait si chaud qu'il s'est évaporé sous mes yeux. J'ai récupéré son pantalon, quelqu'un a pris ses chaussures, mais sa chemise était si moche que personne n'en a voulu. »

Anna rit. Le débit d'Iqbal ralentissait. Elle continuait à lui masser la tête.

— Un jour, j'ai connu quelqu'un qui voulait mourir, dit Iqbal. Il avait compris assez vite qu'il était difficile de mourir sur son lieu de travail ou dans les camps. Il n'était pas malheureux. Il voulait seulement mourir.

— Il y est arrivé ? demanda Anna.

Iqbal grimaça.

— C'est là que l'histoire se complique. Charley savait ce qu'il voulait mais il était raisonnable. Il avait une femme et des enfants au pays et voulait être certain de leur laisser de quoi vivre. Il pensait que ce qu'il y avait de mieux, c'était de mourir d'un accident de travail. Comme ça, ils toucheraient des dommages et intérêts.

— Il a réussi ?

Iqbal réfléchit.

— Je ne suis pas sûr, dit-il finalement.

— Qu'est-ce qu'il s'est passé ?

— Eh ben, il m'a demandé de l'aider. Je l'aimais bien, tu sais. J'ai accepté. Il m'a dit que ça prendrait un peu de temps, une année ou deux, mais que ça devrait marcher. Charley m'a dit qu'il aurait un accident tous les deux mois. Il allait commencer avec des petits. Une chute du premier étage, la perte de quelques orteils. Puis il passerait à des choses plus sérieuses : troisième étage, sixième étage. Mais il me préviendrait à chaque fois. Avec un mot, un signe secret qui me dirait où et quand il avait prévu de le faire. J'attendrais donc qu'il passe à l'acte et, avant qu'on le retrouve, je devrais aller sur place et l'amputer d'un morceau – un doigt ou un truc comme ça – que je jetterais à la poubelle. Les recolleurs le répareraient pendant la nuit mais il manquerait un morceau à chaque fois. Il s'était promis d'avoir quatre accidents par an. Si tout s'était bien passé, au bout de trois ans il aurait dû être suffisamment abîmé pour ne plus être réparable et l'entreprise aurait prévenu sa famille. On a donc fait ça pendant un moment.

— Sa famille n'aurait pas récupéré un cent, confia Anna.

— Attends que je te raconte la fin, dit Iqbal. On en avait fait assez, on était plus qu'à quelques mois du coup final. Ça avait pris plus de temps que prévu – six ans. Une nuit, Charley vient me trouver. « Je veux vivre », il dit. Je n'ai pas su quoi lui répondre. J'avais enlevé quelques doigts, des orteils, un rein, son pénis. Ses jambes faisaient la moitié de leur taille d'origine et maintenant, il voulait vivre.

— Tu as fait quoi ? demanda Anna.

— Il est très heureux maintenant, sourit Iqbal. Il me demande parfois s'il peut me regarder me branler puisqu'il ne peut plus le faire.
— Il était là aujourd'hui ?
— Non, pas aujourd'hui.

La respiration d'Iqbal devenait de plus en plus difficile. « Bientôt. » C'est tout ce qu'il parvint à dire. Anna fit oui de la tête en passant affectueusement la main sur son visage. Iqbal se tourna vers elle :

— Tu connais une prière pour les morts ?

Elle secoua la tête.

— J'ai ce rêve qui revient... commença Iqbal.
— Dis-moi, dit Anna.
— Ce type, Nandan, avait un oiseau, un pigeon dans une cage qu'il amenait au boulot tous les jours. Il avait toujours un œil sur son piaf, même en travaillant.
— Tout le temps ?
— Tout le temps, confirma Iqbal. L'oiseau savait voleter mais il lui avait mis un cadenas autour du cou. Il était si lourd que l'oiseau courbait la tête.

Iqbal avait de la peine pour cet oiseau, coincé dans sa cage, il décida donc de profiter d'un moment où Nandan ne le regardait pas pour lui rendre la liberté. « J'y suis presque parvenu. » Il était sur le toit et avait saisi le cadenas. Il était sur le point de libérer l'oiseau quand Nandan le surprit. Quelqu'un avait vu Iqbal se diriger vers le toit avec la cage. Nandan lui demanda de lui rendre l'oiseau. « J'ai refusé » dit Iqbal. Nandan, fou de rage, bondit sur l'oiseau. Iqbal glissa, lâcha l'oiseau qui tomba sur le sol à quelques pas des deux hommes, près du bord du toit qui culminait à dix-huit étages. L'oiseau, paniqué ou peut-être plein d'espoir, se mit à sautiller en direction du bord et s'élança.

— Mais je n'avais pas eu le temps de lui enlever son cadenas, dit Iqbal.
— C'est horrible, dit Anna.
— Ouais, dit Iqbal. C'est à partir de là que j'ai commencé à avoir ces rêves.
— Des rêves ?
— Promets-moi de ne pas rire, dit Iqbal.
— Promis, dit Anna.

Quelques semaines après la chute mortelle du pigeon, Iqbal avait commencé à faire des rêves dans lesquels il se trouvait au sommet d'un immeuble qu'il avait lui-même construit.

« Je suis entouré de ma famille, on a tous des ailes. Le soleil est froid. Tu me suis ? Et on vole. »

Et alors qu'ils volent, raconta-t-il, il se rend compte que leurs pieds sont munis de griffes avec lesquelles ils peuvent agripper le sommet de l'immeuble, et ils tirent, et ils volent, et ils tirent, et ils volent ou plutôt ils essaient de voler jusqu'à arracher l'immeuble de ses fondations et l'emporter avec eux, en volant vers le soleil glacé.

Ce fut la dernière histoire d'Iqbal. Il mourut avant l'aube.

Anna resta auprès de lui quelques minutes, se demandant si elle devait attendre que le jour se lève mais elle préféra l'abandonner en laissant une note épinglée sur sa poitrine. On pouvait y lire « Décédé » avec le nom et l'adresse de la société de Khalid pour les contacter. Puis elle remonta sur son vélo.

*

Hamdan, le domaine d'Anna, son quartier, grandissait. Le petit centre-ville faisait penser à un gros ver à la mue inexorable. De nouvelles rues se greffaient sur les anciennes, qui longeaient les surfaces d'acier et de verre surplombant des arbres plantés eux aussi de manière uniforme et linéaire. On élargissait les routes qui étaient balayées régulièrement pour rester immaculées et noires. Des urbanistes d'importation plantaient de grands réverbères tout pareils à ceux des villes américaines. En tendant bien l'oreille, on pouvait entendre des architectes mercenaires aboyer leurs instructions pour bâtir la ville parfaite : « Bouge. Ça. Ici. Là. » Ils ne dormaient jamais, leurs ordres retentissaient au milieu de la nuit comme au petit jour, ils ne se reposaient jamais.

La ville était un immense jeu de société où les ouvriers étaient des pions qui faisaient pousser des immeubles, rallongeaient des rues et boostaient l'économie. Puis après, ils s'en allaient.

Dans le temps, Hamdan était un modeste embryon de centre-ville, ni fait ni à faire, mais aujourd'hui, le quartier était géré dans l'idée d'optimiser la consommation d'ouvriers immortels par immeuble en construction. Anna avait du mal à suivre le rythme. Les travailleurs tombaient plus que jamais.

Un jour, après l'épisode Iqbal, Kuirakose, un homme qu'elle avait rapiécé, vint la trouver, il se planta devant sa porte et l'implora de l'accompagner chez son patron pour réclamer son impayé de salaire. Il était certain qu'elle pouvait l'aider à obtenir gain de cause. Elle le suivit. Le patron appela les flics. Avant de l'arrêter, un officier lui demanda ce qu'elle faisait. Quand il apprit qu'elle travaillait pour Khalid, il la relâcha avec un avertissement. Khalid était furieux.

— Il y a des règles, il faut les respecter, avait-il dit.

— Que lui est-il arrivé ? Anna voulait savoir.

Kuirakose avait été renvoyé chez lui. Ses colocataires avaient fait une collecte, mais il avait dû partir.

Khalid aimait répéter : « Les mensonges sont toujours découverts. Ils se décollent des gens comme de la boue séchée. » Il n'avait pas tort. Il n'y avait pas de place pour les mensonges quand les bateaux accostaient pleins de travailleurs accrochés comme des bernacles, quand les avions atterrissaient chargés de nouveaux venus, quand les trafiquants balançaient leurs cargaisons vivantes à des kilomètres des ports ou du rivage. Tout le monde venait ici pour s'assurer un avenir.

La ville jouait avec ces gens, les pressant comme des citrons avant de les presser à partir. Son air était vicié mais tout le monde en voulait une bouffée. Même Anna. Elle avait pensé faire venir sa famille, mais elle ne voulait pas que ses enfants deviennent des entre-deux, comme tous ces jeunes aux accents maniérés, aux corps gras de trop de télévision par câble et de chocolat d'importation, élevés aux gadgets électroniques japonais et à la télé américaine. Non, ses enfants auraient du respect pour leur terre, il sauraient d'où ils viennent. « Ils connaîtront leur terre, pas leur mère. » C'était ce que Khalid lui avait dit alors qu'ils se promenaient sur la corniche.

« Tu vois ça ? » lui avait demandé Anna en montrant un homme à la peau sombre qui installait des arroseurs, le teint aussi foncé que celui de la nounou qui poussait un landau devant eux, un peu moins que celui des hommes dans l'immeuble à côté, toujours vissant et boulonnant, même quand ils tombaient lentement après avoir glissé, même quand ils tombaient rapidement.

— J'ai eu de la chance, mes enfants ne comprennent pas ça.

— Dis-leur avant qu'ils t'oublient, lui dit Khalid. Puis il lui prit la main.

Khalid avait raison. Son mari, et maintenant ses enfants étaient en train de s'effacer de sa vie. « Que dire ? » Il ne répondit pas. Il ne pouvait pas comprendre, il avait fait venir sa femme dès qu'il avait appris qu'elle était enceinte de leur premier enfant.

En silence, ils observaient la mer barricadée. Il y avait une petite marée, des crachats, des emballages de chewing-gum, des canettes de soda, des petits poissons qui léchaient des petits pots de glace et des allumettes qui flottaient comme des petits radeaux en se cognant aux murs de pierre couverts d'algues. Non loin, un homme maigre faisait griller des cacahuètes dans un wok garni de sel. La nuit était humide et le ciel moucheté de gris.

Anna pédalait lentement. « C'est comme faire un enfant au ciel », dit-elle à voix haute. Les mots d'Iqbal. Elle pensa qu'il faudrait qu'elle essaie au moins une fois. Elle prit un raccourci pour la corniche alors en travaux. Elle avait remarqué, quelques mois avant, au cours de sa promenade du matin, des pelles mécaniques et des tracteurs garés devant les palmiers dattiers. Elle avait entendu des dragueurs dans l'eau. Tout était enfumé. On repoussait la mer. On allait construire plus de fontaines. Comme mue par une force extérieure, Anna s'était assise sur un banc et mise à pleurer. Les travaux n'étaient qu'une petite partie d'un plan plus vaste. On démolissait tout ce qui était doté d'un âme ancienne. Ils avaient déjà détruit le vieux souk, avec ses marchés, ils avaient tout cassé puis relogé les commerçants dans des bâtiments modernes.

« Ils nous ont rangés dans un cube ! » plaisanta Kareem Ikka, l'épicier, en offrant un chaï brûlant à Anna. Les marchands de jouets étaient eux aussi confinés.

Son fils et sa fille lui avaient rendu deux fois visite. La première fois, elle les avait amenés au souk un vendredi. Il fallait jouer des épaules pour se déplacer entre les tanks incontrôlables, les robots-singes, les princesses rotatives, les chiens qui aboyaient. Ils se cognaient aux gens, elle leur avait fait sentir de l'*attar*. Elle leur avait acheté de la barbe à papa et un *faloda* chacun. Le seul *mall* auquel elle les avait amenés était Hamdan Center. S'ils lui rendaient visite aujourd'hui, elle ne saurait pas où les amener. Elle ne connaissait pas bien les nouveaux *malls*. Pas mieux que ses enfants. Mais ces pensées devraient attendre. Elle était arrivée à destination.

Babu, le gardien, la salua d'un sourire. Ils étaient de vieux amis. « Le meilleur boulot du monde », lui avait-il dit un jour. L'homme à qui appartenait cet immeuble vide, un gros bonnet nommé Majid, refusait de vendre. Il attendait le bon moment, que son bien prenne de la valeur.

À sa mort soudaine, son fils Rashid, qui avait été très proche de son père, ne put se séparer de l'immeuble et le garda contre l'avis de ses frères. Il était maintenant l'objet d'une dispute incessante. Le tribunal devait statuer. Babu s'en occupait depuis le tout début. Il vivait au premier étage, où il organisait des fêtes pour ses amis célibataires. À l'occasion d'une de ces fêtes, il y avait de cela plusieurs années, il avait eu l'idée d'aller sur le toit. Ce n'était pas un grand immeuble, à peine six étages, mais lorsque ses amis découvrirent son corps en vrac, ils perdirent espoir, jusqu'à ce qu'Anna passe par là par hasard. Elle sauva sa vie, il perdit seulement l'usage de sa jambe droite et d'un œil. Au fil du temps, ils étaient devenus de bons amis, et Babu autorisait parfois Anna à dormir sur le toit, ce qui lui arrivait quand elle avait besoin de réfléchir. Cette nuit, elle voulait réfléchir. Elle s'endormit sur le lit de camp que Babu avait déplié pour elle. Elle rêva aussitôt.

Elle se tenait sur le toit d'un immeuble très haut, tout au bord. Sous elle, la ville ressemblait à des taches de peinture. Le vent soufflait fort. Iqbal était là, il la salua gentiment de la tête. Il y avait d'autres visages qu'elle ne reconnaissait pas, des hommes, des femmes, par centaines. Il faisait chaud. Le soleil mordait. C'est alors qu'elle se rendit compte qu'elle était équipée d'une paire d'ailes en cire magnifiques – parfaitement imitées. Les autres aussi, et ils les faisaient bouger de haut en bas pour les essayer.

Anna aurait immédiatement voulu tester ses nouvelles ailes mais elle se rendit compte que tout le monde attendait un signal. Puis elle entendit qu'on ouvrait la porte qui donnait sur le toit. Elle se retourna et vit débouler vers elle des centaines de pigeons aux yeux rouges, aussi grands que des écoliers, aux ailes entravées, avec des clochettes aux pattes et des cadenas autour du cou. Ils marchaient en rangs. Chaque pigeon se tenait derrière un homme ou une femme ailés. Celui qui se trouvait derrière elle était si proche qu'Anna pouvait sentir son odeur, et l'entendre roucouler. Les jambes d'Anna se mirent à trembler. Avant qu'elle ait eu le temps de comprendre ce qu'il se passait, l'oiseau la poussa avec force. En tombant, elle se souvint qu'elle avait demandé à Iqbal comment l'oiselier Nandan avait appelé son pigeon. Elle essaya de battre de ses ailes gigantesques, mais elle faisait tout de travers. Elle ne dominait pas les courants d'air et elle se rappela le rire d'Iqbal. « Devine », lui avait-il répondu. Elle était en train de tomber sur le dos, les yeux vers le ciel. La lueur du soleil l'aveuglait. Elle sentait que d'autres gens tombaient autour d'elle, en même temps qu'elle, chutaient lourdement, essayaient de se remettre d'aplomb, agitaient leurs ailes. Elle battit des ailes plus fort et crut entrevoir une foule d'oiseaux penchés sur elle. Leurs becs bougeaient.

« Vole, semblaient-ils dire. Vole. »

Chafitre trois   Pravasis

Travailleur. Expat.
Travailleur. Invité.
Travailleur invité. Travailleur.
Travailleur. Étranger.
Travailleur. Non-résident.
Travailleurs. Non-citoyens.
Travailleurs. Visa.
Humains. Visas.
Travailleurs. Travailleur.
Un million. Plus.
Sans domicile. Visiteurs.
Résidents. Nés.
Amenés. Arrivés.
Adaptés. En mal du pays.
Cœurs brisés. Exaltés.
Travailleur. Travailleurs.
Tailleur. Soudeur.
Chauffeur. Bonne.
Ouvrier du pétrole. Infirmière.
Dactylo. Historien.
Commerçant. Chauffeur poids lourd.
Vigile. Jardinier.
Secrétaire. Pilote.
Trafiquant. Pute.
Serveur. Maîtresse.
Humains. Provisoires.
Humains. Illégaux.
Humains. Éphémères.
Humains. Partis.
Déportés. Disparus.
Plus. Nouveaux arrivants.

Chafitre quatre Le fone

Non loin de la rue Jawazat, il y avait un commerçant d'apparence ordinaire, un *kadakaran*, qui possédait un petit *kada*. Dans l'arrière-boutique, perdu au milieu des sacs de riz basmati, des bouteilles de coca, des boîtes d'huile et des magazines pornographiques : un *fone*, qui était pour une bonne partie de la clientèle la principale raison de fréquenter l'échoppe. Même si ce fone ressemblait à un banal téléphone à cadran, c'était bien plus que ça. À première vue, l'appareil semblait conforme à sa vocation : il servait à passer des appels, sans toutefois permettre d'en recevoir. Ce qui faisait tout son intérêt pour les utilisateurs était son pouvoir de téléportation. Imaginons qu'un travailleur veuille appeler sa femme, le fone lui offrait la possibilité de voler au-dessus d'elle comme une abeille géante et de l'observer à loisir pleurer silencieusement dans le combiné du voisin à l'autre bout de la ligne. Elle, elle ne pouvait pas le voir ni même savoir qu'il était là, si proche qu'il pouvait distinguer les marques de crasse sur sa nuque. Lui, il était réconforté de la voir pleurer ainsi. Imaginons une travailleuse qui veuille appeler sa fille, un bébé trop jeune pour parler, suçotant l'appareil en bavant comme si c'était sa seule fonction, portée par son père la pressant de dire quelque chose. La femme pouvait voir toute la scène : son mari encourageant la fillette à parler, à dire n'importe quoi, ne serait-ce qu'un mot, n'importe lequel. Parfois quelqu'un laissait le téléphone sonner pendant des heures sans que personne ne décroche, parce que celui qui appelait désirait raconter qu'il venait d'être augmenté, qu'il était heureux, qu'il avait besoin de le dire à quelqu'un qui ferait semblant de partager son bonheur, pour qu'il se sente encore plus heureux. Le fone était très utile mais seul le kadakaran décidait de son utilisation.

Il pouvait se casser si on l'usait trop, disait-il, et personne ne saurait le réparer, donc chaque usager n'avait le droit de s'en servir qu'une fois par an. Il était interdit de parler du fone à ses amis. Il fallait qu'ils le découvrent par eux-mêmes. Qu'ils tombent dessus par hasard. Qu'ils tombent sur le fone et sur le kada par hasard. Ça avait autant de chance de se produire que de rencontrer un perroquet parlant kurde ou un sorcier dans un bar. Une fois les pouvoirs du fone découverts, il fallait s'inscrire sur une liste et choisir un jour et une heure. Si on était malin, on évitait les jours de fête ou fériés et les appels trop tard en soirée pour être sûrs que le correspondant soit chez lui, parce qu'on avait seulement droit à un appel et il fallait que ce soit le bon. Le jour de l'appel, on se faisait porter pâle, on n'allait pas au travail mais au kada pour passer son coup de téléphone. Et dès qu'on avait raccroché, on reprenait rendez-vous pour l'année suivante.

Si Johnny Kutty n'avait pas appelé sa femme, le fone serait peut-être encore en état de marche.

Johnny Kutty était marié depuis un mois à peine quand un parent éloigné lui trouva une place en tant qu'apprenti mécanicien auto à Dubaï. Johnny Kutty commença par acheter des cartes téléphoniques pour appeler son épouse une fois par semaine. Il appelait le taxiphone de son ami Peeter, celui-ci envoyait son employé chercher l'épouse de Johnny Kutty puis ils parlaient fiévreusement jusqu'à ce que le crédit de la carte soit épuisé. Quand Johnny Kutty découvrit le fone, il fut fou de joie et prit le premier rendez-vous disponible. Ce jour funeste, alors que Johnny Kutty flottait dans la cabine de son ami Peeter au-dessus de sa femme, il remarqua que Peeter restait assis à la regarder en souriant et qu'elle le fixait en souriant également. Il lui offrit un coca glacé qu'elle but à la paille en rougissant, Johnny Kutty ne savait pas si c'était de ce qu'il lui proposait, de ce qu'il voulait lui faire – des trucs sales, des trucs cochons – ou du regard appuyé de Peeter, elle hochait la tête et rougissait, et rougissait et hochait la tête tout en souriant, en souriant jusqu'à en rendre fou Johnny Kutty, qui vola sur place, jusqu'à ce que la carte soit épuisée.

Immédiatement, Johnny Kutty prit rendez-vous pour l'année suivante et il continua à appeler son épouse d'une cabine normale une fois par semaine. Mais cela ne lui suffisait plus. Il imaginait toutes sortes de choses : qu'elle buvait du coca, que Peeter achetait des bouteilles de coca juste pour elle, qu'il glissait la paille dans le goulot de la bouteille, qu'il suçait la paille une fois que l'épouse de Johnny Kutty avait fini son appel, qu'il en léchait le bout où elle avait posé ses lèvres et laissé un peu de salive. Quand, quelques semaines plus tard, la jeune femme lui annonça qu'elle était enceinte, Johnny Kutty comprit que sa vie était fichue. Cette nuit-là, il fractura la porte du kada du kadakaran et appela Peeter. Il laissa le téléphone sonner pendant des heures sans résultat, et cela confirma à Johnny Kutty que Peeter n'était pas dans le taxiphone à l'avant de sa maison. Johnny Kutty savait pourquoi : Peeter s'occupait de sa jeune épouse et n'avait pas le temps de répondre aux appels de son meilleur ami car il était trop occupé à le rendre cocu avec cette garce buveuse de coca.

Quand il comprit ce que sa femme lui avait fait, Johnny Kutty se mit à détester cette vie qu'il avait trouvée belle, cette vie maintenant détruite par cette femme qui le trompait avec celui qui avait été son meilleur ami. Il aurait voulu ne pas être debout dans ce kada, ne pas être celui qui tenait ce fone, ce fone qui avait brisé son cœur, qui avait dû briser le cœur de tant et tant d'autres et qui méritait de mourir, d'être exterminé. Il passa donc à l'action. Johnny Kutty versa quinze litres de coca dans un seau dont le kadakaran se servait pour nettoyer son kada et laissa tomber le fone dans le liquide pétillant, le maintenant au fond comme la tête d'une personne qu'on noie, comme pour le noyer lui et toutes les personnes à l'intérieur. Puis il prit des boîtes d'allumettes, les empila à côté du seau contenant le défunt fone et vida trois boîtes d'huile alimentaire sur le sol pour terminer son ouvrage. Il gratta une allumette et suivit sa trajectoire jusqu'au sol. Quand le *shurtha* du commissariat dit à Johnny Kutty qu'il avait droit à un coup de téléphone, ce dernier lui répondit qu'ils pouvaient lui faire ce qu'ils voulaient, mais s'ils voulaient qu'il appelle qui que ce soit ou lui tendaient un téléphone, il en mourrait, et qu'il n'était pas normal qu'un homme meure autant en un an, et qu'il ne s'en remettrait pas, ce qui serait bien triste après ce qu'il avait déjà enduré.

Chafitre cinq   Le taxi

« Bonjour Monsieur, je vous emmène où ?

Oui oui, Dubaï, pas de problème. Quelle place, Dubaï ?

Non, c'est pas beaucoup loin, je connaître. Maintenant, Abou Dhabi trafic pas beaucoup après dix heures – maintenant tous au travail. Maximum une heure et demie, Inch Allah. Répète adresse ? Hmm, adresse pas sûre – peut-être vieille usine – mais j'ai téléphone avec GPS, toi aussi GPS ? Je mettre GPS de temps en temps et je conduire toi Dubaï, OK ?

*

Vous Indien ? Inde ? C'est bien ce qu'il semblait, on va pouvoir parler en hindi, même si vous autres du Sud répondez *Hindi no maalum* neuf fois sur dix. Mais je suis bien certain que vous vous débrouillez très bien en hindi, non ? On va réussir à se comprendre.

Vous savez, quand ça fait aussi longtemps que moi qu'on conduit un taxi, on a un truc pour sentir les gens. Par exemple, on voit s'ils ont fait des études, s'ils sont ordinaires ou corrects. Le premier truc, c'est leur peau. Je me suis dit que vous deviez être indien. Mais j'en étais pas si sûr. Parce que vous ressemblez pas à un Indien, plus à un Ameri-khan avec vos lunettes et votre coupe militaire. Mais un étranger, pour sûr. Avec des drôles de manières d'Anglais. Mais j'ai tout de suite su qu'on pourrait se parler. Vous avez dit bonjour.

La voix, ça dit tout. Y a des clients qui n'ont pas le temps de bavarder. Ils crient pour nous appeler comme si c'était la fin du monde et après crachent leur adresse comme si on leur appartenait. La moitié du temps, ils marmonnent. On peut pas leur en demander plus quand ils sont comme ça. Ils pètent un plomb. Putain de ci, putain de ça, c'est tout ce qu'ils savent dire une fois minuit passé. Et moi, je me dis : Du calme, fils de pute ! J'essaie de te ramener chez toi.

Des fois, il y a des filles assises à l'arrière qui ont la chatte en feu. Vous voyez de quoi je veux parler ? Des salopes ! *Bitches !* On dit comme ça, non ? *Bitches.* On se comprend ?

Vous savez, à certaines heures, dans cette ville d'hommes, votre bite se lèche pratiquement les babines parce qu'elle a que l'embarras du choix. Où ? Mais partout, mon gars. Y a des grosses à l'hôtel ███████, sur le parking près de ██████, elles sont plantées comme des arbres devant les sandwicheries et les fast-foods et échangent des numéros de téléphone avec des ados mal lavés. Ou elles se baladent autour du ████████ ████ après minuit. On a du mal à les repousser. Ces filles rappliquent comme des papillons attirés par la lumière. Et elles ne s'adressent pas à vous, *yaar*, elles parlent directement à votre zob. Et si vous êtes un homme avec tout ce qu'il faut, vous oubliez la morale, elles savent vous accrocher.

Si j'ai essayé ces spécimens à gros culs et gros seins ? Qu'est-ce que vous croyez ? Qu'on peut s'en empêcher ? En tout cas, j'ai jamais payé, *yaar*. Je fais des économies. Vous savez, au début, quand je bossais à Dubaï, on avait une équipe de Philippines. Je faisais le chauffeur pour le big boss. Mais il me restait plein de temps libre, dans la voiture, vous voyez ce que je veux dire. Le boss, il me payait le retour à la maison et ces petites Philippines, elles voulaient toujours s'arrêter quelque part, hein ? "Jamal, tu peux faire ça pour moi", qu'elles couinaient. "Bien sûr, bébé, je te conduis où tu veux mais qu'est-ce que t'as à offrir à ton Jamal ?" Mais il y a aussi les garces qui se jettent à votre tête. L'autre nuit, je ramenais une cliente chez elle. Une petite caille bien chaude. Des talons qui faisaient un potin d'enfer. Tellement parfumée qu'elle aurait pu polluer la lune. Et pâle – pâle comme un linge, mon vieux. Et, oulala, complètement bourrée, si elle avait saigné j'aurais pu revendre son sang à un marchand de gnôle. Mais elle crevait d'envie d'un bon bout de barbaque pakistanaise, putain, ça se voyait. Elle a mis une main sur mon épaule. Et vous savez ce qu'elle m'a dit ? "Baise-moi, taxi man !"

Vous savez, quand une cliente est étrangère et tout, je fais attention. On veut pas avoir de problèmes à cause des Blancs. Mais cette chaudasse dépassait les bornes. Je l'ai écartée. "I fuck I like", que je lui ai dit en anglais. Et pourquoi non maintenant ?, on aurait dit qu'elle voulait dire. Et puis elle a ri, parce que ces salopes aiment les hommes qui parlent anglais, ceux qui portent des costumes et des chaussures en cuir et qui leur disent des mots cochons. Parce qu'elle était toute chaude et tout. Mais ce que je voulais dire, c'est qu'avec certaines personnes il faut faire la loi. C'est pas dur. C'est pas une meuf qui va me dire où et qui baiser. J'ai l'air d'un imbécile ? Je crois pas, non. Quand cette salope aura dessaoulé et qu'elle verra ma grosse queue de Pakistanais sur sa cuisse, je vais vous dire ce qu'elle va faire. Elle appellera les shurthas.

Ils m'embarqueront. Et je vais vous dire ce qu'ils me feront : ils cloueront ma bite dans une cellule pleine d'autres chutiyas, d'autre cons, qui se sont fait pincer avec leurs pantalons aux chevilles. Et le gouvernement renverra mon gros cul de Pakistanais au pays, mon vieux. Je suis pas venu ici pour ce genre de binz, *yaar*. La déconnade, ça peut attendre. Ma bégum m'attend à la maison avec ma fille, vous voyez ce que je veux dire ? Et puis, il y a mon fils. Ce petit gars va naître dans quelques semaines et je voudrais pas qu'il arrive dans un monde où son père est un gros cul de chômeur pakistanais juste sorti de taule.

Quoi ? Parlez plus fort, *yaar*.

EST-CE QUE JE VOULAIS UN GARÇON ? Vous bossez pour une ONG ou quoi ? Vous savez ce que je pense ? Je pense que les ONG, elles pensent qu'on ne traite pas bien nos femmes. Je vous dis, trouvez-moi une des ces femmes d'ONG. Vous la mettez dans mon lit. Je vais la traiter si bien qu'elle me laissera jouer au cricket sur son guichet. Mais vous voulez savoir si je le voulais, ce garçon ? Ben, je vais pas vous mentir, *yaar*, maintenant ma famille est complète. Je veux dire, on avait la fille. Et maintenant le garçon. Le service complet, comme à table. On est content.

Qu'est-ce que vous dites ?

Hé, vous n'écoutez pas ce que je vous dis. Je m'en fichais d'avoir un garçon ou une fille. Si je savais pas qui vous êtes, je dirais que vous voulez me faire marcher. Pour moi, un garçon ou une fille, franchement c'est du pareil au même. La seule chose importante, c'est qu'il soit de moi. Et ma bégum, elle comprend ça. Elle me trompe *jamais*.

Elle est aussi un peu folle. Quand j'ai découvert

qu'elle avait deux mois de retard, la frangine m'a dit clairement qu'elle voulait un garçon. Si Allah avait un mail, ma bégum l'aurait harcelé de messages, vous voyez ? Je vais vous dire pourquoi, *yaar*.

Quand la bégum attendait notre premier bébé, je lui ai dit : une fille ! Elle m'a contredit : un garçon ! Elle aurait dû m'écouter.

Alors quand je l'ai remise en cloque, au quatrième mois, elle m'a redemandé de deviner.

C'est pas important, j'ai dit.

Bégum a insisté, un garçon, hein ? Un garçon ? C'est un garçon ?

C'est pas important, j'ai redit. Alors, qu'est-ce qu'elle a fait ? Elle a fait ce que son cul venu de Rawalpindi lui a dit de faire. Accrochez-vous bien, elle a été faire une échographie pour vérifier que le bébé se portait bien comme il faut, hein, et elle a regardé l'écran, le cœur du bébé, et puis Bégum dit, je crois que je vois son pénis. Et la doctoresse, elle lui dit : "Montre-moi !"

Je me suis demandé si elle allait pas porter la poisse à cette naissance après ce coup. Mais ma bégum, elle s'en fichait : elle l'a dit à *tout le monde*. C'est un garçon, un petit garçon. UN GARÇON !

Mais c'est pas elle qui choisit son nom, quand même, ça serait pousser le bouchon un peu loin. C'est à moi de faire ça, *yaar*. J'ai aussi choisi le nom de notre fille.

On appellera le garçon Zameer.

Hein ? Comment j'ai appelé la fille ? Zohra.

*

Mais j'ai assez parlé de moi ! Vous travaillez dans quoi, mon ami ? Ou vous veniez juste de rendre visite à quelqu'un quand je vous ai pris ?

Prof de fac ? Mash Allah ! On dirait pas, *yaar*. En forme et bien foutu, c'est sûr. J'aime bien vos boucles d'oreille, aussi. Vous avez quel âge ? Sans blague ! Vous avez encore le sang chaud, hein ? Marié ? Des enfants ? Je vais vous donner un conseil. Ne le prenez pas mal, hein ? À votre âge, dans la trentaine, faut en profiter, faut pas laisser passer une occasion de prendre du bon temps. Après un certain âge, c'est plus si facile de remettre la machine en marche. Tout change une fois que vous avez des enfants. Dans le temps, j'avais plein de copines, maintenant plus tellement. Je veux dire, une fois de temps en temps, pour l'hygiène, vous savez, mais de moins en moins. Les nichons et le jus de chatte, c'est en stand-by. J'ai des priorités, *yaar*. Faut que j'apprenne à parler à ma fille. On se parle tous les jours, mon ange et moi. Elle a trois ans et, croyez-moi, c'est la fille de son père. La tête sur les épaules. Elle sait ce qu'elle veut. Je veux ça ! Et ça ! Attendez *yaar*, j'ai une photo. Vous voyez, qu'est-ce que je vous ai dit ? Elle est craquante, non ? Vous savez ce qu'elle m'a dit l'autre jour ? Baba, si tu ne reviens pas à la maison avec des cadeaux, je te casse les daanth. Vous savez ce que ça veut dire, *daanth* ? Comment on dit *daanth* ? Oui, c'est ça, les dents. À propos, votre ourdou est correct. Il faudrait juste revoir la grammaire. Vous mélangez vos ils et vos elles.

Alors, votre femme travaille aussi ? Oui, *yaar*, les temps sont durs. M'en parlez pas, y a pas de boulot. Vous avez pas encore d'enfants, vous m'avez dit. Un conseil, vous permettez, entre frères : faites le premier quand votre femme ne travaille pas. Elle aura rien d'autre à faire. Ça lui donnera le temps de prendre soin du bébé et tout. Et puis, au bout de deux ou trois ans, faites-le garder. C'est pas trop cher. Il y a des nounous partout. Des Philippines, des Indiennes, des Pakistanaises, des agréées, des au noir, tout ce que vous voulez. Et mettez votre femme au travail. Après ça, plus de soucis de pression familiale. Mon grand frère a attendu trop longtemps. Ma belle-sœur n'arrivait pas à avoir d'enfants. Elle avait un truc qui marchait pas bien, mais ils l'ont réparée. Elle a mis neuf ans pour en avoir un. Vous voulez certainement pas ça. Faites excuses mais faut battre le fer quand il est chaud, la femme elle doit être jeune et bien huilée. Faut y penser avant, *yaar*. Parce qu'on a envie de jouer avec ses petits-enfants avant de mourir, non ? Avant d'être promené sur des roulettes comme un bébé, hein ? J'en ai vu des étrangères comme ça dans l'Abou Dhabi Mall. Elles trouvent normal d'avoir des enfants à cinquante ans. À cinquante ans, faudrait penser à ses petits-enfants ! Faut avoir un peu de bon sens parfois.

Bon sang, je suis un vrai moulin à paroles. Je n'ai rien dit qui vous a fâché, hein ? Il faut poser la question de nos jours. Les gens sont sur leur téléphone et ne décrochent pas un mot. Qui parle encore ? Mais c'est vous le client, *yaar*. Il faut que je vérifie si je peux continuer à papoter avec vous. Croyez-moi, frère, je pourrais vous conduire jusqu'à Dubaï sans dire un mot de plus. Comme vous voulez. Je peux me taire.

Mais vous voulez pas ça, hein ? Vous êtes un homme bien. Vous me comprenez, *yaar*. La plupart des clients devraient savoir que sur un long trajet, parler, c'est comme de la caféine. Mais vous pensez que les clients s'en soucient ? Non, la plupart d'entre eux, ils sont en train de tripoter leur WhatsApp ou leur Facebook sur la banquette arrière. Les routes sont droites ici, hein, les autoroutes sont larges. Et la clim est à fond – toujours. La dernier truc à faire, c'est de fermer les yeux. Il faut rester vigilant, mon ami, pas s'endormir parce qu'on s'ennuie pour finir par se crasher.

*

Yaar – HÉ, YAAR – si ça vous gêne pas, il faudrait que je m'arrête à cette sortie. OK ? Il faut que je prenne de l'essence et que j'évacue mon thé du matin. J'arrêterai le compteur. Ça va comme ça ? Vous savez, les clients n'y pensent pas mais l'un des trucs les plus difficiles quand on est chauffeur de taxi, c'est de trouver des toilettes publiques. Il m'arrive de ne pas pisser pendant des heures parce que je suis concentré sur ma destination. Que Dieu me pardonne, mais j'ai super envie de couler un bronze, la course vient juste de commencer et je me demande si mon cul va pouvoir obéir à mon cerveau. Parfois mon dos est comme du ciment parce que ma colonne est soudée au siège. Ou je transporte des clients les uns après les autres, et j'accepter toutes les courses parce que si j'en refuse une, un connard pourrait appeler la direction et se plaindre, et j'aurai une autre putain de retenue sur mon salaire, *yaar*. Mais bon, on prend l'habitude de ne pas bouger les poignets et le dos pendant des heures, pareil pour le ventre, de toute manière, et on s'habitue à chier et pisser après le service. Huit à dix heures à se retenir, mon ami. Ou bien on mange une seule fois par jour, juste après s'être réveillé. Je suis pas docteur mais ça peut pas faire de bien, non ? Mais vous êtes un type bien, *yaar*. Vous aurez même pas le temps de dire ouf que je serai de retour.

*

Allons-y, c'est reparti. Ça fait du bien, j'avais vraiment envie de pisser.

Alors dites-moi : vos étudiants, là, ils ont des capotes pour rien, non ? Dans votre école, bien sûr ! Ils ont qu'à demander, non ? Faites pas l'innocent, mon ami, celui qui me roulera dans la farine n'est pas né. Moi aussi, j'ai regardé MTV dans le temps, et je regarde *Gomme of Thrones*. Et je sais comment les Américains élèvent leurs femmes ! Comment je le sais ? J'ai conduit un beau gosse népalais en ville, hein. Un gamin qui a commencé à se raser la veille. Il est monté où je vous ai pris, un jour de semaine, avec un trafic de ouf. On est bloqué près de ███ ██ – un trafic de pute de sa race – et on papote, et il me raconte comment il saute des meufs avec une capote, qu'il reçoit de vous savez qui, hein ? Et moi je me tape ta mère avant de me recueillir pour le namaz, je lui dis, allez, tout le monde sait qu'il faut les acheter, les capotes, tu vas au Spar ou à LuLu. Dans le temps, quand je faisais des études on n'allait pas crier sur les toits qu'on voulait s'enfiler les beautés du coin. Vous savez ce qu'il me dit ? Il me dit, je suis sérieux, hein, il me dit qu'il y a qu'on peut se taper du dimanche au lundi des chattes *made in America*. Un buffet à volonté. Mais je fais pas confiance aux Népalais, *yaar*. Personne ne veut les baiser, alors ils inventent ces histoires ridicules où tout le monde veut les baiser. Je veux dire, si vous aviez à choisir entre une bite pakistanaise et une bite de niakoué, y a pas photo, hein ? Même si ces fils de putes ont des bites épaisses comme une mine de crayon, ils sont super sérieux au travail, les Népalais. Je veux dire, ils bossent jusqu'à ce qu'ils crèvent, *yaar*. Pas comme nous, les Indiens ou les Pakistanais. On est des chutiyas. Ce Népalais, il baisait sûrement ces Américons comme si sa vie en dépendait, parce que, autrement, comment il pourrait avoir sa green card ?

Et vous, *yaar* ? Avec votre boulot, les filles doivent se bousculer au portillon, je suppose. Vous me faites marcher ! Et rien en loucedé non plus ? Mais qu'est-ce que vous avez à la maison, *yaar* ? Une chatte marinée dans du hash afghan ? Excusez-moi, je me suis laissé emporter, mais vous avez l'air d'un mec qui assure. Vous avez combien d'encoches sur votre tête de lit ? Seulement *cinq* ? Arrêtez, vous êtes un Amerikhan-return, non ? Avouez que vous vous êtes farci de la chatte blanche à chaque repas ! Allez, soyez pas timide. J'ai un cousin dans le Misheegun. Sans déconner, *yaar*, mon frimeur de cousin fait passer le crache-test à des goris am'ricaines depuis que Clindon Bhai est président. Comment on dit dans les bars am'ricains ? Wam-bam ? Emballé c'est pesé. Mon cousin est un genre de chutiya wam-bam.

Et puisque on en parle, je peux vous poser une question, OK ? Vous êtes pas obligé de me répondre mais comme on est amis, ça devrait pas vous gêner. Vous, votre queue est coupée ? Je veux dire, je peux vous demander, hein ? Votre bite doit être assez grosse ? Grosse comment ? Vous moquez pas de moi ! Il y a des tailles pour les capotes. Comme les T-shirts. J'en ai vu des vertes et des pas mûres, mais des tailles ? Crachez le morceau – vous êtes du genre à mettre une ou deux capotes ? Et votre dame, ça lui va une bite hindoustanie emballée dans deux couches de latex ? Je le savais, mon bâtard ! Maintenant on parle sérieusement !

Non moi je mets pas de capote. J'en ai pas besoin. Je veux dire, bien sûr que je me tape des gonzesses, j'aime la chatte philippine, vous voyez ce que je veux dire. Elles aiment le kar-o-ke *et* les hommes qui paient. J'ai un pote de Karachi qui fait un prix aux Pakistanais. Sa marchandise, elle est toujours clean, alors pas besoin de capote. Mais j'envoie pas la sauce à l'intérieur. Ça me va tout à fait d'arroser la pointe du rosier.

Qu'est-ce qu'elle pense, ma bégum, des capotes-mon-pote ? Écoutez, *yaar*, je vois ma bégum tous les deux à quatre ans. Je vais pas mettre un chapeau de caoutchouc pour faire zig-zig. Ma bégum, ça lui plaît comme ça aussi. Et si on fait plus de gosses, on aura plus de gosses. Je m'en plaindrai pas.

C'est dur de quoi ? De vivre loin de sa famille ? Écoutez, *yaar*, pourquoi vous ne me demandez pas franchement ce qui vous tracasse ? Vous voulez savoir si je me sens coupable de baiser d'autres femmes ? Parfois. Mais je ne les aime pas. Mon cœur appartient à ma bégum. Mais un petit coup, c'est sympa mon gars. Je me prive pas, mais faut faire attention. Je vis à ▮▮▮▮ ▮▮▮▮, vous savez. C'est le territoire des chauffeurs de taxi. On vit presque tous là. C'est un grand complexe. Que des hommes, et tout ce qu'il faut pour s'amuser : du foot, du cricket, des bouquins et la télé. On est pas loin du quartier des femmes, en même temps. Je sais pas si vous êtes au courant, mais ▮▮▮▮▮▮ a changé. Avant, c'était décrépit, il n'y a avait rien à faire. Maintenant ? *Yaar*, on trouve *tout*. Vraiment *tout* : bouffe, piles, hommes, femmes. Tout. Mais, moi je ne fais rien. Trop de paires d'yeux autour qui passent leur temps à rearder si on se conduit mal et toutes prêtes à moucharder. Je chie pas où je mange. Je fais gaffe, *yaar*. Ma chambre est à ▮▮▮▮, vous comprenez, c'est là que je dors, que je salue le livre sacré. Tous les matins, je me réveille, je me brosse, je me douche et je me sors. Je veux dire, j'ai du boulot. Quatre cent vingt-cinq dirhams par jour, ça rigole pas. C'est mon objectif. Une fois que j'ai fait ça, je suis cool. Je me promène. Parfois je rentre faire une sieste. J'ai eu du bol aujourd'hui. Une course à Dubaï, c'est deux cents, facile. Et il est quelle heure, là ? Juste une heure ou deux après le petit déjeuner ? Ça me laisse presque tout l'après-midi pour finir à la tombée de la nuit. Autrement. je suis dans la voiture jusqu'à neuf ou dix heures du soir. Après ça, j'avale vite fait un curry détrempé et des chapatis dans ma cantine habituelle. Et je rampe jusquà mon lit. Pour allonger ce putain de dos. Dodo. Le lendemain, ça recommence.

Oui, j'ai des colocataires. Un, c'est un connard, un plouc de Multan qui aurait mieux fait de pas naître. On a pas le droit de cuisiner – y en a qui essaient et se font choper – donc je mange à l'extérieur, mais j'aime bien que ma maison soit propre, vous voyez ce que je veux dire ? Le plouc de Multan, il a dû sortir mort-né de sa sœur, c'est un dégueulasse. Je lui ai dit : tu crois qu'on va se pencher pour ramasser tes saletés, *behenchod* ? Je lui ai dit que je lui ferais un nouveau trou au cul pendant qu'il dort s'il ne nettoyait pas. Écoutez, si ça le gêne pas que sa chambre pue la merde, il devrait juste vivre seul, putain de sa mère de gandu.

Ça fait combien de temps que vous vivez ici ? Quatre ou cinq mois ? Dites-moi, vous avez remarqué les homos ? La ville en est pleine. Les Philippins, ils sont presque tous gays. Et puis, il y a aussi ces Arabes en jeans serrés et belles pompes qui marchent bizarrement et sentent le désodorisant pour toilettes ! Ils sont gays, eux aussi. Vous revenez d'Amérique, hein ? La Florida est pleine de pédés, non ? En plus c'est juste à côté de Disneyland. Et New York, c'est leur capitale, non ? Mais ils sont presque tous smart et riches et toutes les chaînes de télé leur appartiennent, hein ? C'est ce que je pensais. Et vous ? Vous avez essayé les mecs ? Allez, sans mentir. Moi ? Ben, dans le temps, je me suis fait quelques culs. Enfin, vous savez ce que veut dire *chappi*, hein ? Alors dites-moi, comment on dit en anglais ? Vous savez pas du tout, hein, *yaar* ? Je vais vous dire. En anglais, c'est *suck*. Vous comprenez ? Je n'ai jamais offert mon cul, pas besoin. Je sais ce que vous pensez. Je suis peut-être grassouillet mais j'ai encore du charme. Si je voulais, il suffirait que je claque des doigts et j'aurai un mec en train de me sucer dans les dix minutes. Vous me croyez pas ?

Je vais vous raconter ce qui m'est arrivé la semaine dernière. J'emmenais cette femme blanche à Khalifa City. Au bout d'un quart d'heure, on l'appelle. C'est le mec qu'elle baise. Il lui dit qu'il est pas d'humeur. Alors la fille, une Russe je crois, commence à pleurer sur la banquette arrière. Elle me demande de la ramener chez elle. Je me dis, on va essayer un truc. Avant que je m'en rende compte, je lui tendais un mouchoir en papier parce que son mascara avait coulé. En moins de deux, on était en train de papoter, elle me raconte sa vie, et que le gars qu'elle saute est marié. Il la balade depuis deux ans, elle pense à le quitter, même si elle kiffe toujours ce chutiya. En moins de temps qu'il faut pour le dire, on s'arrête devant sa villa et elle m'invite à entrer. Elle insiste, en fait. Elle me sert un jus d'orange.

Et ensuite, elle pose ses mains sur ma cuisse. Écoutez, j'aurais pu faire tout ce que je voulais, elle aurait pas bronché. Mais je me dis, je suis dans une villa à Al Reef. Mon taxi est garé dehors. Les voisins ont vu que le chauffeur est dans la propriété, le gardien m'a vu entrer dans la maison. Si quelqu'un appelle la direction, ou pire, les shurthas, il faudra que j'abandonne mon falzar et que je me barre cul nu. Alors qu'est-ce que je fais ? Je remercie la dame pour son hospitalité et je me tire de là.

C'est quoi votre adresse, encore une fois. Le nom de cet endroit, hein ? Et crachez-moi le nom de la sortie ? Sortie 43. OK, 43.

Encore deux, dans un quart d'heure vous serez arrivé.

*

Je vais vous dire un truc, *yaar*. Notez mon numéro. Vous voulez allez quelque part – Dubaï, Sharjah, pour du shopping à Al Wahda – appelez-moi, OK ? Je vous conduis. Venez avec votre femme. Je vous promets de rester correct. Quand Madame sera dans la voiture, on taillera pas la bavette comme ça, hein ? Si Madame est là, on parle pas des mêmes choses. Respect, total et complet, voilà pour Madame. Que vous le croyez ou non *yaar*, je suis timide, moi. Bon, avec vous, je peux me laisser aller et être sincère, sans me retenir. Mais avec Madame…

Ah, voilà la sortie. Vous êtes sûr que vous voulez pas que je me gare devant la porte ? Je pourrais attendre que vous ayez fini. Je veux dire, je n'ai pas le droit de faire un aller-retour, c'est illégal – les taxis d'Abou Dhabi n'ont pas le droit de faire des courses à partir de

Dubaï – mais pour vous, je prendrai le gauche. Non ? Vous êtes sûr ?

*

Bon, ça a été un plaisir. Et le pourboire de quarante dirhams pour une course de deux cents balles, fallait pas vous sentir obligé. Je veux dire, vous avez vraiment décidé de me gâter aujourd'hui, hein, *yaar* ? D'abord la conversation, et là, le pourboire. Je vous l'ai dit, au moment où je vous ai vu, j'ai su, ce garçon, ça va être mon ticket gagnant de la journée. Laissez-moi vous serrer la main et vous dire au revoir, d'homme à homme, comme des frères. Votre réunion n'est pas tout de suite, hein ? Je vous promets que ça ne prendra pas de temps. Il faut juste que je mette les warnings, que je défasse ma ceinture et que je sorte de cette stupide Corolla. Vous savez qu'un petit malin de Rosbif m'a dit un jour que c'était la voiture la plus vendue au monde. À mon avis c'est juste de la pub. Mon beau-frère, il a un pick-up Datsun des années quatre-vingt. Il aurait dû le mettre à la casse mais il a jamais eu un problème avec. Vous en avez déjà vu un ? Je suis sûr que cet *haraami* de Rosbif ferait pas la différence entre une Datsun et une Isuzu qui lui roulerait dessus sur Sheikh Zayed Road.

En tout cas, je trimbale des clients dans cette bagnole japonaise depuis cinq ans et laissez-moi vous dire, c'est un honneur de pouvoir serrer la main à un jeune homme aussi bien, c'est un plaisir, un vrai plaisir. Et oh, qu'est-ce que je vois là ? J'avais bien vu. Vous faites de la muscu, hein ? Je peux ? Juste tâter un peu – bon sang !

Y en a dans ces biceps, *yaar*, Un sacré potentiel...
Mais, mmm...

Vous vexez pas, hein. Mais faut que je vous dise quelque chose : vos bras, même s'ils ont l'air vraiment bien, ils sont un peu mous par endroits. C'est dommage, mon ami. Ils sont corrects vus dans le rétroviseur, presque convenables de près mais si on y regarde bien, on voit que vous les entretenez pas. Il faut les entretenir, *yaar*. Vous voyez, quand vous tapez sur un bras bien musclé, rien ne bouge, même avec les muscles au repos, il doit toujours être prêt à les faire jouer. Vous, même si vous êtes en forme, vous devez faire attention à vos triceps. C'est le muscle de derrière. Ils sont devenus mous. On peut dire que tout est correct mais rien n'est génial. Et maintenant que je vous vois de près, je vois aussi que vous avez besoin de travailler votre ventre et que vous passez trop de temps au soleil. Faut entretenir tout ça. Si vous ne le faites pas, vos pecs vont ressembler à des nichons dans un ou deux ans. Et un matin vous vous réveillerez et vous sentirez que quelqu'un vous a défoncé le cul. Mais c'est pas votre truc à vous. Parce que vous, vous êtes de ceux qui vont s'en sortir, avec vos lunettes classe et votre pantalon infroissable. On dirait que vous êtes enduit de bonne éducation et de lait hydratant d'étranger, de firangi. Vous savez ce que vous voulez. Exactement le genre de type que ma fille va essayer d'épingler et de s'agrafer sur le cœur jusqu'à ce qu'il lui construise une maison avec son argent et qu'il lui offre un passeport anglais. Croyez-moi ou pas, on lui trouvera le même que vous quand elle sera plus grande. Mais – sauf votre respect – en mieux, plus grand, avec une peau plus claire. Souvenez vous : de l'entretien. Faut entretenir votre carcasse. Autrement, vous resterez un mec sans rien de spécial. Un cul ordinaire, des hanches ordinaire, un mec ordinaire. »

Chafitre six   L'anniversaire

> *N'importe quel homme, drogué contre sa volonté peut devenir un tortionnaire, manger son propre enfant, renier Dieu. Une fois la bête lâchée, il est difficile de l'apprivoiser. Mon client est un bon père de famille, un homme craignant Dieu mais il n'était pas maître de ses actes, ce jour-là. Des hommes ont abusé de sa confiance et l'ont trompé pour qu'il fasse ce qu'il a fait. Il a été manipulé.*   La défense

PROLOGUE

Tous les ans, au dernier jour du mois d'avril, quand le soleil disparaît derrière les dunes alezanes, les hommes de ma ville sont sommés de se rassembler dans les sables, à l'endroit où se trouvait autrefois une oasis. Pour assister à la reconstitution d'une série d'actes commis par un homme sur un autre au cours de la première décennie de notre ère, et pour comprendre pour quelle raison le tribunal a acquitté le premier. Tout ceci prend la forme d'une pièce de théâtre. La présence de tous est obligatoire.

ACTE I

Un homme, incarnant un membre important d'une tribu, est drogué à son insu par un étranger qui lui ordonne ensuite de boire cul sec un tonnelet de tord-boyau. On donne une kalachnikov au membre de la tribu et on lui demande d'écraser avec une Range Rover un autre homme qui joue Mahmoud le Pathan. Mahmoud aura les jambes brisées. Celui qui joue l'étranger tend ensuite une planche en bois avec un clou qui dépasse à l'homme de la tribu. Celui-ci s'en sert pour frapper Mahmoud jusqu'à ce que la planche se fende en deux. Puis l'étranger ordonne à celui de la tribu de verser du sable dans les yeux et la gorge de Mahmoud. Mahmoud est forcé de garder les yeux et la bouche ouverts. On fait couler le sable fin d'un pot en terre cuite. À la fin de cette atrocité, l'étranger demande au membre de la tribu de faire feu avec sa kalachnikov sur Mahmoud le Pathan. Le membre de la tribu s'exécute. Puis, obéissant aux instructions, le membre de la tribu arrose les vêtements de Mahmoud d'essence à briquet. L'étranger lui tend son Zippo.

Fin du premier acte.

ENTRACTE

Un quart d'heure de pause. Les acteurs fument une cigarette. Mahmoud est frictionné avec un baume miracle reconstituant. Les organisateurs distribuent des rafraîchissements. Le groupe d'hommes va piocher dans les dattes, les fruits frais, on se sert du café amer, du thé sucré, de l'eau ou du Laban Up. Les toilettes mobiles pourvoient aux autres besoins.

ACTE II

Le dernier jour du mois d'avril, tous les hommes de ma ville sont rassemblés et doivent aller voir la pièce qui retrace un incident de la vie de Mahmoud le Pathan. Nous ne faisons pas que regarder la pièce, nous sommes aussi censés participer au deuxième acte. Nous jouerons tous les membres de la tribu, nous remplacerons l'acteur qui a interprété le membre de la tribu au premier acte, et nous reproduirons ses gestes.

Le deuxième acte débute dès que nous commençons à nous droguer. Ensuite, chacun d'entre nous boit un tonnelet d'alcool avant de se munir d'une kalachnikov en état de marche, don annuel d'un marchand d'armes. Puis on conduit à tour de rôle l'unique Range Rover dans les dunes à côté de l'endroit où se trouvait l'oasis où on recasse les jambes de Mahmoud le Pathan. À plusieurs reprises. Sous la supervision de celui qui joue l'étranger, tous les hommes de ma ville, défoncés et ivres d'alcool roulent ensuite l'un après l'autre, sur le corps de Mahmoud le Pathan. Encore, encore et encore.

Sous la supervision de celui qui joue l'étranger, tous les hommes de ma ville frappent Mahmoud le Pathan avec une planche dont un clou dépasse, puis l'un après l'autre, versent du sable dans ses yeux et sa gorge. Encore, encore et encore.

Après, toujours sous le coup de l'excitation, on se rassemble sur le sable comme en plein jour, alors que la lune luit. Nous hurlons : « Voyez les jambes brisées de Mahmoud le Pathan. Kalachnikovs, feu ! » Et puis, comme des hommes, nous ouvrons le feu avec nos kalachnikovs. Comme des hommes, on tire avec nos armes. On pousse des cris. Il ne nous reste plus qu'à mettre le feu à l'homme qui joue Mahmoud.

Le jour est sur le point de se lever quand j'arrose les vêtements de Mahmoud d'essence pour briquet. Je me rends compte que l'homme est épuisé. Je suis l'avant-dernière personne à l'enflammer. Il y en a eu des centaines avant moi, entrés en scène toutes les dix minutes pour suivre les consignes. Une fois que l'homme a éteint mon feu, il passe le baume miracle, avant que la dernière personne dans la queue ne mette le feu à Mahmoud, une fois encore. C'est comme ça que finit le deuxième acte. Ensuite, l'homme qui incarne Mahmoud le Pathan peut rentrer chez lui, avec les hommes de ma ville, qui ont également le droit de rentrer chez eux.

ÉPILOGUE

Le dernier jour du mois d'avril. Une fois passée la commémoration obligatoire d'un moment important de la vie de Mahmoud le Pathan, l'homme qui interprète son rôle n'est plus en bon état. Ses jambes sont brisées en plusieurs endroits. Son dos est constellé d'échardes de bois acérées. Son estomac est plein de gravier, ses cornées souffrent de multiples lacérations et il est brûlé au deuxième et au troisième degrés. Pour soulager la douleur, il demande qu'on lui donne de l'alcool et des drogues. Et il a besoin d'une Range Rover. De quelqu'un pour le ramener. Pour pouvoir retourner au centre ville. L'année prochaine, il reprendra peut-être son rôle à moins qu'on trouve quelqu'un d'autre. Mais c'est la routine. Ça recommence tous les ans.

Chafitre sept   On a fait pousser des humains à Mussafah

> *À l'instar du corbeau, oiseau honni au Kerala, les Malayalis peuvent s'adapter par-tout. Seule notre langue, le malayalam, un palindrome, est difficile.*
>
> Le Criminel en cavale, *Ramji Rao* (1989)

Rares sont ceux qui connaissent l'existence d'une île située à soixante-sept kilomètres et demi à l'ouest de Dubaï, un petit sultanat gouverné par un nabot grognon et envieux, le sultan Mo-Mo.

3 mai 2006

Les sourcils du sultan étaient énormes, fibreux comme de l'angora. Quand il était en colère, ses sourcils se fronçaient violemment. C'est justement ce qu'il se passait à cet instant.

Le sang royal de Son Excellence était en ébullition. Une fois de plus une nouvelle présentatrice américaine ne tarissait pas d'éloges sur la vision de Dubaï, en louant l'imagination de la famille al-Maktoum.

— D'où vient cette vision ? demandait Katie Couric.

— Espèce de Yankee ignorante !

L'accent british du sultan Mo-Mo avait des relents de série télé anglaise des années soixante-dix.

Le sultan se sentait nauséeux. Les images glamoureuses de Dubaï lui donnaient envie de vomir, mais il continua à plonger ses chips dans la sauce piquante en avalant une Guinness glacée, fumant du hasch supérieur, tout en fredonnant la mélodie des *Années coup de cœur*.

Il réfléchissait.

Ruminait.

Regardait la télé.

Il y avait tant de jalousie dans son sang royal qu'il pissait vert depuis plusieurs jours. Le docteur Ranasinghe, son médecin, l'avait mis en garde et lui avait conseillé de reprendre ses exercices quotidiens de balle antistress. Sans ça, le sultan puait le pétrole, comme maintenant. Le palais empestait.

Mo-Mo n'arrivait pas à calmer sa colère. Où que se pose son regard, pas moyen d'échapper à Dubaï. Le Mister Fabulous des producteurs de pétrole mettait en avant ses accréditations internationales dans un concours de bites – un pur %#$%& de concours de bites.

C'était à hurler de rage. Mo-Mo ne supportait plus de regarder les informations. Jour après jour, le pompeux ministre des Finances de Dubaï, sheikh Salman-le-Prodigieux comme l'avaient surnommé les médias, annonçait une nouvelle première pour son pays.

Les caméras le cadraient comme Brando. Avec son grand front descendu tout droit des cieux. Aussi lentement que le vaisseau d'E.T. Il annonçait une « première mondiale », au moment où l'habitant moyen pensait que les créatifs de Dubaï étaient à sec, qu'ils avaient exploité toutes les possibilités d'emploi du mot « incroyable ».

« Marhaba à tous », c'est ainsi que le Prodigieux commençait. Tiré à quatre épingles en Tom Ford avec son sourire-signature. Puis il se lançait. Sa voix de baryton retransmise à la télé et à la radio fascinait les auditeurs d'au moins trois continents. Dès que la bande-son se taisait, les experts du cyberespace disséquaient sa présentation. Des professeurs d'écoles de commerce analysaient les moyennes et les index, passaient quelques coups de fil. *The Economist* publiait un compte rendu.

Plus il était question de l'audace de Dubaï, plus Mo-Mo empestait l'essence. Le 3 février 2006, les autorités de Dubaï avaient arrêté un ressortissant sénégalais parce qu'il cachait et élevait une hyène enceinte chez lui. L'animal avait été embarqué dans une bétaillère climatisée vers une destination secrète, où la femelle épuisée avait donné naissance à une portée de petites hyènes en pleine santé. Le gouvernement avait annoncé dans la foulée la mise en œuvre du chantier « trop longtemps ajourné » de la plus grande réserve animalière d'Asie. C'était pour le Sultan Mo-Mo la fameuse goutte qui fit déborder le vase. Il décrocha son téléphone rouge.

22 juin 2006
Après les contrôles de sécurité, d'innombrables thés, des platées de dattes et des heures d'attente, Pinto, Tinto et Vimto – trois Malayalis – furent escortés dans les appartements du sultan Mo-Mo. Tinto présenta au sultan un sac de graines qu'il manipulait avec précaution. Ce dernier les inspecta et en renifla l'odeur. Ça ressemblait à du Nescafé soluble. Ça sentait le riz blanc.

Ali al-Thani, « Ali l'Efficace » dans les cercles diplomatiques anglophones, le conseiller le plus fiable aux yeux du sultan, avait organisé ce rendez-vous. « Vous n'allez pas le croire », avait-il dit à Mo-Mo sur Skype, tout excité, « j'ai devant moi trois hommes qui me disent que Dubaï fait pousser des ouvriers. Dans la terre. Des germes de travailleurs comme du maïs. » Le sultan Mo-Mo avait demandé à son très fidèle ministre de le rappeler quand les effets du hasch se seraient dissipés.

« Ils seront ici demain, Votre Excellence » avait répondu Ali, en suggérant au sultan de checker ses e-mails avant de se coucher.

« Ali m'a écrit » avait marmonné le sultan à l'adresse du trio qui ne tenait pas en place. « Vous voulez des bananes plantains et du poisson, hein ? Soyez ici le 16 juillet. Et, mes petits amis, si c'est une blague, je n'ai pas besoin d'en dire plus ? »

Les trois hommes avaient pris un gros risque.

Un cousin de Tinto lui avait raconté un après-midi que certains bruits couraient. Depuis la fin des années quatre-vingt, un scientifique malayali du nom de Moosa, « Agro Moosa » pour les amis, aurait aidé les familles al-Nahiyan et al-Maktoum à faire pousser des Malayalis dans des fermes secrètes cachées dans des serres industrielles à quarante-cinq minutes d'Abou Dhabi, à Mussafah. Le projet Malayalis En Boîte était né après que le ministère du Travail s'était rendu compte en 1983 que le pays devrait quadrupler sa force de travail si les sheikhs voulaient parvenir au niveau de croissance envisagé sur la période donnée. Il était hors de question d'engager plus de Blancs : ils se flétrissaient au soleil. Le chef des renseignements entra dans la danse. Il relata qu'un lieutenant de toute confiance avait été frappé par la robustesse d'un certain type d'individus, nés sur l'ancien royaume de Mahabali. « Ils les appellent Malayalis, expliqua le chef des renseignements, et ils sont souvent gérants d'épicerie. » Ils commencèrent donc à observer le Malayali. Des agents prirent des notes, étudièrent leur comportement, leur vulnérabilité au climat. Puis, ils étudièrent les cadavres de ceux qui étaient morts. Et lorsque le chef des renseignements découvrit Docteur Petr – un Tchèque qui devait sa renommée au clonage de souris bipèdes qu'il avait entraînées à rechercher des mines, avant de se faire arrêter et retirer sa licence pour avoir tenté de créer un cerveau humain dans une boule de cristal – le projet avait son directeur de recherche.

On mit en place des laboratoires. On fit des expériences, on enregistra les résultats. La première réussite fut la reproduction de narines dans une boîte de Petri. Puis ce fut le tour de poils, d'orteils décolorés. Puis on fit pousser un petit homme sans cerveau qui vécut une semaine avant de mourir d'une infection algale. On abandonna l'idée de faire pousser des femmes après une série d'échecs. Le premier échantillon féminin germa entièrement nu, ce qui compliqua singulièrement sa manipulation. Elle mourut de solitude dans sa petite boîte de Petri. Puis Moosa, l'assistant du directeur de recherche, obtint une avancée. Il fit pousser à partir d'une graine un bébé miniature avec deux membres et un cerveau. En deux semaines, le bébé était entré dans l'adolescence. Il bouda, puis décéda.

Moosa perfectionna sa technique et, en un an, il remplaça le docteur Petr à la tête du projet. Moosa troqua les boîtes de Petri contre des pots de fleurs remplis de terre. Sa première récolte n'était composée que de nains, mais après avoir modifié l'exposition à la lumière et aéré le terreau, il parvint à améliorer la taille de sa production. Il commença aussi à fabriquer son propre engrais afin de maîtriser totalement le processus. Pour effectuer les tests, Moosa transféra les opérations dans une serre. Il voulait un environnement aux conditions climatiques parfaitement contrôlées. Et ce qu'il réussit à faire pousser sortit de terre tout habillé.

Les graines spéciales de Moosa étaient fertilisées à l'aide d'un composé de plantains de la côte de Malabar, de filets panés d'*hammour* importés arrosés à l'eau du robinet, de foie de bœuf, de déjections humaines et de *toddy* d'importation. On disait qu'elles se transformaient en vingt-trois jours en Malayalis d'un mètre soixante dix, à peau de chêne, résistants à la chaleur. Ces fruits, les MALOUS (Malayalis Amoureusement et Localement Ouvragés à Usage Subalterne), ou Malayalis en boîte, étaient ensuite cueillis et lavés au Dettol puis subissaient avant de quitter l'installation une « mise aux normes cérébrale » comme l'appelait Moosa, effectuée par un personnel qualifié dans des salles de contrôle. Enfin, on les envoyait au travail.

Les MALOUS parlaient parfaitement arabe car on diffusait les disques d'Oum Kalthoum et de vieux films égyptiens en boucle dans les serres pendant que les fruits mûrissaient. Les jardiniers, des savants malayalis sélectionnés, avaient pour consigne de parler malayalam dans les serres autant que possible. Le but était de donner une couverture aux MALOUS et d'éviter les suspicions une fois mélangés à la population expatriée, et particulièrement les Malayalis. Les MALOUS avaient été conçus pour une longévité de douze ans, après cette durée, ils devaient se présenter d'eux-mêmes au centre comme de vieux pachydermes et être conduits dans le désert pour le dernier chapitre de leur vie.

Moosa était aujourd'hui mis en examen pour corruption.

Après des années de louanges de la part de ses clients, il s'était réveillé un jour avec un nouveau rapport au monde.

Il avait trafiqué ses graines sans rien dire à personne. La nouvelle formule avait produit des Malayalis en boîte conçus pour raisonner, aux esprits difficiles à apprivoiser. Des mémos fuités du ministère les qualifiaient d'« idiots grincheux ». Moosa améliora également leur système immunitaire, en augmentant leur durée de vie. En mars 2006, un grand nombre de ces Malayalis en boîte nouvelle version descendirent dans la rue à proximité de ce qui allait devenir la plus grande construction du monde, et entamèrent une grève dans un pays qui interdit toute contestation. Au cours de cette émeute, des passants fascinés par le spectacle d'une véritable révolte sortirent leurs appareils photo pour fixer l'événement.

La responsabilité de Moosa n'aurait jamais été établie sans des indiscrétions. Des ouvriers ivres s'étaient vantés dans une cantine de rue qu'un camp de travail dont le nom n'avait pas été dévoilé, s'organisait pour renverser le régime et poser les bases d'une nation indépendante : Malou Landou, la fière nation de l'homme malayali.

« Imaginez, lança l'un de leurs leaders, Daniel Pneu Crevé, sur le canal pirate MALOUS Radio, si tous les

Malayalis de ce pays arrêtaient de travailler ! » Les autorités effrayées les firent arrêter au cours d'une opération coup-de-poing et on découvrit en un rien de temps qu'ils venaient de fruits cultivés en serre. Serein, Moosa avoua immédiatement quand la police secrète l'appréhenda pour l'interroger. Mais il refusa d'expliquer pour quelle raison il l'avait fait.

Très vite, le ministère du Travail interdit d'employer des MALOUS sur les lieux de travail. Le chef du renseignement fut rétrogradé. On ordonna de transporter les stocks de graines dans le désert et de les détruire. Des MALOUS vociférants furent capturés et conduits dans le désert pour rejoindre leurs camarades morts de mort naturelle.

*

Depuis six ans, Pinto, Tinto et Vimto étaient chauffeurs poids lourds à Dubaï et travaillaient pour un gérant pakistanais qu'ils appelaient Général Zia, installé dans la zone franche Jebel Ali. Leur service durait quinze heures par jour, six jours par semaine. Une fois par mois, ils faisaient la queue entre potes pour baiser des putes sri-lankaises introduites illégalement dans leur camp pour les distraire. L'après-midi qui suivit la révolte des ouvriers, le trio fut convoqué au bureau du Général Zia avec d'autres collègues. On leur expliqua leur tâche, qui consistait à se rendre à Mussafah, puis à transporter une cargaison top secret dans le désert où d'autres travailleurs déchargeraient les camions et détruiraient les graines en les brûlant. Les trois hommes furent payés six cents dirham par tête, un salaire royal pour une journée de travail. Ils décidèrent de conserver une caisse chacun. Pourquoi ? Vimto avait un plan.

Un de ses vieux copains de classe, Mukundan, avait été électricien dans le palais du sultan Mo-Mo pendant cinq mois. Un vendredi soir, alors qu'ils mangeaient un biryani au poulet avec une Kingfisher, il lui révéla que le sultan était prêt à tout pour dévaster Dubaï : « Comme Dubaï est juste à côté, tout le monde ignore l'existence du pays de Mo-Mo. Ça le met en rogne. » Vimto demanda à Pinto et Tinto s'ils voulaient se faire un peu d'argent.

16 juillet 2006, 11 heures
— Qu'allez-vous faire de tout cette fortune ?

Le sultan rayonnant s'adressait aux trois hommes.

— Acheter du bling au souk de l'or. Puis partir ouvrir une affaire chez moi, rester à la maison, perdre mon bronzage, répondit Pinto avec un sourire jusqu'aux oreilles. Ses genoux faisaient des castagnettes.

— J'ai quatre filles et un autre bébé en route, Votre Excellence. Il faut que j'en parle à ma femme, qu'on s'organise, avoua Tinto à la pensée gênée que le sultan l'avait surpris alors qu'il regardait fixement ses sourcils.

— Visiter l'Yourope, Disneyland. Essayer leurs femmes, ajouta Vimto en chuchotant en malayalam à ses copains. Donner un bain à mon bébé et le tenir dans mes bras.

Vimto confia à ses amis que sur sa liste de vœux, il y avait en première position un yacht à la coque turquoise.

— Messieurs, voici la moitié de la somme, on vous virera le reste plus tard. Mon équipe s'occupera des caisses qui me sont destinées, conclut le sultan, en signifiant d'un geste de sa paume grasse qu'il n'y avait rien à rajouter.

— Rahmat va vous ramener. Rahmat !

Pendant que les hommes faisaient leurs adieux et que le chauffeur les rejoignait, Mo-Mo se mit à penser à l'avenir. Il se souvenait en jubilant du visage d'Ali l'efficace au moment où il était entré dans la serre quelques jours auparavant, presque un mois après la visite du trio. Des ouvriers presque mûrs pendaient aux tiges de plantes, tels des chauves-souris au repos. Deux semaines au préalable, le sultan avait observé les larves sortir du sol et ramper lentement sur les tiges des plantes comme des vers grassouillets. Une ascension de deux jours que seuls les plus endurants réussissaient. Mo-Mo expliqua à Ali l'efficace qu'il voulait attendre que toutes les graines aient donné des fruits. Il ferait ensuite entrer clandestinement les MALOUS par groupes dans le centre de Dubaï où ils seraient relâchés et pourraient se mêler à la population sans se faire remarquer. Pour la contaminer.

« Malou Landou, ronronna Son Excellence, aidons-les à ça ! »

Si seulement Rahmat pouvait se dépêcher de revenir avec ce qu'il devait récupérer chez son dealer pachtoune – du haschich qui avait passé la frontière irano-afghane à dos d'ânes totalement stone. Mais le Sultan avait demandé à Rahmat de passer par la nouvelle autoroute qui venait d'être construite, celle qui traversait le désert, puis de faire un détour vers Rub al-Khali, le Quart vide, le plus grand désert de sable. Rahmat avait des consignes spécifiques et il serait en retard. Mo-Mo attendrait. Mais plus jamais aucun de ses palais n'empesterait l'essence.

18 heures
Rahmat conduit le joyeux trio sur la nouvelle autoroute. Les haut-parleurs diffusent de la musique des Balkans à fond. Goran Bregović dirige son orchestre de main de maître. Les trompettes, l'accordéon, les tambours double face, le chœur bulgare. Rahmat chante avec la musique, qui réveille son sang tzigane. Ses passagers l'accompagnent. Un quatuor vocal improvisé entonne :

Gas, gas
gas, gas, GAS
Allo allo eh
ritam ritam
allo allo eh sexi ritam !

Vitres baissées, leurs voix sont renvoyées par les dunes. La Toyota Land Cruiser couleur rhum ambré se dirige vers Rub al-Khali, le Quart vide. La conduite de Rahmat se calque sur le rythme frénétique de l'orchestre, mais soudainement, il s'engage dans le désert à tombeau ouvert, sous le regard ébahi des hommes. La Land Cruiser ambre fait du trampoline ! On dirait un 4x4 hors piste du Paris-Dakar.

Les hommes protestent mais rien n'arrête Rahmat. Les musiciens de Bregović jouent à fond. La stéréo explose. Rahmat s'éclate. Il chante : « Ka-lach-ni-kov, Ka-lach-ni-kov, Ka-lach… » Quinze minutes plus tard, il freine brutalement et coupe le contact. Puis il sort de la voiture et dégonfle les pneus pour monter et descendre sans déraper sur les dunes, explique-t-il. Sous le regard des hommes, la Land Cruiser se transforme en char tout-terrain.

Il se retourne ensuite vers le trio qui semble nerveux. « Vous avez vu le coucher du soleil sur les dunes ? »

18 juillet 2006
Il reste quelques heures à vivre à Tinto et Vimto. Ils marchent sans but. Ils ont passé deux fois les terres découvertes par l'explorateur britannique Wilfred Thesiger au cours de sa traversée du Quart vide. Les Bédouins avaient rebaptisé ce grand Anglais « Umbarak ». Tinto et Vimto auraient bien besoin maintenant d'un coup de main des Bédouins. N'importe lequel des compagnons fidèles de Umbarak, le jeune Salim bin Ghabaisha ou Salim bin Kabina ferait l'affaire. Des voyageurs expérimentés, magnifiques avec leurs longues crinières. Des guides. Tinto et Vimto ont besoin de guides.

Rahmat avait trafiqué leurs boissons. Quand ils se sont réveillés, le 4x4 avait disparu. Il n'avait pas pris tout l'argent. Il leur avait laissé la moitié au cas où ils s'en sortiraient. Il leur avait également laissé un poulet rôti, bientôt volé par un renard, une pastèque maintenant couverte de mouches, et deux litres d'eau.

À la nuit tombée, il ne restait plus d'eau. Pinto n'avait pas pu s'en empêcher, il avait soif. Il avait finit l'eau pendant que ses amis étaient assoupis. Une bagarre s'était ensuivie et il avait quitté les deux autres.

Pinto était à l'article de la mort lorsqu'il aperçut un troupeau de chameaux qui broutaient. Du lait, il allait boire du lait ! Dans une tentative désespérée de remplir son estomac, il s'approcha d'une chamelle qui allaitait son petit. Elle le repoussa. Fâché, il donna un coup de pied à la mère, qui lui arracha la rotule d'un coup de dents puis le frappa à la tête.

Pendant un ou deux jours, Pinto avait eu de l'argent. Il avait dansé la hora sur le toit de la Land Cruiser avec un Rahmat défoncé. Bregović et son orchestre à fond. Vimto et Tinto s'étaient envoyés des bières en chantant :

Sa O Roma babo babo
Sa O Roma o daje
Sa O Roma babo babo
Edelrezi, EDELREZI
Sao o Roma daje...

Ils avaient chanté au soleil couchant avalé par les dunes. La température s'était rafraîchie. Ils s'étaient réchauffé les mains sur un feu de bois.

Le chamelier enterra Pinto dans le sable. Puis il récita la prière des morts. Le ciel prit une couleur de cendre.

*

Vimto fut le premier à s'écrouler. Tinto avait insisté pour qu'ils enlèvent leurs chaussures et couvrent leurs têtes de leurs chemises, mais ils n'avaient trouvé ni eau ni nourriture. Ils avaient mangé la pastèque.

Puis Tinto aperçut les structures rouillées – des points dans le sable, ça bougeait un peu. Des gens ? Il se mit à courir, puis, épuisé, il rampa. « Ici ! » il hurla. « Ici ! » Les points avancèrent vers lui. Ces points parlaient. Des hommes couleur ébène, de un mètre soixante, qui pendaient tête en bas durant leur croissance. Les points lui apportaient de l'eau.

Le Commandant piochait dans son dîner lorsqu'il fut interrompu par Chandu.

— Un problème ?
— Une patrouille est tombée sur deux hommes.
— Et ?
— Des chauffeurs qui ont aidé le mois dernier à l'incinération de la cargaison.
— C'est ce qu'ils t'ont dit ?
— Je les ai reconnus. J'y étais. Opération sauvetage.
— Ils sont ici, maintenant ?
— Oui.
— Pourquoi ?
— La patrouille a pensé qu'ils étaient des nôtres.
— Et ?
— Non.
— Sûr ?
— Oui.
— Ils y ont participé ? À l'incinération des nôtres ? Aux exécutions ?
— Ils ont seulement transporté les graines.
— OK.
Le Commandant se releva.
— Mais...
— Oui ?
— Il devraient être trois.
— Il en manque un ?
— On le cherche.
— Trouvez-le.
— On est à sa recherche.
— Et...
— Quoi d'autre ?
— On a trouvé de l'argent.

19 juillet 2006
Quand les hommes reprirent connaissance à l'infirmerie, ils racontèrent deux versions du même mensonge. Vimto parla d'une bagarre. Dans l'histoire de Tinto, il était question d'alcool, d'errance après une gueule de bois. Ils purent confronter leurs versions juste avant de rencontrer le Commandant. Mais ils s'en fichaient un peu.

— Le soleil, ça ramollit le cerveau dit Vimto. Pas vrai ?

— C'est sûr, sourit Tinto.

Ils avaient tous deux judicieusement évité de parler du sultan et de l'argent.

Vimto sortit prendre l'air. Il jeta un coup d'œil aux environs.

Des containers étaient alignés, enfilés comme des perles, camouflés aux couleurs des dunes, empilés comme des cargaisons, percés de trous d'aération. Ils faisaient office de dortoirs. À l'intérieur, des petites villes. À l'intérieur, des épiceries. À l'intérieur, des laboratoires. À l'intérieur, plein de tombes.

Vimto et Tinto étaient des visiteurs anonymes dans un camp de MALOUS clandestin qui ne figurait sur aucune carte, aux résidents sans existence légale, mais ils ignoraient tout cela. Un mois auparavant, on avait garé un camion près de la place centrale du camp. Dans la couchette du camion, il y avait deux survivants brûlés et blessés par balles. À côté d'eux, cinq caisses noircies par le feu, les dernières du lot, chacune contenant trois cents graines. Pas toutes viables. Un autre camion était garé plus loin du campement. Des bénévoles y lavaient des corps, d'autres les enveloppaient dans des linceuls. Les morceaux étaient placés dans des sacs. Avant que les morts soient portés sur la place centrale où certains étaient enterrés et d'autres incinérés sur des bûchers de palme. Pendant des jours et des jours, les prières des morts avait déchiré le sirocco.

— Qu'est-ce que vous construisez ici ? demanda Vimto à Chandu, l'un des recruteurs.
— Des rêves, plaisanta Chandu.
Il rit. Vimto pouffa, lui aussi.
— Non, en vrai...
— En vrai ?
— Ouais.
— Une réserve de chasse pour des hyènes.
— En vrai ?
— En vrai.

*

Le Commandant se leva, tira sur les manches de sa chemise pour l'ajuster et vérifia qu'elle n'était pas tachée.
— Commandant ?
— Oui ?
— À vos ordres...
— Ils savent, non ?
— Je...
— Ils ont été témoins de l'opération ?
— Probablement.
— Ça nous laisse peu de choix. Règle-moi ça.
— Je leur ai dit qu'on sauvait des hyènes.
— Des hyènes ? Ah, les sénégalaises. Ils l'ont cru ?
— Peut-être, peut-être pas.
— S'ils partent, on pourra comprendre, on ne peut pas se permettre...

— L'argent...

— Il est à nous maintenant. Investis-le.

Alors que le Commandant se levait, son ombre effleura une photo aux couleurs passées accrochée au centre du bureau. Un moustachu chauve faisait face à l'objectif, sa main posée sur l'épaule d'une petite fille. L'homme, d'apparence ordinaire, portait une tenue de jardinier. Son nom était imprimé sur le revers de sa chemise : Moosa Kutty. Dans le fond, des bébés bruns se balançaient tête en bas sur des tiges de plantes, tels des chauves-souris au repos. Une étiquette au premier plan indiquait « LOT 24, juillet 2003. »

Le soleil faisait bouillir le ciel matinal. Vimto repéra le Commandant du coin de l'œil. Il était accompagné de Chandu. La réunion demandée avait été organisée. Les hommes secourus tenaient à remercier le Commandant en personne pour son hospitalité dans le camp. Ils ne voulaient pas que leurs sauveurs aient des ennuis avec l'administration, dont ils n'avaient vu aucun représentant pour le moment. Ils voulaient aussi savoir quand ils pourraient monter dans le prochain bus pour la ville. Vimto envisageait de demander au Commandant pourquoi ce camp avait l'air plus vieux que les autres, et était en moins bon état que tous ceux qu'il avait visités et aussi pour quelle raison les hommes n'avaient pas l'air de se plaindre de loger dans des containers maritimes.

Vimto poussa Tinto du coude. Ce dernier, complètement rétabli l'avait rejoint dehors, des miettes de sandwich au fromage collant encore à sa moustache. Ils saluèrent de la main.

Chafitre huit   Le Musée

Je m'assoupis dans l'avion. Amma était de tous mes rêves. Tout comme Oncle Salman. Et Papa. À mon réveil, je demandai du vin, et m'interrogeai sur la raison pour laquelle Sae Hoon avait fait une telle histoire à propos de mon départ. Pourquoi insinuait-elle que j'avais tout fait pour gâcher la visite prévue à son petit-neveu, et que je me comportais toujours ainsi quand c'était important pour elle, parce que nous étions censées nous y rendre toutes les deux.

— Pourquoi y aller ? supplia-t-elle. Qui est cet homme ?

— Je ne sais pas.

Ce fut ma seule réponse à ses deux questions.

— Tout ça à cause d'une histoire médiocre que ta mère a écrite, m'a-t-elle craché.

— Une histoire médiocre ? j'ai rétorqué.

Elle ne savait pas, elle ne voulut pas en dire plus.

Amma avait publié *Le Musée* en cinq épisodes dans un magazine littéraire malayalam renommé, aujourd'hui disparu, le *Gulf Vaartha*, une dizaine d'années après la mort de Papa. Publié à l'origine en France et en français, langue qu'Amma avait apprise au cours de notre parenthèse pondichérienne, elle l'avait rapidement traduit en anglais, puis le texte fut traduit en malayalam par Sudha, écrivaine et traductrice très reconnue. Le malayalam écrit d'Amma était approximatif.

Alors qu'il avait été acclamé à Paris, certains critiques malayalis indiens qualifièrent *Le Musée* de dystopie adolescente, de fantaisie revancharde, d'« œuvre d'une débutante au talent contestable » mais reconnurent sa portée politique. Dans *The Hindu*, le critique Partha écrivit : « Au vu de ce qui est arrivé à cette femme, l'assassinat de son mari, l'éclatement de sa famille, ce que nous lisons est un avertissement sous forme d'une *revenge fiction* littéraire. » Lorsque la version anglaise parut, l'agent parisien d'Amma en envoya un exemplaire au *Times*. Personne ne s'y intéressa.

Dans *Le Musée,* un ouvrier désenchanté mène une révolte contre un chef de village dans un pays francophone dont Amma ne donne pas le nom. Le chef est vaincu, ses sujets sont terrifiés. On s'attend à un massacre fulgurant, mais celui-ci est très méthodique. Chaque jour, pendant une semaine, de midi au crépuscule, une centaine de personnes est mise à mort, puis l'extermination s'arrête, et une assimilation forcée est organisée.

L'ouvrier Ba, devenu chef, veut que ce moment passe à la postérité, il donne donc l'ordre à ses soldats de créer, puis de gérer un village témoin à l'intérieur du village. Il demande à un fidèle lieutenant de prélever parmi les prisonniers onze personnes sélectionnées sur des critères de genre et d'âge. Ba donne un nom à ce projet où les habitants seraient sous une surveillance jour et nuit : le Musée.

Sous l'autorité de Ba, les résidents du Musée ont droit à des provisions pour six mois, et des graines à semer. Si les récoltes sont bonnes, ils pourront en vivre pendant des années, assez longtemps pour que les vainqueurs aient bien le temps de voir les vaincus, d'inspecter de près ces gens qu'ils avaient défaits, les regarder, les humer, les écouter parler, les observer faire du pain et assister à leur mort.

Ba baptise les habitants du Musée. Il les appelle les Exposés. En anglais, Amma traduisit ce terme, maladroitement, par « The Shown ».

Dans l'histoire originale, l'ouvrier Ba prévient les personnes sélectionnées que si elle refusent de coopérer, il donnera l'ordre à ses hommes d'aller chercher le plus beau garçon et la plus belle fille du village et d'en couper un morceau à l'aide d'un couteau de boucher chaque jour. Ils veulent vérifier s'il ne bluffe pas. Le garçon perd son nez et la fille un sein. Au second jour, quand la lame s'approche de leurs langues, les onze cessent de résister. Ils se soumettent.

La publication du *Musée* ne rendit pas Amma célèbre mais elle put jouir d'un certain respect. Elle n'écrivit plus d'autre roman.

De retour aux Émirats, comme le conflit entre les forces armées et les rebelles prenait de l'ampleur, le nombre de victimes dans les deux camps augmentant, les rebelles commencèrent à enlever des Émiratis et des expatriés pour les utiliser comme levier de pression. Les enlèvement devinrent chose fréquente – et difficile à gérer.

Les gens commencèrent à engager des gardes du corps. Au début, on pensait que ces enlèvements étaient motivés par une rançon, mais en février, alors que les pluies étaient exceptionnellement violentes, un otage s'échappa. Son histoire fit la une des journaux. Il y eut des interviews à la télé. Ce qu'il raconta mit tout le monde mal à l'aise, mais c'est la réaction d'Amma qui me surprit le plus.

« Enfin, elle a dit, ce n'est pas trop tôt. »

Les journaux, ne voulant pas révéler l'identité de l'échappé lui donnèrent un pseudonyme : Shabab. À la télé, Al Jazeera brouilla tout – son visage, sa voix, sa silhouette.

D'après Shabab, les rebelles avaient commencé par troquer les otages contre une rançon, gagnant du temps pour négocier. Mais on se rendit vite compte que les enlèvements étaient avant tout une démonstration de force ou de détermination. Et à l'époque où Shabab avait été enlevé avec sa sœur, à la fin de la décennie, le kidnapping était devenu une clause à part entière dans le manifeste des rebelles.

À cet instant de l'entretien télévisé, l'intervieweur se pencha en avant. « Une clause ? » demanda-t-il.

La caméra retourna sur le visage pixélisé de Shabab.

« Une clause ? » répéta l'interviewer.

Un soupir échappa aux lèvres pixélisées. Et Shabab commença : « Ce qui compte pour les rebelles est de collecter des preuves vivantes. Le Commandant est certain que sa victoire est proche, il veut des souvenirs : les indigènes. Des trophées de guerre vivants. Mais il veut aussi infliger quelque chose à ces gens. » Shabab fit un signe à la caméra, juste avant que l'interview s'interrompe pour laisser place à une page de publicité.

Le Commandant voulait que ses trophées lui offrent un show. C'est ce qu'un garde avait confié à Shabab : un spectacle destiné aux générations à venir.

Ce même garde lui avait dit que des années auparavant un riche bienfaiteur avait offert au Commandant un exemplaire du livre de Firdose Moosa, *Le Musée*. Cet ouvrage était devenu une source d'inspiration et le personnage de Ba, un double idéal.

À l'époque, le témoignage de Shabab semblait

tout à fait crédible. Pendant près de deux mois, des journalistes téléphonèrent tous les jours à Amma. Elle leur répondait invariablement : « Pas de commentaire. » Et souriait en raccrochant.

Shabab avait dit que les rebelles, sous les ordres du Commandant, avaient bafoué les liens les plus sacrés en enlevant des familles entières. Ils avaient séparé des époux, dispersé des fratries, fait cohabiter des étrangers des deux sexes, des épouses avec de simples connaissances, et ils avaient attendu. Des années. À mesure que ces étrangers échangeaient, devenaient amis, ennemis ou voisins, les inexorables nécessités de la nature humaine et le besoin de contacts firent le reste. De nouveaux liens s'étaient tissés.

Tout contact, qu'il soit visuel ou autre, était interdit entre les groupes. Les parents et les fratries ne se revoyaient plus jamais, le seul point fixe des indigènes kidnappés était leur compagnon de chambre.

Avec le temps, chacun avait appris à connaître les habitudes de l'autre, ils étaient capables de reconnaître mutuellement leurs odeurs, se cherchaient des yeux au réveil, se rapprochaient la nuit. Il y eut des conséquences. Des amis devinrent amants ou remplacèrent les époux absents. Des « arrangements » pour dormir se muèrent en grossesses et des adolescents devinrent parents. Les nouveau-nés furent élevés derrière les barreaux, mais aussi sous les yeux du public.

Les rebelles et les expatriés étaient autorisés à observer ou venir quand cela leur chantait. Shabab avait insisté là-dessus.

Aux yeux du Commandant, les Émiratis symboliseraient un passé difficile et expliqueraient la nécessité d'une guerre. Quand la victoire fut imminente, le Commandant s'inspira d'Amma. Il informa d'abord les prisonniers qu'ils ne seraient en aucun cas libérés. Puis, prenant modèle sur le *Musée*, il leur donna des provisions pour six mois et attendit.

Le Commandant avait imaginé que dans la future nation de Malou Landou, les résidents désireux de connaître le comportement des Émiratis pourraient louer les vidéos de surveillance ou venir en personne observer comment les Émiratis marchaient, priaient, parlaient, s'asseyaient, mangeaient, chiaient.

Comme Amma, le Commandant avait donné un nom à ces gens, il avait repris le mot en malayali que Sudha, la traductrice, avait employé dans sa version du roman.

Mais un problème se posa. Deux reporters, une journaliste du *Guardian* et un envoyé du *Spiegel*, eurent vent du projet du Commandant et demandèrent à le rencontrer. Il refusa. Puis il essayèrent de contacter l'attaché de presse des rebelles. Celui-ci confirma que oui, des gens avaient été enlevés, oui, ils étaient saufs et oui, ils seraient libérés une fois la guerre finie, mais non, ils n'étaient pas traités comme des animaux dans un zoo. Mais vous leur donnez un nom spécial, à ces gens ? demanda l'homme du *Spiegel*. Non, dit l'attaché de presse, ce sont des prisonniers de guerre. Il mentait.

Le Commandant connaissait bien le pouvoir des médias, et il était prêt à reconnaître l'existence d'un tel projet qui prouverait à quel point ses intentions étaient sérieuses. Mais il pressentait un problème. La presse occidentale était incapable de prononcer correctement les noms étrangers, ce qui l'horripilait. Les indigènes que ses rebelles avaient commencé à enlever méritaient un nom anglicisé qui plairait à la presse. Toutefois il refusait d'employer le terme choisi par Amma dans la version anglaise. C'est ainsi que naquirent les *Displayed*, ou *Displays*.

Quand Shabab révéla en direct à la télé ce qu'il avait enduré pendant plusieurs années – la vie d'un Display ! – le pressentiment du Commandant se vérifia. Ce mot, dont la presse s'empara immédiatement, fit sensation.

Puis quelque chose se passa. La sœur kidnappée de Shabab fut retrouvée un mois plus tard dans une gare routière à quelques kilomètres de Petra. Alors qu'elle était en observation, Fatima affirma haut et fort que son frère avait menti. Ils avaient bien été kidnappés mais pas par des rebelles et ils n'avaient en aucune façon été désignés sous un drôle de nom ou exposés au public. Mais oui, son frère était obsédé par le livre de Firdose Moosa. Il avait besoin d'aide, implorait-elle, s'il vous plaît, faites quelque chose pour lui !

Dans son témoignage, Fatima dévoila au grand jour le véritable nom de Shabab. Les réactions furent mitigées. Des manifestations éclatèrent devant sa résidence. D'aucuns disaient que le choc avait dérangé son cerveau. Il fut traité de menteur. Les conspirationnistes le soutinrent. D'autres n'en avaient rien à fiche.

Shabab refusa de revenir sur ses déclarations. Sa sœur mentait. Elle avait peur, avait-il ajouté.

Six mois après le témoignage public de sa sœur, Shabab écrivit une lettre à sa femme puis il avala des cachets. Ses derniers mots n'ont jamais été rendus publics. La famille n'en dévoila qu'une seule phrase. Il était désolé, déclara son papa en larmes à la presse. Désolé. Fatima se jeta du balcon de son appartement l'année suivante.

II

Ba, ex-rebelle devenu chef, contemplait le bazar dont ses hommes étaient responsables. Les maisons brûlées encore fumantes, les jambes écartées des femmes qui avaient cessé de résister, les chiens mangeant les chiens, les chiens mangeant les chevaux. Un leader vaincu pendait nu à la branche d'un banian pourri.

C'était ça la guerre, Ba le savait. Et la guerre n'était pas censée être belle. Son peuple était vainqueur et Ba avait autorisé ses hommes à profiter du butin. Il était sage et savait à quel point célébrer la victoire était important, mais ce qu'il désirait par-dessus tout, c'était que le triomphe de son armée passât à la postérité. « Passe parmi les vaincus, commanda Ba à son plus fidèle lieutenant. Trouve-moi onze personnes, les meilleures parmi les centaines de survivants de la tribu. Choisis quatre hommes bien faits, jeunes. Ces hommes auront besoin de compagnes. Trouve-leur trois filles fières, à l'intelligence vive et à la beauté éclatante. Ceci accompli, trouve trois nouveau-nés, deux filles et un garçon. Et enfin, attrape un vieux guerrier au cou ridé, aussi chauve que le vautour qui vole au-dessus de nous. Baigne-les, habille-les de propre et amène-les moi.

Ba donna ensuite l'ordre de construire quatre maisons en dur, les unes à côté des autres, de préparer un terrain à cultiver, d'entourer le tout d'une clôture en pierres, à proximité de ce qui allait devenir son palais. Un hameau pratique et discret, ajouta-t-il. Trois des nouvelles maisons pourraient accueillir un homme avec la femme qu'il aura choisie et un nouveau-né. La quatrième maison serait destinée au jeune homme qui aurait été désigné pour s'occuper du vieux guerrier. Une fois les onze trouvés, baignés, habillés, on les conduisit à leurs appartements.

« Vous allez vivre comme vous le feriez si vous n'étiez pas ici, leur déclara Ba. Vivez en famille, comme des voisins, avec vos coutumes, mais confinés dans vos maisons. Si vous tentez de vous échapper, je vous promets qu'on vous rattrapera. »

Ba leur présenta les autres règles. On allait leur donner des produits agricoles (des graines pour encourager leur autonomie) et du bétail, dont ils pourraient se nourrir, ils pourraient faire pousser leurs propres aliments mais n'auraient pas le droit d'avoir des armes. Ils n'auraient pas d'intimité, pas même dans leurs maisons. Ses sujets, expliqua-t-il à l'assemblée des onze, auraient le droit d'observer les vaincus vivre leurs vies en regardant par leurs fenêtres ou pourraient entrer dans leurs demeures « à tout moment, quand ils en auront envie, pour vous regarder, pour vous humer, pour être là quand vous mourrez ». On trouva un nom pour ces gens en moins d'une semaine : « les Exposés ». Dans la foulée, des sentinelles furent chargées de surveiller les visites des maisons, qu'elles soient organisées ou improvisées.

Ba promulgua également un décret qu'il fit graver dans une pierre devant son palais sur la place du village : « Ici, nous vous présentons les vaincus ! Veuillez les respecter jusqu'à ce que la mort les enlève sur son taureau noir. Amenez vos enfants. Dites-leur : "Regardez-les vivre." Puis dites à votre descendance : "Souvenez-vous de l'ennemi, souvenez-vous de ce que nos guerriers ont fait." Avant que ne vienne la mort sur son taureau noir. »

Les onze écoutèrent la déclaration de Ba. Puis le vieil homme fit un pas en avant.

— Et si nous refusons, Seigneur Ba, que nous arrivera-t-il ?

— Si vous refusez, répondit Ba calmement, je vais vous dire ce qui arrivera.

Le Musée de Firdose Moosa (extrait)

Peu de choses à dire sur Papa. Il travaillait en tant que chercheur pour une entreprise nationale fabriquant des humains dans le Golfe, l'une des premières sociétés de produits agricoles implantées sur cette terre gorgée d'essence. Mais Papa est mort.

J'ai du mal à me souvenir de lui, son odeur, sa démarche, ses gestes. Tout ça est bien caché dans un recoin de mon cerveau. Je l'aimais tendrement. Un jour, il a disparu. Aujourd'hui, j'ai besoin de photos pour me rappeler son visage.

Je devais avoir huit ans.

Papa est allé faire une course importante, m'a d'abord dit Amma. Parti, corrigea-t-elle quelques semaines plus tard. Puis, six mois après la disparition de Papa, alors que nous vivions dans la maison d'Oncle (pleine d'adultes nerveux qui dormaient, se chamaillaient, téléphonaient), Amma me fit asseoir et m'asséna pendant que je croquais mes corn flakes du petit-déjeuner : « Il est mort, il y a des semaines. » L'année ? 2007. Le mois ? Décembre. Le jour ? Le jour où on a liquidé les Ceausescu en Roumanie.

J'étais sous le choc. Le lait avait un goût aigre. La même semaine, nous embarquions à bord d'un avion pour le Kerala, sans cadavre, sans affaires, sans perpective d'avenir. C'était il y a de cela vingt ou trente ans. Amma est morte depuis longtemps. Et la semaine dernière, j'ai reçu un message, de la bouche d'un homme aux dents en avant.

« Oui ? » j'ai dit avec impatience.

Je voulais rentrer chez moi. Il parla peu au début, répétant juste mon nom, s'assurant que la femme qui ouvrait cette porte était bien moi, Sabeen.

— Comment puis-je vous être utile ? j'ai demandé.

— Détective privé, Madame, j'ai quelque chose pour vous, il a dit, en me présentant sa carte et s'introduisant chez moi. Puis il m'a tendu une enveloppe. À l'intérieur, un papier où était écrit à la main en écriture cursive, chose rare, et souligné : *Moosa's Mouse.*

— Madame Sabeen ? L'écrivaine Sabeen ? La célèbre écrivaine Sabeen de Brooklyn ?

Dents de lapin ne s'arrêtait pas.

« Oui » j'ai confirmé.

J'évitais les photographes et mon portrait ne figurait pas sur les couvertures de mes livres.

Il me demanda ensuite si je connaissais l'expression « Moosa's Mouse ».

— Oui, je la connais..., j'ai répondu, en laissant ma phrase en suspens.

— Un bon café arabe serait le bienvenu, m'a lancé Dents de lapin. Il rayonnait.

*

« Et vous la connaissez pourquoi ? »

Dents de lapin me testait, en buvant son eau tiède à petites gorgées. J'étais livide.

— C'est le surnom que me donnait Oncle Salman quand j'étais petite, j'ai répondu sèchement. Papa et Oncle Salman étaient amis. À l'époque, à Abou Dhabi. Avant qu'Oncle Salman le dénonce aux renseignements. Il avait ensuite accusé mon père de sédition, m'avait avoué Amma à mon adolescence. Le ministère a envoyé ses gros bras arrêter mon père. J'étais à l'école, Amma à la maison. Ils l'ont emmené et au bout d'une semaine, sans nous en informer, ils l'ont exécuté. Tout ceci est du domaine public.

— Désolé, a soufflé Dents de lapin.

— Amma est morte l'année dernière. C'est quoi, cette histoire ?

Dents de lapin, imperturbable, voulait plus de détails.

Il effleura la fossette de son menton de son index.

— Vous avez été en contact avec Oncle Salman depuis ?

— Après le meurtre de Papa, peut-être six ou sept ans après, Oncle Salman et tout un groupe d'employés ministériels ainsi que leurs femmes, leurs maîtresses et leurs enfants ont été enlevés chez eux. Le ministère a fait des recherches, je veux dire, une vraie enquête. Mais sans résultat. Ils n'ont rien retrouvé, pas même un os ou une goutte de sang. Sept familles s'étaient évaporées ! Les ouvriers rebelles ont appelé cet épisode « le châtiment ». Même après la tentative de coup d'État ratée, l'obstination à vouloir créer un Malou Landou, sa découverte, son bombardement et son anéantissement par les forces de l'armée, la guerre, la mort de leur leader, le Commandant, après tout ce grabuge, on ne trouva aucune trace d'eux. J'en sais quelque chose car des hommes du ministère sont venus interroger Amma en ma présence. Nous avons survécu à tout. Rappelez-moi qui vous envoie ? Le ministère ? Écoutez...

Dents de lapin s'excusa.

— Pipi ?

— Au bout du couloir, à gauche. Tirez deux fois la chasse !

*

J'allumai une cigarette, inhalai. Je me souvenais de notre surprise, à Amma et moi, quand nous avions trouvé des hommes du ministère dans notre minuscule location, la semaine où Oncle Salman avait disparu – nous qui ne faisions de mal à personne à Pondichéry. Amma était apprentie dans une pâtisserie française et nous étions enregistrées sous le nom de jeune fille d'Amma : Sanam. Ils nous avaient retrouvés.

Je soufflai un nuage de fumée. Puis je me suis souvenue de l'exécution publique du Commandant. On l'avait vue sur une vidéo pirate, Amma et moi, même si le ministère avait interdit tout enregistrement. Puis des photos parurent dans les journaux. Pour prouver que l'homme était bien mort, qu'il s'était mordu la langue, et même souillé, au cours de ses derniers instants de vie. Ils lui avaient tout interdit. De se laver, de se baigner. Il était mort en ayant l'air d'un clochard.

Les quotidiens s'étaient réjouis de la défaite du Commandant à coups de gros titres : « Le Che des temps modernes est pendu ! » clamait *El Khabar*. « Victoire ! Fin du conflit après l'exécution du Commandant » trompettait le *Gulf Times*. Un ami d'Amma lui envoya des coupures de presse, qu'elle conserva. Je n'ai jamais compris pourquoi.

Qui aurait pu croire à cela dans le Golfe, berceau de la parole d'Allah ? Personne.

Des containers au milieu du désert, une petite ville d'ouvriers rebelles et de fuyards. Une armée nourrie par la haine, électrisée par le charisme d'un seul homme. Qui aurait pu penser qu'ils résisteraient si longtemps ? Personne.

L'ampleur de l'entreprise des renégats avait dépassé tout ce qui était imaginable : des serres, une place avec ses commerces, une police opérationnelle, une usine de munitions, un cinéma, des mosquées/temples/églises en pisé, des tunnels souterrains menant à tous les Émirats (même Oman !) et une maison close. *Ceci*, tout ceci, au milieu du désert, dans le Quart vide. Mais ce qui avait stupéfait les renseignements, c'est qu'ils avaient un hymne national, un drapeau et une Constitution en cours de rédaction. Les rebelles étaient en train de créer un pays…

Dents de lapin sortit de la salle de bains en secouant ses mains mouillées et en tamponnant sa moustache avec un mouchoir.

— Il y a deux mois, dit-il, dans une petite ville indienne du nom de Irinjalakuda, un homme bien introduit dans le milieu des expatriés revenus du Golfe a acheté une maison.

— Tous les jours, des gens achètent des maisons, j'ai répondu.

— Une histoire de gros sous, a ajouté Dents de lapin. Ce type avait pour projet de détruire cette maison qui était plus en moins en ruine. C'était l'une de ces propriétés des années quatre-vingt-dix construites avec l'argent du Golfe : ÉNORME, avec cinq salles de bain et cinq chambres à coucher, jamais habitée…

— Et alors ? je me suis écriée en recrachant la fumée en volutes.

— Si je peux me permettre, Dents de lapin a insisté, avant que les ouvriers détruisent ce genre de maisons, ils font un nettoyage en règle.

— Ce qui signifie ? j'ai marmonné.

— Ils arrachent les poutres, démontent les portes

et les barres métalliques, ils prennent tout : les circuits électriques, les fils, même le savon dans les salles de bain et les chiots abandonnés qu'ils revendent. Puis ils vérifient que les propriétaires n'ont pas oublié ou caché des objets de valeur. Ça arrive. Il n'y a pas de petit profit, le butin se partage à quarante-soixante entre les ouvriers et leurs patrons directs. Certaines de ces maisons ont des trappes, des coffres, de l'argent scotché à l'intérieur de faux murs. Il paraît que dans les années quatre-vingt des ouvriers ont trouvé une poutre d'or pur à l'intérieur d'un pilier de teck évidé dans une maison malayalie d'Alleppey. On ne sait jamais...

Je rappelai à Dents de lapin que sa petite plaisanterie ministérielle me faisait perdre mon putain de temps.

— D'habitude, je passe mes après-midi à écrire.

— Le ministère s'en bat les couilles, il a aboyé. Ils n'ont rien à voir avec ça. En plus, je travaille en solo. La maison d'Irinjalakuda, a-t-il continué, avait une cave dotée d'une porte métallique peinte pour lui donner l'apparence de la pierre, d'un poids tel qu'il fallait quatre hommes pour la soulever. Solide, solide, solide. Impossible à bouger, madame Sabeen. Pas de clé en vue. Mais même le plus abruti des abrutis pouvait se rendre compte qu'il fallait un serrurier pour ce genre de verrou. Il fallait un savoir-faire à l'ancienne. Pas moyen d'en faire quelque chose, ils avaient des délais à respecter, ils ont repris leur travail comme si de rien n'était. Mais durant la nuit, ces suppôts de Satan sont retournés discrètement à la maison pour tenter leur chance. Armés de dynamite artisanale et de masses, ils se sont attaqués à cette porte pendant des heures. Ils ont à peine réussi à l'érafler. Ils ont pris une pause, ont bu de l'arack, ils ont un peu papoté…

— ÇA SUFFIT, JE …

— ÉCOUTEZ-MOI ! Ces idiots se sont endormis sur place, épuisés. Dans ce secteur d'activité, la discrétion est essentielle, tout comme la loyauté. Mais au matin, ayant dessaoulé, les hommes ont entendu des bruits, des crissements ou des chuintements d'après ce qu'ils ont dit. La récupération de trésors dans des maisons inhabitées fait naître des légendes à propos de djinns, se disaient-ils, mal à l'aise et encore sous les effets de leur gueule de bois. « Boss, ils ont dit à leur chef, la maison est hantée. »

— Monsieur, je…

— Par chance, a enchaîné Dents de lapin, des chattes en chaleur traînaient dans le coin.

Il éclata de rire.

— Mais les hommes ne pouvaient pas le savoir. Leur chef a appelé la police. Seize heures plus tard, ils entraient dans cette maison. Comment ? W'Allah, je vous jure, madame Sabeen : ils sont revenus avec un canon portugais du XVIIe siècle qui appartenait au gendre du chef de la police, collectionneur d'attirail et de munitions historiques. Ils ont utilisé ce machin pour fracturer cette porte. Il a fallu envoyer trois boulets pour faire un trou tout juste assez grand pour qu'un petit homme puisse s'introduire. Dedans…

— Des gens ? Ligotés et bâillonnés ? Je l'avais interrompu à bout de patience. Peut-être même morts ? Ou un trésor ?

— Oui, Madame Sabeen, des gens, des vestiges humains. C'était pas une cachette de trafiquants, c'était autre chose.

— Autre chose ?

— Les types du renseignement indien qu'on avait embauchés ont confirmé à nos renseignements que cette maison avait été achetée par l'unité du Commandant en charge des enlèvements. Les bienfaiteurs des rebelles s'y réunissaient, collectaient des fonds, et ils continuèrent à le faire après l'exécution du Commandant, mais ce n'était pas le plus intéressant. La police découvrit un quartier de détention de cinq chambres. L'ameublement y était réduit – un lit double, une table, une chaise – mais les chambres étaient équipées de verrous de sécurité, renforcées par des barres de béton et disposaient d'un système d'alarme. Il y avait des traces évidentes, confirmées par les services de renseignement d'une mise en scène faisant penser à un musée : des photos, des enregistrements, des journaux, des tracts, des installations.

— Le Commandant est mort depuis plus de vingt ans, commentai-je.

— Oui, a confirmé Dents de lapin

— Mais la maison...

— Habitée, je peux vous le garantir, et comment. On y a habité bien après que la propriété eut changé de mains, les derniers occupants ont été évacués peut-être un mois avant la date de la démolition. Et la cave contenait des Displays.

— Des Displays ! Le Musée est un mythe, j'ai insisté, une rumeur produite par la guerre. On est en train de trouver un nouveau Shabab.

— Vous avez raison, a dit Dents de lapin, pas de photo, pas de preuve. Alors ? Un mythe. Un monstre du Loch Ness moyen-oriental. Jusqu'à ce jour, les Displays n'existaient que dans le roman de votre mère, celui auquel vous faisiez allusion, et dans le témoignage contesté de Shabab sur Al Jazeera. Mais il y avait un autre survivant, madame Sabeen.

— Impossible, j'ai répliqué. Dans *Le Musée*, dans le roman d'Amma, ils meurent tous à la fin, après avoir été des souvenirs vivants pendant des années. Mais pourquoi venir ici ? Vous pensez...

— Vous ne m'avez pas écouté ?

— Bien sûr que si, j'ai rétorqué.

— Ils n'ont pas abandonné un cadavre, madame Sabeen. L'homme qu'ils ont abandonné est vivant. Il a vieilli en prison.

— Impossible, j'ai répété, mais avec moins de conviction, cette fois-là. Shabab n'aurait pas menti ?

— L'homme qu'on a retrouvé vous connaît, il veut vous parler, madame Sabeen.

— À moi ?

— Sheikh Salman est vraiment décati maintenant, madame Sabeen. Il a été un Display pendant vingt ans. Dans le français de votre Amma, le mot est encore plus sinistre, non ? Les Exposés ! Mais Allah est miséricordieux et le sheikh est vivant. C'est lui qui m'a engagé pour vous retrouver. Il voulait que je vous dise : « Coucou Mouse, Ahlan Wa Sahlan. »

— Ça suffit, je le suppliai, taisez-vous. Cet homme a tué mon père. »

III

Nous étions dans la maison d'Oncle Salman, dans la ville où j'avais grandi. En vingt ans, elle s'était transformée. Tout ce dont je me souvenais avait disparu.

Nous étions l'un en face de l'autre. Un bâton d'encens faisait flotter dans la pièce l'odeur typique de Mysore. Confiné, Oncle Salman, qui avait un jour été si charismatique, ressemblait à un biscuit à thé tout sec. Presque chauve sur le dessus. Agité. Personne ne toucha aux dattes. Les oranges de Jaffa brillaient comme des soleils miniatures. Je buvais mon thé noir à petites gorgées. Juste pour discuter. « Parle donc », ai-je fini par lui demander.

Comme il était un Display, a avoué Oncle Salman, les rebelles l'avaient forcé à partager une cellule avec la femme de son frère. Je les ai suppliés, il a dit, je les ai suppliés d'échanger nos partenaires.

Un seul lit. Il se remémorait. À dormir sur le sol. Pendant des jours, des semaines. Je respectais Souad, ne la touchais jamais, me déshabillais en lui tournant le dos. Une chambre, tu vois. Jusqu'à…

J'écoutais. Poliment. Dégoûtée. Curieuse. Oncle Salman avait trahi Papa mais il fallait que je l'écoute jusqu'au bout. Et le fasse parler des derniers jours de mon père.

— On ne s'y attend pas.

— Bien entendu, qu'on ne s'y attend pas, j'ai répliqué.

Ma phrase était trempée dans l'acide.

— Souad est tombée enceinte, il a chuchoté. Elle a essayé de tuer le bébé, et a presque réussi.

— Un enfant, pourquoi ? j'ai demandé.

— On ne peut pas s'empêcher de vivre. Oncle Salman était à bout. Il passa sa main dans une mèche de cheveux. Crois-moi, Sabeen, nous nous aimions quand nous avons fait ce bébé.

— Tu as fourré ta bite à l'intérieur de la femme de ton frère, lui ai-je rappelé.

Oncle Salman me regarda. Sourit.

— Une nuit, un garde vint dans ma cellule et me fit écouter un enregistrement.

— Une émission de la BBC ? j'ai demandé sarcastiquement.

— Des gens qui faisaient l'amour, Sabeen. J'ai reconnu ma femme. Nous avions été enlevés ensemble. Mais il n'y avait pas de problème. Nous avions tous changé.

Oncle Salman alluma une cigarette.

— Tu as niqué la femme de ton frère », je lui ai dit. Il me gifla. Je lui rendis sa gifle.

— Et ma femme a niqué son cousin », il m'a rétorqué.

Je refusai de répondre.

— Écoute, il a continué, Souad s'est réveillée une nuit et s'est mise à frapper son ventre. Je l'en ai empêchée, je l'ai consolée. Le bébé est né. Mais elle n'arrivait pas à le regarder. Je l'ai suppliée de donner le sein à son petit garçon. Elle refusait. Le matin où je l'ai surprise en train d'essayer de l'étouffer, je…

— Facile de tuer, hein ?

Oncle Salman s'arma de courage :

— Il fallait que je protège mon petit garçon.

— Tu l'as violée, et puis tu as voulu qu'elle garde l'enfant !

— NON ! J'aimais Souad. Je l'ai apaisée cette nuit-là. Elle pleurait. Je l'ai serrée longtemps dans mes bras. J'ai pris un lacet et j'ai mis fin à ses souffrances. Les gardes me regardaient faire. Personne n'a bronché.

— Brute, dis-je doucement. Puis j'ai répété : Brute.

— Peut-être, il a répliqué, mais je voulais te parler d'autre chose. La raison pour laquelle tu es venue.

— Ton gars m'a dit que tu allais m'expliquer des choses sur la mort de Papa – la vérité, j'ai dit.

— Oui.

Je me tus un instant.

« Et en échange ? je lui ai demandé. Que veux-tu en échange ? »

Oncle Salman m'indiqua un dossier sur la table. « Regarde à l'intérieur » dit-il.

Je jetai un œil, il contenait un portrait maladroit au crayon d'un garçonnet. D'une dizaine d'années.

« Mon fils Majid, m'a expliqué Salman. Je l'ai fait moi-même. »

Mon rôle n'était pas clair, je voulais en savoir plus.

— Je connais ton travail, Sabeen, m'a avoué Oncle Salman, il est respecté. Plus douée que ta mère, je pense. Écris un éditorial, raconte l'histoire. Ce que tu veux. Tout le monde te connaît. Dis à ce jeune homme que son père l'aime. Pousse-les à me le rendre, ou à me laisser y retourner.

— Pousse-LES ? Y retourner ?

— Le Commandant est certainement mort, il a dit, mais les rebelles n'ont pas disparu. Ils ont choisi de m'abandonner. Ils sont partis avec les autres.

— Pourquoi ?

— Je n'en sais rien, il a continué, peut-être, selon

eux, devais-je mourir là-bas. Je ne sais pas. Ils m'ont pris mon garçon. Je l'ai élevé. Lui ai appris à marcher, à parler. Je n'ai plus rien au monde, Sabeen. Je suis dans les limbes. Je vis dans un pays où je ne connais plus personne.

— Retourner ? je lui ai rappelé.

— Si mon fils est trop précieux, il peuvent peut-être me reprendre.

Je regardai Oncle Salman. Il avait l'air lucide. Je l'observai allumer une autre cigarette. Je remarquai les traces de nicotine sur ses dents et me rendis compte que je me fichais de ce qui était arrivé à son fils tout comme ce qu'il lui était arrivé à lui ou ce qu'il pouvait penser. Il s'en aperçut, je crois, et changea de sujet. Prit un ton plus formel.

— Qu'est-ce que tu sais de Moosa, ton père ?

— Il travaillait pour une société de produits agricoles.

Oncle Salman fit oui de la tête. Oui. Tu sais ce qu'il faisait ? On fait des tas de choses dans les sociétés de produits agricoles.

— Mon père faisait pousser des ouvriers, j'ai dit. Les sociétés de produits agricoles produisent des ouvriers. Tu es content ?

— Tu as raison, m'a confirmé Oncle Salman. Moosa faisait pousser des gens dans la terre. Ton père, c'était le meilleur.

Tout était fait en douce, bien sûr. Les Nations Unies n'auraient pas approuvé. C'est pas comme aujourd'hui, où on fait pousser de la main-d'œuvre en toute légalité. L'Italie fait pousser des fermiers punjabis pour produire du parmesan, comme l'État de New York a un contrat avec l'île de Trinidad pour produire des chauffeurs de taxi. Moosa était le docteur Frankenstein de son temps. Mais ses créatures pouvaient marcher, parler, travailler, obéir comme des êtres humains normaux, comme toi et moi. À une époque où le monde entier ne jurait que par les robots, ton père fabriquait des humains. Ton père créait une main-d'œuvre docile. Encore mieux que ce que colporte cette saloperie de Chine aujourd'hui, à ce qu'on m'a dit.

— Amma m'a dit qu'il a essayé d'améliorer la formule, qu'il a cherché à donner une autonomie aux ouvriers.

Oncle Salman rit :

— Moosa était beaucoup de choses, Sabeen, mais certainement pas un noble cœur.

— Papa a commencé à s'ennuyer, c'est ce qu'Amma m'a raconté, j'ai dit. Une fois la formule parfaite mise au point, il n'a plus eu aucun intérêt à superviser la production d'ouvriers, c'est ce qu'Amma m'a dit.

— Moosa a toujours été un putain de scientifique. Oncle Salman riait, pas un superviseur de manufacture, Sabeen. Il s'est mis à bricoler.

— Amma m'a dit que Papa aimait faire des expériences, j'ai répondu à Oncle Salman. Il a créé en secret une série d'ouvriers spéciaux, quel que soit le sens de ce mot.

Oncle Salman allongea ses jambes sous la table basse, il avait l'air sérieux. Puis il se remit à glousser.

— Moosa s'est rendu compte, il a dit, que la main d'œuvre produite en serre obéissait bien aux ordres mais n'avait pas de meneur et en élisait rarement. Alors il a produit un lot de dirigeants ouvriers et leur a offert une sorte de formation. Son but a été d'améliorer l'efficacité. Des chefs de groupes pouvaient permettre d'y arriver. Puis, il a été convaincu que l'augmentation de la durée de vie ferait faire des économies.

— Ils vivaient combien de temps, normalement ?
— Les ouvriers ?
— Oui.
— Oh, huit ou dix ans peut-être.

Oncle Salman cherchait à se souvenir.

— Et Papa a changé ça, hein ?

Oncle Salman fit une pause, mangea une datte.

— Tu sais ce qu'il a fait, Sabeen ? Il a recommandé de les laisser mourir de vieillesse. Comme nous tous.

Il fallait que je prenne des notes. Par habitude.

— Et ils mouraient comment, avant, j'ai demandé.
— Moosa avait programmé les ouvriers pour qu'ils obéissent aux ordres. Au bout de huit ou dix ans, les usines chargeaient ces hommes dans des camions. Les camions allaient dans le désert. Et c'était tout.
— C'était tout quoi ?
— On les abandonnait là, Sabeen.
— Dans le désert ?
— Dans le désert.
— Je ne te crois pas, j'ai dit à Oncle Salman.
— Je m'en fiche un peu, Sabeen. Moosa aussi s'en fichait. Il a commis des erreurs. La première, ça a été de produire et de former des leaders sans autorisation. La seconde, ça a été d'allonger leur durée de vie. Alors...
— ALORS ? je l'ai défié.
— Alors, c'est l'irresponsabilité de Moosa qui a produit le Commandant. Un catalyseur pour la guerre. À partir de là...
— L'INJUSTICE a produit le Commandant ! j'ai hurlé. Papa a juste donné un coup de main.
— Sabeen, a réagi Oncle Salman, Moosa s'ennuyait.

Ce n'était certainement pas un activiste. Il bricolait.

TOUT ce qu'il s'est passé depuis : les guerres, les enlèvements, sont des produits de son bricolage. Tu sais ce qu'il a fait quand on s'en est aperçu ? J'ai grimacé. Il nous a suppliés, Sabeen, nous a promis de tous les exterminer. Qu'il allait rendre les ouvriers plus dociles. Faire un exemple, il disait.

— Tu l'as dénoncé ?

— Je devais le faire. Je ne pouvais pas laisser le ministère penser que j'étais impliqué. Moosa et moi, on était trop proches.

— Opportuniste !

— Sa fin était proche, Sabeen. J'ai tout fait pour que ça aille vite.

— Et ça a été vite ?

— Oui.

— Il a crié ?

— Sabeen.

— Il a crié ?

— Oui.

— Il a crié mon nom ?

— Non, Sabeen.

— Ses derniers mots… pour Amma ? Ou quelqu'un d'autre ?

— Non, Sabeen, il pleurait. Il pleurait.

Je me suis levée et ai marché vers l'homme. Je lui ai craché à la figure. L'ai giflé jusqu'à ce que ma main fasse mal.

— Tu es quoi ? je me souviens que je hurlais. Tu as défoncé ta belle-soeur et assassiné ton ami !

— Sabeen, il gémissait, pratiquement à genoux. Mon crachat gouttait de son menton. S'il te plaît, il faut retrouver mon fils, Majid.

— Pourquoi ?

— LA FIN ! Sabeen, ne me dis pas que tu as oublié la fin de l'histoire. Dans *Le Musée,* tout le monde meurt.

Je me souvenais de la fin, mais Oncle Salman me surprit en la récitant. Mot pour mot. Comme s'il n'avait survécu à son calvaire que pour rappeler au monde ce qui allait se passer, il m'implora de le laisser dire ce qu'Amma avait prévu pour son fils, comment son fils disparaîtrait des annales de l'histoire, sans laisser de trace.

« Mon fils existe, Sabeen. Pour de vrai. Majid existe ! Le Musée existe ! J'ai besoin de toi pour que le monde sache que mon fils existe, que son père existe… »

J'étais déjà debout. Oncle Salman continuait à parler, suppliant. Sanglotant.

Je sortis, il voulut me retenir en s'agrippant désespérément à ma cheville, il jeta des fruits sur moi. Je m'en fichais. Ça ne me concernait pas. J'étais indifférente. Et, pour la première fois depuis des années, heureuse. Espérant de tout mon cœur que cet homme méprisable ne voie jamais son fils minable, et qu'il ne sache jamais s'il était mort ou vivant. Qu'il passe de l'espoir au désespoir en ne sachant pas la vérité. Qu'il meure comme ça – ignorant.

Et c'est ici, cher lecteur que je vais t'abandonner, en laissant le dernier mot à Amma, récité fidèlement par l'assassin de son mari, observé par sa fille Sabeen, dans la ville où je fus conçue, où Papa avait fait un jour pousser des gens :

Une vieille femme gisait sur le lit de camp, elle respirait avec difficulté, c'était la dernière survivante de la communauté du Musée. Tous les autres étaient partis. Victimes de maladies, de luttes intestines, d'accidents. Elle avait survécu, en consignant ses souvenirs sur des liasses d'écorce. Trois volumes, reliés avec de la ficelle, rangés par date, retraçant l'histoire de la communauté, sa mémoire.

Au fil des pages de son journal, des histoires émergeaient. Des noms apparaissaient.

À sa mort, les soldats présentèrent ces volumes à l'arrière-arrière-arrière-petit-fils de Ba. « Que devons-nous faire, Seigneur ? » Il ordonna en premier lieu d'enterrer la femme dans une tombe sans nom. Puis il demanda à ses soldats de retirer toutes les pierres tombales du Musée. « Rasez les maisons, dit-il, mais ramassez d'abord tout ce qu'ils possédaient, tout ce que vous trouverez. N'oubliez pas les animaux. Entassez tout sur la place centrale. Et quand les sages donneront la date de la prochaine pleine lune, invitez tout le village à une grande fête. »

L'attente ne fut pas longue. Une nuit, alors que la lune était si grosse et brillante que les eaux devenaient blanches sous son éclat, les villageois se réunirent sur la place centrale.

On alluma un feu de joie et on y jeta les possessions du Musée. Les animaux furent massacrés, puis mangés. On dansa beaucoup, dans la joie.

Une fois la fête finie, le feu avait tout consumé, même les journaux de la vieille femme. Comme si rien n'avait jamais existé, comme si rien n'avait d'importance. Et l'endroit où se trouvait autrefois le Musée était un grand vide dans un paysage plat, n'attendant plus que d'être utilisé.

Ça avait pris du temps, mais la guerre avait finalement cessé.

Le Musée de Firdose Moosa
(extrait récité par Oncle Salman)

Chafitre neuf

Akbaar : l'exode

41 282 hommes et femmes de plus de 60 ans, tous pravasis vont, sans exception, quitter les Émirats arabes unis à la mi-juin. 65 % s d'entre eux y vivent depuis plus de vingt ans. 18 964 d'entre eux embarqueront à l'aéroport international d'Abou Dhabi. Ils ont été informés de leur obligation de cesser de travailler en même temps par leurs employeurs respectifs.

Le jeudi 13 mai sera leur dernier jour de travail. Le ministère du Travail leur a imposé quelques semaines pour plier leurs vies et quitter définitivement le pays.

Parmi les retraités, on trouve Vasudevan et son épouse, Devi. Une source sûre les a prévenus : un cousin de Devi, assistant d'un gros bonnet du ministère du Travail. Ce dernier les pousse à toucher leur solde de tout compte, mais ils commettent l'erreur d'en parler à des amis. En quelques jours, d'autres personnes sont au courant et c'est la ruée – pour certains foyers, une course désespérée – pour l'achat d'un billet pour le 15 juin, un mardi. Les agences de voyage perplexes passent des appels frénétiques, pourquoi cette date ? C'est un mystère. Elles vérifient auprès des compagnies d'aviation affiliées s'il y a moyen d'affréter des vols supplémentaires pour répondre à la demande. Au début, les compagnies d'aviation croient qu'elles ont affaire à un groupe de farceurs qui leur joue un tour, mais leurs téléphones ne cessent de sonner.

Lorsqu'il semble clair que tant de personnes prévoient effectivement de rentrer chez elles, la direction prend les choses en main. Il s'agit là de l'exode le plus massif d'Indiens depuis les Émirats depuis août 1990, après l'invasion du Koweït par l'Irak, quand des milliers d'entre eux s'attendant à vivre une période sombre avaient pris la fuite.

À la tombée de la nuit, les compagnies aériennes proposent un compromis accepté non sans réticence. Il n'y a plus de places pour la date tant convoitée du 15 juin même en comptant les vols supplémentaires mais tout le monde a la garantie de pouvoir rentrer chez lui d'ici au 22 juin. À ce point, les rumeurs d'exode planent tel un brouillard nauséabond et le gouvernement alarmé entre en scène alors que la presse internationale commence à émettre des suppositions. « Les Émirats, Abou Dhabi en particulier, ne s'écroulent pas » commente en riant le porte-parole du gouvernement. « De nombreux résidents ont décidé qu'il était temps pour eux de prendre leur retraite, c'est tout : les jeunes sont devenus vieux. »

Un journaliste de la BBC met le porte-parole sur la sellette :

— Si nous comprenons bien, nombre de ces hommes sont arrivés ici dans les années soixante-dix. Le gouvernement va-t-il reconnaître leur contribution avant leur départ ?

— Un représentant du gouvernement sera là lorsqu'ils partiront. J'imagine que beaucoup d'entre eux sont aussi âgés que mes parents. Chez moi, c'est la coutume de raccompagner les invités à la porte.

Les ambassadeurs d'Inde, du Pakistan, du Sri Lanka, du Népal et du Bangladesh sont convoqués par leurs consulats respectifs à l'aéroport international d'Abou Dhabi le 15 juin. Les chaînes d'information décident de suivre l'événement en direct. Les quotidiens en anglais, *The National, Khaleej Times, Gulf News* et *Gulf Today* demandent à leurs reporters d'écrire des articles sur le sujet.

Pour son dernier jour de travail, Vasudevan fait le ménage, il débarrasse son espace de travail, fait ses adieux à ses collègues, les anciens et les plus récents. Il a demandé le matin à ses supérieurs s'il pourrait bénéficier d'une prolongation de six mois de son visa de travail. Non, ce n'est pas possible. Son visa de travail et son permis de résident aux Émirats seront annulés d'ici quelques semaines, lui répond gentiment son directeur. Son passeport devra rester dans le coffre de la société jusqu'au jour de son vol. La société ne veut pas être tenue pour responsable au cas où Vasudevan prolongerait sa présence et se ferait épingler.

Vasudevan comprend tout cela mais il demande plus de temps. Trois mois. Sa maison en Inde est encore en construction, il doit trouver un logement temporaire pour sa famille. Peut-être qu'en allant là-bas pour régler tout cela et en revenant, il pourrait alors récupérer son passeport ? Le directeur lui accorde deux mois pour mettre ses affaires en ordre, Vasudevan a le droit de garder son passeport. Si Vasudevan avait eu l'autorisation de continuer à travailler, il aurait fêté en novembre ses trente-huit ans dans la société. Mais il n'en aura pas l'occasion. Ses collègues organisent un déjeuner de départ surprise et lui offrent une montre gravée « meilleurs vœux pour tes projets ». Ils boivent du Pepsi et portent un toast à une vie longue et prospère, Inch Allah.

Quand Vasudevan quitte son travail pour la dernière fois, il rappelle à Salim, le massif vigile de Kaboul, de prendre soin des deux chats de gouttière qui attendent leur thon au petit-déjeuner. Vasudevan tend à Salim un sac de boîtes de conserve. « Ils miaulent à sept heures, dit Vasudevan, toujours à sept heures. » Les deux hommes se serrent la main, se tapent dans la paume.

Deux semaines avant la date de l'exode, les magasins de meubles et d'électronique peuvent à peine faire face à la demande de jouets high-tech et de meubles à moulures florales appréciés dans le Golfe. Les commerçants iraniens à proximité de Mina ne savent plus où donner de la tête, les commandes de tapis persans montent en flèche. Le bruit court d'une prétendue pénurie d'encens et d'ustensiles de cuisine très coûteux dans les magasins de luxe comme Jashanmal et Grand Stores. Nombreux sont les retraités qui négocient des remises sur l'expédition de containers pour rapatrier leurs biens émiratis. Ceux qui ne peuvent pas s'offrir des containers métalliques achètent des cartons et de la ficelle. Les marchands parlent d'un Sikh qui aurait essayé de faire passer une gazelle, cinq outardes houbara en voie de disparition et quatre tonnes de sable rouge pour décorer une maison de campagne à Jaipur.

15 juin : aéroport international d'Abou Dhabi. Dans le hall d'embarquement, on diffuse les hymnes nationaux émiratis, indien, pakistanais, bangladeshi, sri-lankais et népalais. Des journalistes et des équipes de télé rôdent comme des animaux autour d'un point d'eau. On note la présence d'une délégation émiratie et d'ambassadeurs. Il y a des discours. Aux aéroports de Dubaï et Sharjah aussi,

le gouvernement et les consulats ont envoyé des représentants. L'ambiance est sinistre. Chaque passager sert les mains des délégués. Une loterie a été organisée et une centaine de gagnants s'envolent les bras pleins de vêtements traditionnels émiratis. Un jeune homme tente de jeter de l'encre sur le délégué émirati, ce qui crée un moment de distraction. Il échoue et il se débat quand des policiers furieux l'emmènent.

Vasudevan est là et Devi aussi. Ils observent la scène avec calme. Ils sentent l'odeur de leur appartement. Leur appartement, vide, a leur odeur. Une odeur de vieux. En juillet, leur immeuble, l'un des plus anciens de Hamdan Street, aussi décrépit que les poumons d'un fumeur, sera rasé. Le propriétaire a envoyé un avis à ses locataires six mois auparavant. Ils l'ont attaqué en justice et ont perdu.

Les dignitaires s'attardent jusqu'au décollage du premier avion, un vol PIA pour Islamabad. La foule applaudit. Après avoir salué les passagers en attente, ils partent encadrés par leur service de sécurité.

Vasudevan est assis à côté de Devi, épaule contre épaule. Les fauteuils d'aéroport cisaillent leurs dos.

« J'ai entendu dire, dit un membre du personnel de l'aéroport à un officier émirati pendant l'enregistrement des passagers, que les gouvernements de la région vont faire une surprise aux expatriés qui retournent chez eux le 15 juin. Il n'y a aura pas de droit de douanes sur les marchandises. On pourra voyager avec toute sa maison dans sa valise ! Duty free ! »

LIVRE II

LANGUE. CHAIR

Dans son rêve, ils choisissent un mot arabe de son manuel de secondaire et lui demandent de le lire à voix haute. Ce qu'il fait. Avec une prononciation parfaite, soulignent-ils. Il s'exécute. Ils lui demandent : « Alors, qu'est-ce que ça veut dire ? Que veut dire ce que tu lis ? » Il ne sait pas. Il regarde le mot en espérant en tirer quelque chose, comme s'il allait pouvoir l'apprivoiser, faire ami-ami avec lui, comme si le mot allait lui souffler son sens, lui donner des idées, mais ce genre de choses ne se produit que dans les films, et encore, dans des films comme on n'en fait plus. Alors il répète le mot sans s'arrêter parce qu'il est effrayé et agité et que c'est la seule chose qu'il peut faire. Ils tirent un autre mot de son livre de lecture, sur une autre page, et encore une fois lui demandent de le lire. Il le lit, et encore une fois, il ne sait pas ce qu'il lit.
BOY

Chabitre un   Mushtibushi

Pour commencer :

Je suis un adulte responsable et respectable, employé de la fonction publique de longue date. Je coche toutes les cases : garçon réfléchi, père de famille, une femme et deux filles. Mon boulot m'ennuie mais je le fais bien.

Si j'enfonce des portes ouvertes, sachez que c'est nécessaire eu égard au cas que je vais aborder. Je sais que vous connaissez mes nouvelles responsabilités extra-professionnelles mais il n'est parfois pas inutile de rappeler les choses. Depuis trois ans, notre rue, Hamdan, au centre-ville, est le cadre d'une série d'agressions sexuelles sur des enfants. La couverture médiatique fut considérable la première année, le *Malayla Manorama* critiquant violemment le déroulement de l'enquête, un éditorialiste se demandant même si elle n'aurait pas abouti plus rapidement si la victime avait été émiratie. Puis le souhait du journaliste se réalisa et ce fut le tour d'*Al-Ittihad* de blâmer l'absence d'arrestation. D'un coup, tous les quotidiens et les chaînes de télé esquissèrent, grâce à leurs experts, le profil de l'agresseur. Un reporter de CNN qui se reposait à Dubaï entre deux temps forts du conflit Irak-Koweït tomba sur cette histoire qu'il jugea un bon bouche-trou. Elle rencontra une certaine attention. Mais les agressions continuèrent comme si de rien n'était. Le nombre de victimes augmenta. Les violences scandalisèrent de moins en moins, on s'y habitua comme on s'habitue à la pâte à tartiner trop grasse ou aux poux en colonie de vacances. Leur caractère sensationnel s'estompa. Peu après, le général Schwarzkopf fit ses adieux, Rodney King fut passé à tabac et les caméras se détournèrent.

Les parents désarmés, dont je faisais partie, n'eurent pas d'autre solution que d'accepter ces agressions sur les enfants comme des rites de passage, en espérant y échapper. Lorsque des enfants sont au cœur de la tourmente, il est difficile de garder la tête froide. J'incarne une solution à la va-vite. J'ignore combien de responsables de la fonction publique habitent dans notre voisinage. J'imagine que nous sommes rares. Quoi qu'il en soit, tout ce que l'on attend de moi, c'est de m'asseoir auprès de l'enfant, de poser quelques questions, de prendre des notes, de faire un compte rendu avec les shurthas qui sont toujours en retard et de passer au cas suivant quand (ou si) il se présente. Les agressions sont si fréquentes que plusieurs locataires ont formé une milice – une initiative de parents courageux – un groupe de surveillance qui signale toute activité suspecte. Cela n'a mené à rien, les enfants ont continué à être attaqués et on n'a attrapé personne. Peut-être en raison de ce taux de réussite nul, la plupart des milices furent dissoutes. Mais en temps de crise, après une agression, la majorité des immeubles se tournent vers un adulte responsable nommé par les locataires. Et cet adulte désigné, c'est moi.

Les parents et les shurthas me disent que mes notes sont utiles. Je m'acquitte bien ma tâche. J'écoute attentivement et je crois que les enfants me font confiance. Je suis honnête. Je me souviens non seulement de ce que c'est d'être jeune mais même petit. Je ne traite personne de haut.

Dans le cas qui nous intéresse, j'ai été appelé par une mère qui de retour chez elle a trouvé sa petite fille qui sentait l'urine. En soi ceci pouvait sembler normal vu son âge, à ceci près que l'urine lui coulait du visage. La mère de la victime prévint d'abord les shurthas, puis après avoir appelé son mari au travail, elle me téléphona. Les détails sont assez flous. En temps normal, en rentrant de l'école maternelle, la petite fille attend sa mère en bas des escaliers pour prendre l'ascenseur avec elle. Je pense que l'homme a dû demander à la victime de caresser son pénis, qu'il avait peut-être sorti, personne ne peut l'affirmer. La victime – qui aura six ans en mai – ne parle pas. Je ne savais pas comment faire pour l'interroger, on était dans une impasse, jusqu'à ce qu'un locataire de l'immeuble, un ami de la famille me fasse savoir qu'il avait vu une fillette nommée Maya quitter l'immeuble en compagnie de son frère, juste avant que la petite soit entraînée dans l'ascenseur. Habituellement, je n'interroge pas les témoins, c'est aux shurthas de le faire, mais je fis une exception pour Maya. Ça ne nuirait à personne et rassurerait la famille. De plus, pour une petite fille – enfin, une fille qui avait l'air petite – Maya était dotée d'une intelligence hors du commun et, déjà, d'une forte poitrine.

Je vous écris pour partager avec vous l'histoire de Maya que je ne communiquerai pas aux autorités. Je ne veux pas qu'on me prenne pour un imbécile. Mais il y a autre chose, un détail crucial que vous noterez. Mon compte rendu final lui accorde cette place parce que Maya fait référence à cet incident au cours de ses digressions.

Maya, comme vous allez le lire, me dit en gros qu'elle était responsable de l'état de la victime car elle avait passé un marché avec une machine : un ascenseur d'immeuble qu'elle identifie comme Mushtibushi. Il doit être japonais, j'ai blagué (mon immeuble est équipé de trois ascenseurs Mitsubishi). Je ne lui ai pas demandé, m'a-t-elle répondu sèchement. Je retournais la chose dans ma tête, tout en fixant sa poitrine. Dans le récit de Maya, les enfants de l'immeuble font offrande de gamins à l'ascenseur du milieu. Si aucun enfant ne se porte volontaire pour satisfaire les dérives sexuelles de Mushtibushi, ils en tirent un au sort, et celui-ci doit y aller une fois par semaine. À moins qu'un autre enfant oublie et y aille tout seul, auquel cas l'ascenseur attaque !

Maya laisse entendre que la victime a été sacrifiée pour aider leur père, qui gérait ses finances comme un imbécile. Elle et son frère devaient trouver un moyen de se procurer de l'argent. Ils avaient décidé d'agresser un créancier de leur père, particulièrement féroce. Leur père, je le connais. Criblé de dettes comme il l'est, il sera derrière les barreaux avant la fin de l'année. Et s'il est emmené dans une de ces prisons dans le désert dont le gouvernement nous assure qu'elles n'existent pas, il sera difficile de savoir quand il serait relâché.

Maya parlait en faisant des phrases complètes, mais sur un rythme qui m'était totalement inconnu – mais il est possible que je ne prête pas attention aux voix de mes propres enfants, la manière dont ils s'expriment, sauf quand nous faisons les devoirs ensemble. Ce que vous allez lire n'a rien à voir avec un babillage. Ce n'est pas non plus une conversation. C'est plutôt un communiqué : la transcription (suivie de ma note) de son monologue.

Je n'ai pas le droit de filmer ni d'enregistrer les interrogatoires. Les parents veulent protéger leur réputation, éviter les rumeurs, donc ils m'y autorisent rarement. Je le comprends parfaitement, je ferais de même. Cependant, je connais la sténo et ces notes manuscrites sont très précises – presque mot pour mot. D'habitude, je pose une question, puis j'attends la réponse et je la consigne. Il m'arrive également de décrire l'attitude de l'enfant. Dans le cas de Maya, j'ai écrit deux mots, ponctués par des points : « Calme. Hum. » Mais dès que la glace a été brisée, elle s'est mise à parler. J'ai à peine eu à intervenir – à part une interjection çà et là. Certains éléments de ce rapport sont vraiment dignes d'intérêt. Au cours de son monologue, j'ai essayé de clarifier certains détails que je n'avais pas saisis mais en général sans succès, peut-être comprendrez-vous mieux. Le signe O dans le texte marque ses tics de langage ou des pensées qui me sont venues à l'esprit en relisant ou en corrigeant mes notes.

La petite fille comprendra que je ne peux pas transmettre son rapport en l'état aux autorités.

Que dire ? Je recommande que l'immeuble mette hors service l'un des ascenseurs Mitsubishi, celui du milieu pour être plus précis, car cette machine est accusée de conduite inappropriée. En fait, après avoir entendu sa déclaration, je recommanderais que les trois ascenseurs Mitsubishi soient arrêtés au cas où la maladie de l'appareil accusé soit contagieuse – mais comment dire ceci sans avoir l'air stupide ?

Dans cette ville, berceau de tant de légendes et

histoires – de toutes sortes, qui naissent à chaque minute, à chaque seconde –, ces mots sont peut-être parmi les plus forts. Mais j'y crois.

Mon rapport est la transcription de son témoignage. Bien à vous, D.

TRANSCRIPTION
[Transcription intégrale. J'ai ajouté la ponctuation]
5 mai 1991

Nous sommes assis l'un en face de l'autre autour d'une table ronde. Ses parents nous ont laissés seuls, et sont partis avec le petit frère de Maya. Une odeur de bois de santal flotte dans l'air. On m'a servi un chaï couleur brioche dorée et offert des biscuits secs à tremper. Maya boit un Tang.

M *(elle tend la main)* : Fillette. Précoce. Douze ans pas dix. Bientôt treize. Me voilà.

D *(je lui serre la main doucement)* : Maya, ma jolie, écoute…

M : Parlons business chéri, ça va. Pas choqué? Tu aurais préféré un nom plus respectueux? C'est Debashish, hein? Oncle Debashish? Non? Et « Madame » si tu avais été une femme ! J'aurais crié, puis peloté ta poitrine en disant bien fort que tes petits nichons sont devenus sacrément coquins. Tu ne peux pas les quitter des yeux, je vois.

D : C'est vrai !

M : Je n'aimerais pas non plus faire semblant de bien t'aimer, alors bazardons les formalités, pas de langage bébé. Et si tu essayes de me toucher, je mords. Je préfèrerais qu'on parle d'où nous en sommes dans nos vies en ce moment, en envisageant toutes les nuances, mais je crois qu'on n'y arrivera pas. Tu t'apprêtes à me dire, Je t'expliquerai ça quand tu pourras comprendre, quand tu seras assez grande, tu vois – ce qui pourrait, dans ma conception du temps, être dans dix ans voire plus si je survis à l'enfance. Alors, pour l'instant, chéri...

D : « Monsieur », ça serait bien.

M : Monsieur ? OK. Monsieur. « Vous » alors. Je vois que vous avez envie de me pincer les joues, de les tirer bien fort et même de voir quelques dents, allez-y. Vous avez envie de me mettre la main aux fesses, ça va. Vous voulez un câlin, me serrer dans vos bras, OK. Pas de soucis. Pourriture. Mais grouillez. On a du boulot, des tonnes. J'ai douze ans, mon emploi du temps est serré. Si votre main veut se balader, fissa ! Nous, les enfants, on n'a pas que ça à faire. Et on vieillit vite. Faites-moi confiance. Si vous me touchez, je mords.

D : À propos de cette fillette, M ...

M : Voilà ce qu'il s'est passé. Mon père est un dingo de chez dingo. Mon frangin et moi on a été le chercher au bar hier soir.

D : À quelle heure ?

M : À l'heure où le carrosse de Cendrillon se change en citrouille – *pile*. On a ligoté Papa à l'hippo en peluche de mon frère, Henrietta Sivasankar, pour qu'il ne puisse pas se sauver. Henrietta est bien grasse. On les a ensuite attachés à l'arrière de notre vélo et j'ai commencé à pédaler. Mon frère assis sur la barre, oscillait comme les antennes d'un cafard, en gardant un œil sur Papa qui était bien torché. Mon frangin a six ans. Il accepte ma supériorité en tant qu'aînée, qualité permanente non négociable. Mais je sais qu'il attend son heure. On est d'accord sur l'essentiel. On est des enfants, on appartient à l'espèce des petites personnes et on sait que les dés sont pipés. Les règles sont là pour qu'on les respecte, les parents pour qu'on les trompe, les écoles pour qu'on les fréquente – tels sont les prérequis de l'âge adulte. Ces normes patiemment expliquées par nos tuteurs légaux sont parfois mises à l'épreuve devant des invités avides d'observer dans une optique concurrentielle le développement des compétences de leur progéniture. Mon frère et moi, on appelle les éducateurs éclairés des Manufacteurs. Avec un M majuscule. Les Manufacteurs sont composés de deux parents, un père et une mère : les géniteurs. Parfois, dans certaines circonstances, décès, divorce, adoption, abus de substances diverses, il arrive que le Manufacteur soit une personne seule. Cette personne, respectée dans certaines sociétés et méprisée dans d'autres, est ce qu'on appelle un parent unique. Un parent unique peut être une mère, celle qui donne naissance, ou le père qui est la cause de cette naissance. En général, il y a eu un acte sexuel. Un autre scénario contredit cette idée. Dans celui-ci, pas de sexe. Dans celui-ci, on retrouve des agences en Inde, des hôpitaux qui louent des utérus, des mères porteuses en bonne santé. Quel est le terme technique pour ça ? Ne m'aidez pas, je pense à haute voix. J'ai quelque chose. J'ai pas… ah, oui, gépeah *[O : Maya épèle le mot, elle rayonne.]* C'est ça !

D : S'il te plaît, la suite.

M : Mon frère et moi avons formulé l'hypothèse que la plupart des Manufacteurs font un premier enfant comme un cobaye et puis les autres simplement pour tenir compagnie à leur première erreur. Mon frère et moi, on n'est pas naïfs. Dans peu de temps, on retournera notre veste en devenant adultes. Nous aussi, on a été manufacturés et on a passé le contrôle qualité ici, à Hamdan. On est nés tous les deux au Corniche Hospital. Mais mon frère et moi, on a décidé de se battre avant la mutation. On a écrit les paroles d'une chanson.

[O : Maya grimpe sur la table. Elle soulève ses genoux, une-deux, une-deux. Comme pour défiler.]

Attention ça va saigner !
Des Hauts, des Bas, et des Sommets,
On va tromper not' destinée.

Prenez des notes, là. Matez. Oyez. Jugez.
Notez, je me souviens de notre hymne.
Notez, je me lève.
Notez, je suis au garde-à-vous, un arbrisseau attendant la tempête.
Notez, je chante.
Notez, je fais des rimes.

Attention ça va saigner !
Des Hauts, des Bas, et des Sommets.
On va tromper not' destinée

[O : Elle saute de la table, se rassied et continue.]
Mais la situation actuelle est un peu merdique. Vu qu'en ce moment, mon frère et moi on est prisonniers dans le ventre de Mushtibushi…

D : Maintenant ? À l'intérieur ? On est ici ensemble, Maya. Mushti qui ? Un ami japonais ?

M : Espèce d'abruti, je ne lui ai pas demandé s'il était japonais.

Mushtibushi, le maquereau des peep-shows, le voyeur qui mate sous les jupes des filles, le dezippeur de braguettes. Un de plus, je vous jure. Un de plus. L'Ange de la Débauche.

D : Dans le ventre ? Tu veux dire hier ? Pas maintenant ?

M : Écoutez, chéri, qui c'est qui raconte cette histoire ? Je la raconte à ma manière.

Mon frère et moi, on est coincés dans un ascenseur. Dans Mushtibushi. Pas avec Mushtibushi. À l'intérieur de Mushtibushi.

Un Manufacteur comme vous serait capable de pif-paf-hoplà-houper cette situation difficile. Comme vous venez juste de le faire.

On a peur du jour où ça nous arrivera, mon frère et moi, on a peur que la transformation en adulte – il suffit de vous regarder ! – nous fasse muter en une espèce sans intérêt. On va laisser derrière nous tant de choses, nos cerveaux tourneront au ralenti, nos imaginations seront sous calmant.

D : C'est une évolution, Maya, pas une dissolution.

M : Menteur. On attend la métamorphose comme le bisou au moment de se coucher. Mais le jour où ça arrivera sera terrible. On passera de ce qu'on est là, comme en ce moment, un faisceau de zip zap, à ce que tu es, toi. Médiocre. Un pétard mouillé, un raté. Chez l'adulte, l'enfant est enfoui, menotté, enfermé comme Raiponce. Il se terre comme un troll dans une grotte, incompris, un monstre castré avec ses couilles dans ses poches. Comme vous, monsieur. Hé, vous matez ! Arrêtez-ça.

[O : Elle montre du doigt. Je m'exécute.]

D : Revenons-en à la fillette, Maya.

M : OK. Voilà ce qu'il s'est passé.

Mon père, un dingo de chez dingo, a emprunté de l'argent. On l'a su. C'est pas le genre de choses dont il parle à longueur de journée. Mais on l'a su. Au petit déj. Ou au déj. Oui, au déj. On bouffait. Au déj, Papa se met à table.

Les enfants, dit mon père, j'en ai assez, aujourd'hui j'ai décidé d'en finir avec nos problèmes. Écoutez, il continue, ils n'en peuvent plus, la banque, l'épicier, les gens, il y a plein de gens qui n'en peuvent plus, il faut les rembourser. Papa a continué de continuer : comme personne n'en peut plus, je suis sorti et j'ai cherché le plus gras des gars du marché, je me suis invité chez lui et je me suis offert à lui comme un agneau et je lui ai demandé un peu de flouze. Papa cite Ésope, selon lequel la vie n'était pas toujours facile. *[Rires.]* Enfin, mon père allait souvent au marché...

D : Où ? Près du vieux souk...

M : Lui seul le sait. Il va y emprunter de l'argent depuis que je suis née, depuis que mon frère est né. Ce qui veut dire qu'il a dû emprunter pas mal de fois un peu de flouze *[O : sabir – argent]* et il en a pris pour quelques années. Mon frère et moi on a soupiré. Pour emprunter un peu de flouze, mon père doit laisser au grippe-flouze un chèque en blanc. Bien entendu, sans garantie, pas de flouze. Papa était le champion de la garantie.

Papa a d'abord laissé les bijoux en or de ma mère en garantie. Puis la maison de ma mère. Ensuite le terrain de ma mère. Et puis, le passeport de ma mère. Puis le passeport de mon frère. Ensuite mon passeport. Papa s'est adressé à Dieu pour qu'il garde un œil sur les passeports. Mais avant de s'adresser à Dieu, avant de donner les garanties aux grippe-flouze, avant de signer un, deux, trois, plein de chèques en blanc, mon père avait sangloté. À l'insu de ma mère, à l'insu de mon frère, à mon insu, Papa finira probablement ses jours en prison, nos garanties changeront de main, nos passeports seront rendus, et nous, nous serons expulsés.

Dis-moi. Toi qui parles l'adulte. Sabir, ça s'écrit comme l'homme lubrique ?

D : Non.

M : Tu peux noter : des efforts dérisoires. Des efforts dérisoires, pour emprunter ce fastidieux flouze. Pour payer le grippe-flouze A, Papa doit emprunter au grippe-flouze B. Quand B commence à brailler, mon père appelle C, la banque, qui tape du pied et postillonne comme Gargamel. Vous comprenez comment ça marche maintenant, hein ? Le jeu est fini quand Papa n'a plus rien à mettre en gage que sa peau et ses os. Mais cette fois-ci, notre papa accro au flouze a emprunté un peu de flouze à un keum qui s'est pointé chez nous à cinq heures du mat' parce que Papa n'avait pas payé les intérêts à temps. Ce grippe flouze se ramène avec sa femme. Génial. Pour choper votre vaurien de père, il dit – le keum – avant qu'il – mon père – ne disparaisse comme un djinn, pour le rappeler à ses devoirs en temps et heure, alors qu'il fait de son mieux pour récupérer son flouze, pour au moins essayer de rembourser et de payer les intérêts à 60 %. Mais le boulot de mon père ne paie pas assez.

D : Que fait ton père ?

M : Des trucs. Des trucs simples, des trucs compliqués. Des trucs honnêtes, toutes sortes de trucs. Sur son badge professionnel, on voit la photo d'un téléphone. Et en dessous du téléphone, son visage. Il faut qu'il se coiffe, qu'il cire ses chaussures. Qu'il prenne son petit déjeuner. Avant de faire ses trucs. Vous suivez ? Des trucs au téléphone. Il fait tout ça, puis se casse en vitesse avant que les grippe-flouze arrivent.

Arrêtez de me distraire en fronçant les sourcils. Écoutez-moi et restez calme.

Ce grippe-flouze est obèse, un type avec une tête de chouette, le tour de taille d'un pneu de tracteur, un petit homme horriblement ventripotent. Arrivé à la porte il frappe comme un malade et tout essoufflé, il gonfle ses joues et souffle, souffle fort, de plus en plus fort, pour que la maison s'écroule. Il hurle qu'on lui rende son précieux flouze emprunté par mon vaurien de père qui se faufile hors de chez nous à quatre heures pour éviter la visite de face-de-chouette le peu-prêteur à cinq heures. Floué et mécontent, le ventripetit enragé pénètre chez nous, demande une tasse de chaï, envoie valser d'un coup de pied Henrietta, notre hippo en peluche, même pas mal, et entame un monologue avec sa femme à ses côtés. *[O : Maintenant je m'en rends compte, comment ai-je pu ne pas m'en apercevoir ? Les* v *de Maya sont prononcés à la mode de Malabar, comme des* w.*]*

« Ton père se cache, murmure ventripetit. Mais pas pour longtemps ! »

Le reste est incompréhensible. Mon frère et moi, on est d'accord pour dire que c'est une stratégie. Ventripetit veut nous effrayer pour qu'on lui donne un peu de flouze.

Mais Papa lui a payé son flouze hebdomadaire, les intérêts dus la semaine dernière. Ventripetit croit qu'on ne le sait pas. Mon frère et moi, on le sait. On répond au téléphone. On sait. On espère que Ventripetit fou de rage pète un câble. On espère lâcher Milo sur lui. Milo, c'est un chien. Noir comme un loup. Milo, il mord les mollets.

Au téléphone, la palette des grippe-flouze s'étend du poli à l'obscène. Ventripetit appelle souvent. Il aime susurrer, comme un diable de porno libidineux qui se souviendrait de mes nichons. Il pense être le premier homme à demander s'ils tiennent tout seuls. Il me demande si mon petit frère a grandi. Ces questions. Envies. Doigt pas dans le cul. Zizi pas touché. Mon frère et moi, on aimerait bien aller de l'avant.

De l'avant, de l'avant, de l'avant ! Nous, les enfants plus des enfants, on a autre chose à faire.

D : Et Ventripetit était chez toi hier ?

M : Il voulait son chaï, le gros ventripetit. Il le sirote, les insultes s'échappent de sa bouche comme des mouches. Ma mère, immunisée, écoute patiemment. Vous avez fini ? elle demande, ma mère. Encore un chaï ?

Ventripetit hausse les épaules, il peste contre Lipton, sa tasse, la sous-tasse ridicule. Il peste comme ma mère. Parle de conséquences. D'un dénouement apocalyptique (il tonne) qui frappera toute la famille si mon père ne rembourse pas sa dette. Il prononce mal « apocalyptique ». Il dit le « e » dans dénou-e-ment. Un éclair apparaît au dessus de sa tête. Tonnerre. Tonnerre. Tonnerre. C'est pas drôle la prison, il fait un clin d'œil en disant ça, il boit bruyamment son chaï. Ventripetit passe aux insinuations. Il laisse entendre que mon frère et moi, on serait des petits vicieux. Un petit bout de chair contre une petite réduction. Ventripetit pense qu'il est le premier à le proposer. J'entends sa femme faire pipi aux toilettes.

Ventripetit attend.

Aujourd'hui, rien. Ma mère doit être fatiguée.

Parfois, les adultes y vont franco, sans fanfare, et nous on s'agite comme des asticots. Allez jouer, nous encourage ma mère. Quand ma mère veut qu'on aille jouer, mon frère et moi, on ne proteste pas. Mais pas aujourd'hui. Aujourd'hui, elle ne dit rien.

D : Aujourd'hui ?

M : Oui, aujourd'hui. C'est mon histoire, c'est moi qui raconte, à ma façon.

Aujourd'hui, Ventripetit halète pendant deux heures. Il attend, attend. Il part, déçu. Mais ce connard me pince les fesses.

Un mois auparavant, un bonhomme avait touché le zizi de mon frère. Vous vous êtes déjà fait tripoter le zizi par un homme ? Comme ça. Regardez. Comme ça. *[O : Elle tient son petit doigt en l'air, elle joue avec comme si c'était une harpe, puis le serre.]*

Par une femme, certainement ? Oulala. Mais vous savez ce que ça fait, hein ? Vous connaissez cette vibration dans tout le corps, vous savez comment ça surgit sans prévenir, par accident, au milieu d'un rêve ou en regardant des dessins animés, comme un djinn ou le reflet d'une sorcière dans un chaudron de potion. Ça surgit, ça vibre.

Je me dis, allez-y. C'est ce qu'on se dit, mon frère et moi.

Nous aussi on sera bientôt des Manufacteurs, et on saura habilement cacher nos vibrations.

D : Comment ? Les souvenirs ont la vie dure, Maya.

M : Peut-être. Mais faudra bien qu'on les emballe, ces vibrations, avant de les avaler tout rond. Ces vibrations nous collent au ventre comme du chewing-gum. On les digère lentement. On les grosse-commissionne. En fin de compte.

D : Si la vibration persiste...

M : T'inquiète, on s'en remettra. On oubliera. On exagèrera. On sera désarmé si la vibration reprend. On espère, malgré tout. On espère que nos enfants ne rentreront jamais calmement à la maison en nous demandant de nous asseoir, ce que mon frère et moi n'avons jamais fait. Demander à mon père et à ma mère de s'asseoir et d'écouter. Ce que vous faites en ce moment. Puis leur raconter. Raconter. Raconter.

D : Maya...

M : Chut. Voilà ce qui est arrivé.

Avant qu'on soit coincés là. *[O : L'ascenseur, c'est clair]*, on a ramené notre père du bar. Il faisait nuit. Et en rentrant à vélo à la maison *[O : Maya saute sur la table, et mime la scène]*, nous quatre, avec Henrietta Sivasankar qui nous dit de grouiller, on se rend compte que le moral de notre père était au quatrième dessous. Il était incapable de continuer comme ça, ils avaient eu sa peau, la prison l'attendait. Mon père était parti – vous vous souvenez ? – ce matin à la recherche de flouze au marché. Les grippe-flouze, après toutes ces années, lui avaient ri au nez.

Quand on est arrivé devant le Kentucky Fried Chicken, Papa s'est mis à remuer, à jurer contre Vishnou, pour s'excuser aussitôt. On l'a ramené à la maison dans cet état. Il avait arrêté de maudire tous les dieux en allant se coucher, l'air dingue, une grimace effarée figée sur son visage, blessé. En temps normal, Papa rentre à la maison avec l'haleine d'un cracheur de feu, il fait un tour à la salle de bains et, à l'aise blaise, se soulage dans les toilettes. Une cuvette en céramique si bleue, si bleue. Un bleu Cookie Monster. *[O : Maya se rassied, je remarque que sa langue a pris la couleur du Tang.]*

Papa rappelle aux dieux que c'est quand même leur responsabilité de nous fournir le peu de flouze qu'il nous faut pour retrouver une vie normale. On ne discute pas, vous nous aidez, compris ? qu'il leur lance. J'ai jamais fait de mal à personne et j'ai toujours filé un coup de main, alors vous m'écoutez maintenant OK, qu'il lance, Papa. Mon frère et moi, on l'aide parfois à enlever ses chaussures. Quoi ? on lui demande. M'enfin.

Au lit, zou, s'il te plaît, implore maman. Parfois, Papa la pousse, puis il s'excuse. Il pleure. Puis renifle.

Notre panthéon païen – c'est notre hypothèse à mon frère et moi – est au repos lorsque Papa commence à faire pipi et à supplier. Tous : Brahma, le créateur ? Vishnou, le protecteur ? Shiva le destructeur ? Allô ? Tous dorment. Quand Papa supplie qu'on lui accorde un peu de flouze pour nous remettre en train, mon frère et moi on le jure, on entend les dieux ronfler.

Papa a vraiment la poisse, c'est ce qu'il pense. Il n'a sans doute pas tort. Alors, mon frère et moi, on conclut qu'après toutes ces années il est fatigué. Il n'a plus la grimace effarée, alcoolisée sur son visage. C'est ainsi qu'on ramène Papa chez nous, avec l'aide d'Henrietta Sivasankar, notre hippo.

Une fois rentré, Papa va faire pipi. C'est un pipi déchirant, un pipi en silence. C'est alors que mon frère et moi on décide d'intervenir. On s'y mettra demain, dès que Papa sera parti à trois heures du matin pour échapper à Ventripetit qui pourrait se pointer, ou pas, à trois heures car la rumeur que mon père quitte la maison à quatre heures pour échapper aux peu-prêteurs qui font la queue à cinq heures a dû se répandre dans le pays des grippe-flouze.

Mais on se réveille à dix heures, pas à six heures, c'est notre faute. Après le petit déjeuner, on se décide à sortir. On a un plan. Mon frère et moi, on a un plan. On attendra dehors jusqu'à la nuit que le peu-prêteur du soir vienne à la maison. Il fait son sermon puis s'en va, mon frère et moi, on le suit jusqu'à chez lui, on découvre l'endroit où il cache son flouze, on fauche un peu de flouze pour le donner à Papa quand il rentre à la maison, probablement avec son air effaré et sa vessie pleine. Donc on quitte la maison avec ce plan, bien déterminés à chiper un peu de blé et revenir à temps à la maison pour faire la surprise à Papa. On rentre avec ces idées en tête, sans réfléchir. C'est seulement une fois que la porte de l'ascenseur se referme qu'on se rend compte qu'on s'est trompés. Et à ce moment...

D : À ce moment ?

M : Écoutez, c'est mon histoire, oui ou non ? Regardez autour de vous, observez l'intérieur. On est prisonniers maintenant à l'intérieur des entrailles du voyeur qui mate sous les jupes des filles. Nous, mon frère et moi, on le connaît. Et vous le connaissez aussi maintenant. Le susdit Mushtibushi. Il est cinglé. Cinglé.

D : Pourquoi ?

M : Deux fois par mois, nous les enfants, on désigne un volontaire. À midi le jour dit, le volontaire suit ceux qui attendent – parfois une personne, parfois deux – dans le cube d'acier. S'il n'y a personne, le volontaire attend une vingtaine de minutes, puis monte dans l'ascenseur. Seul. Ce mois-ci, on ne s'est pas réunis pour trouver un appât, les vacances d'été étaient sur le point de commencer et les parents prévoyaient de partir un mois. Les je-sais-tout se souvenaient et prenaient les escaliers. Mon frère et moi, on était occupés à pister les peu-prêteur et on a oublié ça. Quand les portes se sont fermées, mon frère et moi on a compris : problème.

Mushtibushi sait observer. Si les hommes qui attendent ne viennent pas, Mushitushi n'est pas content. À moins que.

D : À moins que ?

M : Si les hommes ne viennent pas, le volontaire n'est pas épargné. On demande à l'enfant d'attendre. Puis il entre, seul. Fâché, Mushtibushi arrête son moteur. Il éteint les lumières. Il ne fait aucun bruit. Il garde l'enfant au chaud comme un oiseau le fait avec un ver dans son bec. C'est ce qu'il avait commencé à faire avec nous quand on s'est rendu compte de notre erreur.

Mais mon frère et moi on a du boulot ! Un peu-prêteur à épingler ! Alors, on se consulte. On fait une offre, mon frère et moi. On promet un enfant. *[O : Elle fait une pause.]*

D : Et si les enfants attendus ne viennent pas, que se passe-t-il ?

M : Les hommes se pointent quoi qu'il arrive. Le jour et l'heure sont imprévisibles. Deux fois, ça a été des femmes. Ils prennent n'importe qui. N'importe où. N'importe comment.

D : L'enfant que vous avez promis, vous l'avez livré ?

M : Patience. *[O : Elle boit une gorgée de Tang. Me regarde.]*

Mon frère et moi, on a réitéré notre position : on rabattra un enfant. Un nouveau de l'immeuble. Il faudra qu'on lui raconte des bobards pour qu'il se glisse dans le boudoir du maquereau d'acier.

On reréfléchit à notre idée. Quand est-ce que le prochain homme se présentera ?

Allez grouille, vite, on insiste auprès de Mushtibushi mon frère et moi. Prends une décision ! On a un grippe-flouze à filer. Cette nuit. Un grippe-flouze à dévaliser. Et l'heure tic-tac-tic-tac passe. Pourquoi il ne comprend pas ? Vicieuse machine têtue !

Je suggère que peut-être, je pourrais laisser mon frère sur place et m'occuper du vol de flouze nécessaire ? Et livrer un nouvel enfant plus tard ? Mon frère ne veut pas. Mon frère est parfois un bâtard. Mais Mushtibushi s'échauffe. J'entends son moteur ronronner, ce n'est pas bon signe.

Donc il nous laisse là. Vous imaginez la scène maintenant, non ? *[O : Elle se met debout sur la table, le doigt en l'air, tournant comme un derviche.]*

Nous sommes encore LÀ, mon frère et moi, dans ce ventre à boutons jaunes, gargouillant et bourdonnant. On essaie d'atteindre les boutons mais Mushtibushi les déplace d'un coup sec, en hauteur, trop haut pour nos jambes. Et le temps, tic-tac-tic-tac passe, passe. Dans quelques minutes, quelque part dans cette ville, un grippe-flouze va se mettre en route pour exiger son dû à un fugueur – Papa. Quelqu'un ressemblant à Ventripetit, peut-être même plus gras. *[O : Maya se rassied.]*

Vas-y, alors. On encourage Mushtibushi. Fais ce que tu veux. On attend que les portes s'ouvrent, que des hommes entrent.

Silence. Une éternité. Silence.

On désespère. Il faut qu'on sorte ! Et rien, encore une fois, silence. Le son que le son fait quand il meurt. Le vilain nous fait attendre. Il fait une sieste, son ventre rempli de mon frère et de moi. Peut-être que quelqu'un va monter dedans, mon frère ajoute, comme la première fois pour moi ! Un monsieur entre. Papa le connaît, le monsieur dit bonjour, il attrape le zizi de mon frère, ses doigts dansent, la respiration siffle, les lèvres hurlent « pipi ».

Ou. Peut-être. Comme ça s'est passé pour moi, des bras surgissent de nulle part, partout, comme de l'air. Hoplà, hoplà qu'elles disent, les mains qui touchent tout partout partout, qui jouent à je te tiens tu me tiens collé-serré. Moi, petite fille, je me débats, mais rien. Rien à faire, niquée, niquée, rien à foutre des ouin-ouin. Je retiens ma détresse de je te tiens-tu me tiens.

On se souvient.

On attend.

Mushtibushi nous pythonne calmement, nous et nos espoirs, dans son ventre.

Dans quelques minutes, un peu-prêteur du quartier sera devant la porte de Papa et Maman et il réclamera son précieux flouze. Ce grippe-flouze aussi doit être payé. Sinon, il sera dans l'obligation de faire le nécessaire : en appeler à la loi. Encaisser le chèque en blanc. S'approprier les biens laissés en garantie.

Il faut qu'on sorte, mon frère et moi !

D : Tu sais ce que « s'approprier » veut dire ?

M : Et vous, vous ne savez pas ? Un compromis n'est pas inenvisageable. On pourrait impliquer le peu-prêteur qu'on doit dévaliser. Si ça lui plaît de nous peloter, on peut le laisser vérifier comme nos os ont grandi, et si on a bien des poils aux bons endroits. Mushtibushi pourrait mater. Ça calmerait peut-être ses envies. On pourrait ensuite suivre le peu-prêteur jusqu'à chez lui, et on vérifierait si ses os poussent dans le bon sens et si ses poils sont aux bons endroits. On pourrait aussi juste s'asseoir à côté de lui. Aussi longtemps qu'il le veut. Vraiment. Suffisamment pour faire petit à petit un sort à cette dette malencontreuse contractée par Papa, qui à cette heure ne grimace plus, n'est plus effaré.

Oh, pauvre Papa ! Notre Manufacteur.

Mais, mon frère et moi on est d'accord là-dessus, tout ça n'est possible que si le maquereau d'acier nous répond au lieu d'hiberner. Le ventre est si calme. Même les fantômes s'y ennuieraient. Casper ronflerait.

Le silence, c'est la revanche de Mushtibushi. Son expiation – arrêtez de froncer les sourcils ! Cherchez dans le dictionnaire si vous ne connaissez pas le mot ! – ressemble à celle de Maman quand elle n'arrive pas à nous trouver après nous avoir mis une raclée et qu'on se cache. Elle nous frappe avec des tongs, des cannes et des bouts de circuits électriques rouges, Maman, elle pife-pafe mon frère ou moi comme on tape sur un tambour, et on court et on se cogne dans les coins et les recoins pour se sauver, on se réfugie dans les minuscules toilettes aux carrelage bleu Cookie Monster où on s'endort en suçant notre pouce pendant qu'elle essaie d'entrer. Sans y parvenir. Maman boude, elle reste assise comme un arbre-démon, silencieuse, ne nous embrasse plus pendant des jours, alors que nous, mon frère et moi, on fait attention à garder nos distances. Mais ce chaos est calme. On est calme. Et Mushtibushi lui aussi est calme maintenant. Roublard comme ma mère, aussi frappadingue, plutôt kif kif, à ruminer sa vengeance. La dégustant, tout comme Maman.

Mais je suis adorable. Une fillette. Précoce. De douze ans pas dix. Bientôt treize. Me voilà.

Une dure, aussi. Têtue, intouchable et impossible à croquer, comme Jerry échappant à Tom. Mushtibushi, il veut qu'on lui fasse péter les entrailles, qu'on crie et qu'on pleure. Je dis à mon frère qu'on va résister. Pourquoi ? Le pouvoir est un jeu.

Dans ma famille, nous les enfants, on vend tout. Seules nos larmes ne sont pas à vendre. On s'assied et on fait des plans pour faucher le flouze du plus de peu-prêteurs possible. Mon frère suggère qu'on se cache dans le lit déguisés en Papa avant la visite du peu-prêteur ou qu'on construise une maison en boîtes de Honey Smacks pour leurrer les grippe-flouze diabétiques et crédules, et qu'on les attrape tous, ne les relâchant que s'ils crachent un peu de flouze ou effacent la dette de Papa. On a même envisagé – ricanements, ricanements – de recruter Mushtibushi pour nous aider à piéger les peu-prêteurs intéressés par le zizi de mon frère ou mon petit mimi. Puis de polaroïder ces ordures et de les faire chanter contre un peu de flouze à 60 % d'intérêts. Pour remercier Mushtibushi, on lui enverrait plein d'amis des autres immeubles qu'on n'aime pas. Par exemple, ce garçon à taille de bourdon qui habite près d'Airport Road, celui qui me tire les cheveux. On met au point un plan pendant que Mushtibushi continue à ronfler. Un gargouillis interrompt notre discussion, mais mon frère et moi, on continue à planifier notre plan.

Quand Mushitibushi a fini son roupillon, il est, comme on pouvait s'y attendre, frustré. Mon frère et moi on a continué à imaginer nos plans, imperturbables. Les victimes pythonnées sont censées hurler. On ne suivait pas les règles. Tu l'as dans le cul, on lui dit. Fais comme il te plaît. *[O : Elle me montre le doigt.*

Sourit. Je remarque une incisive en pleine croissance.]
Pour Mushtibushi, on n'est pas plus excitants qu'un bol de céréales. Pourtant, mon frère est sensible aux changements d'humeur de Mushtibushi et il est nerveux. Je lui ordonne de continuer de planifier notre plan. Le bluff marche. Mushtibushi préfère les enfants qui pleurent et crient. Déçu, Mushtibushi a un hoquet, et il rote.

Les portes s'ouvrent, on est éjectés à l'extérieur : mon frère, dehors ; moi, dehors.

On atterrit sur nos fesses mais on se relève, même pas mal, certains d'avoir loupé le peu-prêteur du soir et d'avoir raté notre chance de faucher un peu de flouze d'ici quelques heures. Putain de connard d'ascenseur, on gueule, mais ça ne sert à rien de se lamenter, juste à laisser les grippe-flouze se barrer pendant que Papa s'enlise dans son malheur, hébété, blessé.

Et c'est à ce moment-là que je – oui, moi – je remarque la plus petite fille que j'aie jamais vue. Elle est assise sur un sac et attend que l'un de ses Manufacteurs la ramène chez elle en prenant l'ascenseur. Je connais ses frères et sœurs mais elle, je ne l'ai jamais vue. Elle est parfaite. Je le dis à mon frère. Il me demande, pour quoi faire ? Puis il comprend. On examine la marchandise de loin. Et on juge tous les deux que ça le fera. Il y a des peu-prêteurs à choper et emballer, et on ne veut plus jamais être dérangés. On décide qu'il est important d'être du bon côté du maquereau d'acier – maintenant – et de ne plus jamais être pythonnés. Des enfants comme nous n'ont pas de temps à perdre avec ces conneries. Des enfants comme nous ont des plans, des trucs à faire. En avançant vers elle, des détails me reviennent – un anniversaire, elle sautait sur les genoux d'un oncle, pétrifiée, les hurlements de l'oncle qui frotte ses jambes, insiste pour qu'on joue à « à dada sur mon bidet ». Les invités rient.

Un homme approche, sapé comme un Bédouin. Pas un peu-prêteur. Il fixe sa petite frimousse et lui demande si elle attend quelqu'un. Il parle la Langue. Elle dit : Maman. Sa Langue. Moins raffinée. Elle apprend. À l'école. La Langue est obligatoire.

Vous, vous parlez la Langue, hein ? La Langue est difficile à parler si les gens refusent de s'exprimer dans la Langue avec tout le monde. Mais vous, je vous ai entendu parler la Langue avec cet homme dans la cage d'escalier. Et avec cette nounou – de Colombo, hein ? – près des poubelles. Quand vous vous adressiez à elle dans la Langue, elle vous répondait dans la Langue. Ça fait un an ? Deux ? Deux, je crois…

D : Tu dois te tromper. Je…

M : Eh bien, eh bien ? Vous frissonnez. Ça vibre dans votre corps ? La vibration ne s'arrête pas ? Dites-moi – attendez ! Vous vous rapprochez, je vous mords ! Vous me TOUCHEZ, je vous saute sur le dos, je vous mords comme une tique, je m'enfouis, je crie. Mon frère arrivera, sautera sur votre tête, l'avalera, ne vous lâchera que quand les Manufacteurs encercleront cette pièce, comme un million de Schtroumpfs. Un Manufacteur passera l'appel. Et on Les attendra, et ils viendront. Alors, lentement, vous allez vous rasseoir le dos contre le dossier et noter. ASSIS !

D : OK, OK…

M : On ne veut rien avoir à faire avec vous car vous vous intéressez à des personnes de votre taille. Mais elles aiment ça, on dirait. Je pense. Héhé. Mais ça ne vous empêche pas de fixer l'endroit sous mon menton.

J'ai remarqué. Vous pouvez noter tout ça si ça vous chante, noter notre – tiens, un autre mot pour vous – échauffourée, mais notez, notez tout. Notez…

Je peux t'amener à elle, lui propose le Bédouin. Il sourit. La toute petite secoue la tête, il insiste. Elle cède. Il lui prend la main et attend près de Mushtibushi. La porte s'ouvre. Mon frère regarde. La toute petite a l'air nerveuse. Elle jette un coup d'œil autour d'elle, me repère. Je la regarde en souriant. Mon visage semble lui dire : Ne crains rien. Je dis ensuite « Tout va bien » assez fort pour que Mushtibushi l'entende. Mon frère comprend. Lui aussi, il répète ce que je dis. Elle nous dit bonjour. Elle nous dit au revoir. Et on reste silencieux, on suit les toutes petites jambes élastiques sautiller et passer les portes ouvertes, mais on s'arrête là, on ne la retient pas, on laisse faire. Répétez après moi : je suis une fillette, précoce, de douze ans, pas dix, bientôt treize. Me voilà. Je sais qu'on doit partir à la chasse aux peu-prêteur, il faut donc que cette ordure soit nourrie. Mon frère et moi, on se demande s'il faut qu'on aille chercher Papa ce soir, nos espoirs de chasse au flouze se sont réduits comme peau de chagrin, et soudainement, on entend un son, un gémissement grave, qui ressemble à celui d'un animal blessé. Mushtibushi ronronne. Mon frère et moi on regarde en l'air, l'ascenseur est au troisième étage et ne bouge plus. On court. On colle nos oreilles à la peau d'acier de Mushtibushi. On écoute. Et on entend : la toute petite. Pythonnée.

Mais passons à autre chose, passons à autre chose. Pitié. Nous, les enfants, on a des trucs à faire.

*

RAPPORT D'INCIDENT

NOM DE L'ADULTE RESPONSABLE
Debashis Panicker

LIEU DE L'INCIDENT
Hamdan Street, Golden Watch Building, à proximité du vieux cinéma Al Maria

DATE DE L'INCIDENT
Le 5 mai 1991

DATE DE L'ENTRETIEN
Le 5 mai 1991

DATE DE LA RÉDACTION DU RAPPORT
Le 6 mai 1991

DESCRIPTION DE LA VICTIME
R.A.S. Enfant (vierge)

RÉSUMÉ DE L'ENTRETIEN
Malheureusement, aucun indice concernant l'identité du coupable. Pas de piste concrète. Les noms des victimes et témoins, les coordonnées des parents, les documents légaux, les copies des passeports ont été soumis à la shurtha et sont joints à ce rapport.

CONCLUSIONS

Il est établi que le coupable est de sexe masculin, et qu'il a agressé une petite fille dans l'ascenseur d'un immeuble puis uriné sur l'enfant après en avoir abusé. L'enfant refusant de parler, ce rapport s'appuie sur les déclarations d'un témoin de la scène – une autre petite fille, un peu plus âgée toutefois.

La description que fait le témoin, M, de la langue et des origines ethniques de l'homme est on ne peut plus vague. L'individu ne s'est pas exprimé dans sa langue maternelle, le malayalam, ou dans une des autres langues qu'elle maîtrise avec un degré de compétence variable : l'urdu, le tamoul, le hindi ou l'anglais. Il est possible, a-t-elle suggéré, que l'homme parle arabe mais le témoin ne le parle pas assez couramment pour faire la différence entre les divers dialectes arabes ni pour confirmer que l'auteur de l'agression parlait une langue maternelle. Quoi qu'il en soit – et ceci est très regrettable, car l'enfant pense qu'elle l'a entendu parler en arabe –, sa description de la tenue de l'individu a un peu plus de poids, d'autant plus que si elle en a parlé à ses parents, eux-mêmes ont pu demander conseil autour d'eux. Le coupable portait une gandoura mais il est possible qu'elle ait mal identifié la tenue ou la nationalité de l'homme.

Compte tenu du caractère sensible des accusations, je considère qu'il est irresponsable de croire aveuglément aux allusions d'une enfant dans la détresse, en accordant à ce témoignage une importance qu'il ne mérite pas. Même s'il est possible qu'un citoyen émirati commette un tel acte, il serait ridicule de présumer que le coupable est émirati sur la base de ces présomptions. J'ai, par exemple, vu de mes yeux des chauffeurs malayalis vêtus de gandouras au volant de 4x4 Toyota ou de Land Rover poussiéreuses. Ces hommes parlent correctement l'arabe – avec un accent mais correctement. Après examen – la forme de leur barbe, leur structure osseuse, leur démarche, leur allure générale –, il est clair que ces hommes ne peuvent pas être et ne possèdent pas les attributs d'un authentique Émirati, pourtant si une personne non avertie les croisait chez un marchand de tapis iraniens, du côté de Mina ou de Khalidiya, elle pourrait se méprendre. Ce qui est certain est que, si M a raison, l'individu qui a commis cet acte parle arabe et s'habille comme un Émirati. Mais nous ne pouvons cependant pas en déduire s'il s'agit d'un travailleur temporaire ou d'un autochtone. Nous ne savons même pas si cet homme vient d'arriver dans le pays, s'il est un résident de longue date, ou un clandestin. Autrement dit, nous en savons peu, et les agressions sexuelles d'enfants continuent à la même fréquence.

Ce rapport concerne ce qui a été fait à un enfant sans défense et il me faut admettre avec regret qu'au-delà de toute spéculation, ma séance avec le témoin n'a pas été de grande utilité. Le coupable a malheureusement pris la fuite. J'ai une suggestion, qui, si les moyens disponibles le permettent, pourrait être mise en œuvre.

Avant de mettre ces machines hors service, je recommande vivement l'installation de caméras dans les ascenseurs de l'immeuble afin d'avoir à l'œil les locataires et les visiteurs les utilisant — surtout les enfants. Une période d'essai, au cours de laquelle une caméra serait installée dans l'ascenseur où a eu lieu l'incident me semble conseillée. Si la télésurveillance s'avère compliquée, et que personne ne se porte volontaire, je suis prêt à visionner ces vidéos moi-même si elles me sont envoyées, ou si on installe un poste de surveillance clandestin dans l'immeuble, dans mon appartement éventuellement. Je trouverai le moyen de les regarder en temps réel, si nécessaire. Je recommande également de ne pas parler de ma proposition aux locataires. Avec un tel système en place, nous devrions être capables d'appréhender les futurs agresseurs en flagrant délit, à coup sûr. Cependant, si le nombre de personnes impliquées est important, ce qui à mon sentiment risque d'être le cas, il est impératif d'agir au plus vite. C'est pourquoi je suggère que rien n'échappe à notre surveillance, rien, aucun individu, aucun ascenseur, à commencer par celui du milieu.

Chabitre deux　　　　　　　　　Glossaire

En 1991, un ado parlant anglais mais fréquentant une des écoles indiennes d'Abou Dhabi était sur le point de traverser la rue quand sa langue l'abandonna, sauta hors de sa bouche et s'enfuit. Avant que le jeune homme ait le temps de rattraper et de remettre l'appendice fugueur dans le droit chemin, la langue s'était vu pousser des membres, un visage, une bouche, une minuscule trompe et une chevelure bleue comme de l'encre avant, enfin libre, de piquer un sprint à rebours du trafic, où elle fut percutée par un vandi énorme transportant des écoliers affamés tout juste relaxés de leur corvée scolaire. Ceci provoqua la libération de tous les substantifs qu'elle avait accumulés dans la bouche du garçon, comme des éclats d'obus qui atteignirent et blessèrent d'innocentes choses animées et inanimées. Les verbes, adjectifs et adverbes moururent sur le coup mais les mots survivants, de la taille d'un têtard et transparents, tombèrent comme de la grêle. Parfois à la bonne place. Le mot *Kelb* se retrouva sur un chien galeux et s'installa dans l'œil du corniaud, dont il perça la cornée. Le mot *Vellum* tomba à pic dans une petite flaque où il rencontra le mot *Maai* en coulant. Vellum et Maai — eau en malayalam et en arabe —, troublés de se découvrir l'un l'autre, décidèrent de vivre ensemble. Les mots *Motherfucker* et *Kus Umuk,* eux, n'eurent pas de coup de foudre en trébuchant l'un sur l'autre, atterrissage forcé. Motherfucker fit tout pour dégager Kus Umuk.

Mais Kus Umuk n'était pas d'accord. Ils se battirent et Motherfucker tua Kus Umuk pendant que le Mallou dont ils avaient fendu le crâne en le téléscopant attendait les secours sur le trottoir. Ces mots tombés comme de la grêle commettaient quelques erreurs. Les mots *Tortues Ninja* se fracassèrent contre une vitrine alors que le mot le plus adéquat pour la circonstance, *Khidki* — fenêtre en hindi — alla s'écraser dans une ampoule lumineuse. Certains mots censés désigner des animaux trouvèrent le bon animal mais la plupart d'entre eux firent fausse route. Le mot *Poocha*, qui va à un chat comme un gant, atterrit sur de l'agneau décongelé. *Himar* estropia un bec de poulet, alors que son équivalent anglais, *Donkey*, transperça la gorge d'un pigeon. Le mot *Pakshi* se retrouva sur le thorax d'une mouche et loupa *Mynah* sur le réverbère.

Il y eut des erreurs d'aiguillage. Il y eut aussi des traumatismes. Les mots avaient été expulsés si violemment que certains étaient broyés ou méconnaissables. *Wifebeater*, *Viid* et *Secret police* étaient dispersés, perdus, pendus à des poutres, des enseignes de magasins, sur des piétons. Des mots mutilés, avaient cependant réussi à atterrir sur les bonnes choses. *Saiyaara* était tombé sur le capot d'une voiture. *Burger* avait tranché le bun d'un fast-food. Mais des lettres manquaient. Saiyaara était devenue Sara et Burger, Bug.

D'autres choses suivirent. Une confusion totale s'était produite quand les noms désignant les races atterrirent sur les mauvaises personnes. Le mot *Arabee* se fixa sur un homme originaire de Bombay d'où il refusa de se décoller, alors que *Hind* s'accrochait comme un malade au genou d'un autochtone et que

Saaipu avait plongé dans la veine d'une Soudanaise, où il nageait comme un ténia vers son cerveau. Une Eurasienne blanche, fut horrifiée quand elle vit deux noms, *Kaalia* et *Blackie*, copuler sur son poignet.

La shurtha, ses voitures de patrouille et les ambulances tentèrent, à leur arrivée, de prendre la situation en main. Les ambulanciers ramassèrent la langue du jeune anglophone, traitèrent les victimes en état de choc et jetèrent des couvertures sur les noms qui n'avaient pas survécu. Ordre fut donné aux balayeurs qui regardaient le spectacle, de déposer tous les noms qui traînaient dans des bocaux à caramales en verre empruntés aux épiceries de kadakarans, aux enseignes comme Salina, Ikka ou Ahmad Kutti. Puis, comme les témoins racontaient aux shurthas ce qu'ils avaient vu, on les amena voir le garçon qui refusa d'ouvrir la bouche de peur que ses dents se rebellent comme l'avait fait sa langue, et l'abandonnent telle une armée de déserteurs en laissant sa bouche vide de sens. Le garçon écrivit tout cela sur une feuille de kadalaas que le shurtha arracha à un carnet de notes à l'apparence très officielle. Le garçon avait senti que certains mots étaient restés dans sa bouche, cramponnés à ses amygdales et il n'avait aucune envie de les perdre. Le shurtha lui dit que c'était n'importe quoi et lui garantit qu'ils retrouveraient les mots manquants, l'un après l'autre et les remettraient dans sa bouche d'anglophone. Vraiment ? C'est ce que le garçon voulait dire, sans y parvenir. Il ouvrit donc la bouche, détachant les derniers mots de ses amygdales, les laissant s'échapper de l'espace protégé, se précipiter sous forme de phrase, qui dès qu'elle toucha l'asphalte se mit a siffler comme atteinte d'une bronchite aiguë. Incapables de respirer, les mots devinrent tout bleus.

Le garçon paniqué retrouva sa phrase au bord de l'asphyxie et était sur le point de réingérer les mots quand un ambulancier très vif aux lèvres de poisson rouge attrapa ses derniers mots, *Yabba Dabba Doo*, la première phrase en anglais que son grand-père lui avait apprise, et entreprit de la réanimer. Pendant un quart d'heure, l'ambulancier tenta de ranimer Yabba Dabba Doo en vain. Quand le garçon anglophone réalisa que ses derniers mots étaient morts – partis, comme son grand-père –, il avala le corps de Yabba Dabba Doo en entier, et refusa d'ouvrir la bouche pour manger, boire ou prendre une bouffée d'air frais. Avant que le shurtha ait le temps de réconforter le garçon, il entendit un bruit de course.

Il y avait beaucoup de monde – au moins cinquante personnes. Il se retourna. Une foule d'adolescents anglophones à l'air agité, tous manifestement de la même école indienne que lui, criaient grotesquement. Tous saignaient de la bouche, poursuivant chacun une langue rose fuschia rougissant sous l'effort essayant d'échapper à ces poursuivants désespérés, fuyant sur les bras et les jambes qui lui avaient poussé, faisant tout pour ne pas se laisser capturer vivante, soit se dirigeant vers le vieux souk et les brise-lames de la corniche, soit se cachant où elle pouvait. Sur les corps des langues échappées, il y avait, nota le shurtha, des mots – des noms, des verbes, des adverbes, des prépositions, des conjonctions – qu'il connaissait, certains qu'il devinait, d'autres qu'il ne pouvait pas identifier, d'autres qui s'accrochaient, des choses féroces aux queues qui battaient l'air.

Chabitre trois   Blattella germanica

Boy s'accroupit devant la porte de la cuisine couleur vieux cacao. Zébré de fissures et couvert de veines, le vieux cacao a l'aspect et l'odeur de l'écorce d'un arbre infecté.

Boy est armé. Dans la poche de son pantalon un pulvérisateur d'insecticide, dans sa main droite le journal de la veille, roulé serré prêt au massacre. Il fait craquer ses articulations, enlève ses tongs, les remet, tape du talon droit. À l'affût.

Boy entend un bourdonnement.

Derrière le vieux cacao se déroule, pile à ce moment, un simulacre de manœuvres militaires. Des immigrants ont envahi la cuisine. *Blattella germanica* : des cafards.

Boy a grandit avec ces bestioles. Il connaît leurs habitudes et peut en parler pendant des heures comme s'il en était une, se sentant lié à elles par le même lien qui unit les pêcheurs à la mer, ou les violoncellistes à la corde.

Boy est obsédé. Il présente volontiers les cafards comme une espèce pleine d'assurance. Il ajoute que cet insecte pragmatique et minutieux est capable de se déplacer à une vitesse phénoménale – quarante à cinquante fois sa taille par seconde – et surveille magistralement son territoire. Tel un petit vampire, le cafard est équipé d'ailes bien cachées et il craint la lumière. Sa ténacité a toujours été un objet d'admiration pour les humains civilisés qui ont toujours redouté qu'il les infeste.

Et pour ceux d'entre vous qui sont toujours là, Boy poursuivra. Par saccades. Tchic-tchac. Segments de discours. Des détails pointus.

Ils sont minuscules, dira Boy, les *germanica* sont minuscules. Boy dira qu'ils sont comme de l'encre cuivre mouchetée dans une mer de papier blanc. Boy dira qu'ils appartiennent au genre des *Blattella*, Boy expliquera qu'ils ont la forme d'un obus, pas du genre dodus, ni vers de terre ni massifs comme des tanks. Et qui sentent. À tuer ?

Boy confirmera : difficile à tuer, cet insecte est programmé pour vivre.

Donc, dans le petit appartement dans lequel Boy vivait, la cuisine était sans aucun doute *leur* domaine, et les exercices militaires nocturnes étaient supervisés par une bestiole couleur écume que Boy avait vue deux fois en tout : un cafard en état de mue permanente, qui avait survécu deux fois au gaz. La détermination de cette bestiole, dont Boy avait été témoin direct, agissait comme une tumeur bien grasse implantée dans son cerveau, une tumeur qui lui rappelait la manière dont les autres insectes lui obéissaient, et qui lui faisait penser que ce qui se tramait dans son immeuble n'avait probablement aucun équivalent. L'intuition de Boy avait tapé dans le mille, mais il ne pouvait savoir qu'il était en partie responsable de la promotion de cette bestiole couleur écume passé de paria à chef de sa communauté.

Après que le cafard d'écume avait survécu à la deuxième tentative d'extermination, Boy lui avait attribué un nom de guerre : le Général. Pas en raison de sa position hiérarchique au sein de la colonie que Boy avait gazée, mais à cause de sa tenue vestimentaire. La bestiole portait un petit short, un chapeau et une veste militaire. Et marchait comme un homme.

Le Général prenait des notes dans sa tête en passant ses soldats en revue. Les exercices étaient de la routine. Il n'avait rencontré aucune menace depuis un moment. L'immeuble s'émiettait petit à petit. Les locataires avaient cessé de faire semblant de réparer les dégâts, ils ne regardaient même plus les murs fissurés ni les peintures écaillées. La moisissure. Dans un an ou deux cet immeuble ne serait peut-être plus qu'un souvenir, ou bien il résisterait. Le propriétaire, un notable dans les petits papiers des ministères, prendrait sa décision. Mais pour les insectes, c'était une période prospère. Les naissances étaient nombreuses, d'autres colonies du voisinage, invitées à les rejoindre, étaient venues. Et les troupes du Général s'étaient mises à sortir en plein jour, s'aventurant dans la cuisine pendant que la famille de Boy y prenait son repas, faisait la sieste, recevait des invités. Elles apparaissaient quand Milo le chien faisait ses besoins sur un journal dans la salle de bains, se rassemblant comme pour un piquenique et se chamaillant comme des voyous. On pouvait les voir filer à toute vitesse forniquer dans l'ombre ou entre les poils d'une brosse à dent, et déféquer tout en marchant. Parfois, avant même le coucher du soleil, une femelle déposait une poche d'œufs cuivrés polis comme du cristal dans une fissure, l'abandonnait purement et simplement pendant qu'Amma, la maman de Boy, coupait des pucchakaris pour le repas. Quand Boy ouvrait le frigo pour se servir de l'eau il remarquait des bestioles mortes sur le dos, attirées par un repas froid. Les locataires n'osaient plus inviter des gens. Cela ne faisait que rendre la vie des *germanica* encore plus douce, un âge d'or, mais tout cela pouvait basculer du jour au lendemain. Le Général leur rappelait que tout pouvait changer très vite, qu'il ne fallait pas oublier leur histoire, ce qu'il s'était passé, ce qu'il pourrait leur arriver, et leur expliquait comment investir dans l'avenir.

Rassemblement, leur signifiait-il en bougeant ses antennes. Les bavardages cessaient. Le vieil insecte était respecté, et à son signal, tous les cafards enfilaient leurs petites chaussures et mettaient leurs petits habits, des petites chemises et des shorts taillés dans des ordures, et se mettaient à s'entraîner à marcher sur deux pattes en récitant des phrases dans un patois mystérieux.

À la naissance du Général, les jeunes cafards l'avaient évité. Un spécimen couleur écume comme lui était considéré comme une menace. Ce rejet l'avait blessé mais le Général était promis à un grand destin. Sa complexion, très proche de la ricotta, était difficile à vivre. Sa couleur exceptionnelle le mettait en danger lors des furetages nocturnes. Les sorties imprévues étaient hors de question. Il devait improviser et c'est ainsi qu'il commença à chercher des déguisements. Au début, il s'enduisait de matières sombres, tout ce qu'il pouvait trouver faisait l'affaire : des feuilles de curry calcinées, des ordures putrides, tout. Il se roulait dedans, s'en enduisait et ainsi camouflé, il se lançait. Il recherchait l'anonymat mais son déguisement le rendait ridicule. Les autres bestioles, prétextant échanger des informations en touchant ses antennes, l'insultaient. Mais le Général tenait bon, il décorait son costume avec ce qu'il trouvait, il fouinait en costume, courant dans tous les sens comme un petit soldat couvert de médailles. Il se mit bientôt à observer les habitants de l'immeuble, leurs vêtements, la façon de les porter, à quoi ils servaient, leurs différentes sortes de chaussures. Puis il commença à copier ce qu'il aimait bien, et il élabora ainsi le costume qui devint son symbole : une veste de sport militaire, un petit chapeau, un short et des chaussures fabriqués à partir de déchets grâce à une dextérité impressionnante développée au cours d'une longue pratique.

Il ne s'arrêta pas aux vêtements. Tout en continuant à observer les résidents de l'immeuble, le Général, intrigué par leurs habitudes, leur manière de bouger, se demanda si cette drôle de façon de ramper changeait véritablement quelque chose, si le monde était différent vu de cette hauteur et si oui, dans quelle mesure. Peut-être était-il plus facile de sentir ou de repérer la nourriture ? Le monde était peut-être plus supportable. Il n'en savait rien mais voulait le savoir. Et pour trouver la réponse, il se mit à apprendre à marcher comme ça. C'était difficile. Au début, il n'arrivait à tenir debout que quelques secondes avant de retomber sur le dos. Petit à petit, il réussit à faire quelques pas, lentement, avant de perdre l'équilibre. Il persévéra. C'était comme si son projet était de devenir pareil à eux, de devenir autre – une chose respectable. Une chose ayant du pouvoir. Il s'entraîna et s'améliora, apprenant à tenir debout plusieurs minutes d'affilée. Puis quand il eut moins peur de tomber, même si ses pattes tremblaient, son entraînement devint plus méditatif : une posture que lui seul pouvait réaliser, un exploit intime, le distanciant de ce qu'il était auparavant, un insecte à part dans la colonie. Cette attitude –

le fait qu'il pouvait non seulement se tenir debout mais aussi marcher : une imposture – libérait son esprit, lui permettant de se concentrer sur d'autres sujets. Les sons, la manière de parler des locataires, ce qu'ils disaient, les rythmes de leur voix. Il pouvait maintenant travailler à leur imitation, comme si ça avait toujours été son plan, comme s'il avait décidé qu'il ne voulait devenir ni ceci ni cela mais juste lui-même, entre les deux. Il apprit à reproduire des séquences. Il reconnut les différentes manières de désigner la nourriture, certaines chansons que les habitants chantaient sous la douche, les jurons, l'argot. Il remarqua que certaines phrases avaient un certain pouvoir, qu'en augmentant ou ralentissant la cadence de ses mots, on pouvait montrer son autorité, il vit les têtes pendues des nourrissons, les épouses passives, les animaux domestiques qui échappaient à leurs maîtres. Il n'essaya pas de reproduire ces sons. Il ne lui vint même pas à l'esprit qu'il pourrait en être capable.

Un après-midi, le Général, tremblant sur deux pattes, était juché sur la gazinière de la cuisine de l'appartement 302, étonnamment presque toujours dépourvue d'insectes, dans lequel les locataires parlaient sans discontinuer. Il aperçut deux petits garçons qui s'amusaient en gloussant. Ils venaient de capturer une grosse blatte, une sorte de scarabée, probablement un étranger, piégé dans un bocal en verre retourné sur la table de la cuisine. Les enfants répétaient *pattaa, pattaa, pattaa* en tapant sur le verre du bout des doigts. Le plus grassouillet des deux sortit l'insecte. Il ne pouvait plus courir, il lui manquait trois pattes. Puis ils le placèrent sur une planche à découper, sur le dos, en grommelant de plaisir. Ils lui arrachèrent les pattes restantes une à une. Ils lui ôtèrent ses antennes. Ils entreprirent de tirer sur les ailes mais s'arrêtèrent au milieu, effrayés. Le Général qui était maintenant capable de reconnaître les catégories de sons, entendit des hurlements. *Pattaa. Pattaa. Pattaa !* Cela ne venait pas des garçons. Le gros insecte hurlait. *Pattaa ! Pattaa ! Pattaaaaaaaaaaa !* Les garçons le fixaient avec surprise. Le Général perdit sa stature verticale et tomba. Puis le couteau s'abattit. D'innombrables fois.

Le Général attendit que la cuisine se vide puis il se dirigea vers la poubelle où la dépouille du scarabée avait été jetée. Il inspecta soigneusement le corps, en s'attardant sur la tête à la recherche de bizarreries, il la retourna à l'aide de ses mandibules. Il tapota les autres parties du corps avec ses antennes. Il n'était peut-être pas de la famille des cafards. Pourtant, si. Il ne trouva rien qui en faisait un insecte spécial, mais il ne savait pas ce qu'il recherchait exactement. Pendant quelques semaines, il ne fit rien, ne changea rien à ses habitudes, il espionna les locataires, en se concentrant sur l'ambulation humaine. Mais il fut témoin de la mort d'un autre cafard d'une autre colonie, de taille normale, plusieurs fois violemment écrasé. Laissé pour mort, mais pas encore tout à fait mort. Il espérait que cet insecte aussi ferait quelque chose pour précipiter sa fin, mais rien de cela. Il était juste là, sur le sol. Calme. Pouvait-il parler ? Pourquoi ne parlait-il pas ? Juste un mot, avant que le piétineur en ait assez ? Non. Peut-être pourrait-il l'aider ? Serait-ce possible ? Le Général essaya de le forcer à produire un son avec sa bouche. Un mot. N'importe quoi. Il arriva à prononcer un *pff. Pff.* Un son qui ne voulait rien dire. Il réessaya mais sans résultat. *Pfou !* Frustré, il laissa tomber, puis observa l'insecte jusqu'à ce que ses antennes cessent de bouger. Il avait pris une décision. Il ne mourrait pas comme ça, il maîtriserait sa propre mort. Pourquoi ? Il n'en savait rien. Il voulait apprendre à produire ces sons, à les utiliser. Les brandir contre tous ceux qui font preuve d'acharnement, pour s'épargner des souffrances si telle devait être sa fin. Son premier mot lui prit des semaines, c'était *Salaam*, mais il le prononçait mal. Sa prononciation la plus approchante était *Sloam*. *Sloam*. Il n'en parla à personne. Il n'avait personne auprès de qui s'en vanter. Il n'avait pas d'amis.

Sa collection de mots s'enrichit. La conscience de son corps s'améliora. Il perfectionna sa prononciation en maîtrisant l'ouverture et la fermeture de ses mandibules. Il contrôla petit à petit la trachée, l'inspiration, l'expiration qui lui permettaient de produire des sons. Il compléta la gamme de sons en frottant ses ailes contre sa carapace dure. Il apprit peu à peu. Il découvrit que debout sur deux pattes, la tête dressée à un angle de soixante degrés, équilibré par les pattes du milieu, il avait une meilleure maîtrise des sons qu'il produisait, sa voix était plus grave et il parvenait à mieux la moduler pour émettre des notes teintées d'émotions. La rage. L'humour. La panique. Le calme. Il avait essayé de parler en rampant, mais sa voix était pâteuse, comme s'il parlait avec la bouche pleine de terre. Sur le dos, c'était bien mais il ne pouvait se déplacer. La marche, en position debout, comme un singe, était essentielle.

Il résolut de s'entraîner seul. Se tenir debout *et* parler. Seul avec ses pensées et un objectif à atteindre : verbaliser. Ou vocaliser. Puis trouver un équilibre. Les autres membres de la colonie continuaient à le délaisser, se désintéressant totalement de ce qu'il faisait. Quand il partait en expédition dans les autres appartements, parfois pendant plusieurs jours, il passait des heures à écouter les bavardages des humains. Pas un seul de ses congénères ne se préoccupait de vérifier s'il était rentré. Aurait-il été étonné si ç'avait été le cas ? Il s'en fichait. Personne ne s'intéressait à lui. Seul dans son coin, avec ses drôles de sons pour seule compagnie, Il était heureux. Il avait appris beaucoup de mots. Il les prononçait mal mais les comprenait mieux car il avait développé ses capacités d'interprétation. Une femme disait *chaï* en se versant une tasse de thé. Et il faisait le lien. Mais si un petit garçon demandait des biscuits et que sa mère lui rapportait des fruits, le mot *biscuit* signifiait *fruit*. Il lui arrivait également de faire ce genre de connexion. Il faisait particulièrement attention à tous les sons qu'il entendait, pensant que plus il saurait en imiter, plus grande serait sa chance de connaître une mort rapide et sans souffrance. Bien sûr, il était parfois tenté de faire son malin. Il pourrait peut-être même nouer des amitiés de cette manière. On pourrait le reconnaître pour ses nouveaux talents – mais dans son for intérieur, il savait qu'il se trompait. Il dégoûtait la colonie. Il faisait tout cela pour lui seul et il était curieux, gardant l'envie d'apprendre autant qu'il pouvait. Donc même s'il avait pu étudier à fond une famille et apprendre leur langue, il préférait passer de l'une à l'autre. Il devint un maître grappilleur de mots. Pour donner un sens à tout ceci, il se mit à parler tout seul. Le son de sa propre voix lui tenait compagnie, comme on dit, et il aimait vraiment bien cette sensation. Il se sentait moins seul, c'était bon d'avoir quelqu'un qui vous écoutait, même si c'était soi-même.

Après avoir retenu suffisamment de mots dans les différentes langues des locataires, un peu d'arabe des Palestiniens et des Soudanais, du tagalog des Philippins, des variantes modernes des langues dravidiennes, il se mit à composer un patois personnel, constitué de toutes les langues qu'il avait entendues, puis à s'entraîner à le parler la nuit, dans la cuisine en furetant debout sur deux pattes et tout habillé. Les autres *germanica* de sa communauté le regardèrent de travers. Il se moquaient constamment de lui, de ses sons, de sa démarche, de son costume. En voyant que ça ne le touchait pas, ils l'exclurent. Mais pas longtemps. La première nuit où Boy posa les yeux sur le Général, une bombe de gaz à la main, le rôle du Général dans la colonie changea du tout au tout.

Chaque mois, sans qu'on puisse prévoir quand, les lumières de la cuisine s'allumaient, Boy gazait la colonie. Puis les lumières s'éteignaient et le sol était tapissé de blessés et de cadavres. La première fois que Boy remarqua le Général, l'infestation avait atteint un niveau inégalé dans l'immeuble. Pourtant, Boy tentait d'empêcher l'inévitable. Un peu plus tôt dans la soirée, il avait mangé avec ses amis et repéré les cafards sur la nappe préférée d'Amma, sur le tapis, près du climatiseur, sous le canapé, près des lampes, de la télé, autour de la gamelle d'eau de Milo et de ses croquettes. Boy s'était senti gêné, gêné pour son appartement, sa famille de bons à rien, sa vie. Pour se sentir mieux, il était allé acheter une bombe insecticide et, par mesure punitive, plein de ressentiment, vaporisa la cuisine. Il vaporisa sous les ustensiles, la table, dans les coins, retourna tout pour être certain de ne rien oublier. Il était en plein dans cette débauche insecticide lorsqu'il repéra une bestiole blanche. Comme c'est bizarre, se dit Boy. Affreux. Beau ? Puis le cerveau de Boy se mit à distiller les informations captées par ses yeux. Sa surprise se transforma en perplexité puis en choc. L'insecte qu'il avait remarqué portait des vêtements qui ressemblaient à un chapeau, une veste de sport, un short, et il essayait de marcher sur deux pattes, sans véritablement y parvenir. Il ne tenait pas debout, tombait et se relevait, château branlant, tant bien que mal, il s'effondrait comme s'il était sur des échasses, et semblait parler une langue singulière et pourtant familière.

Boy l'observa pendant un moment précieux qui permit aux autres blattes, cachées sous des objets, ou faisant le mort, immobiles, de se sauver, pendant que le cafard clopin-clopant marmonnait quelque chose qui ressemblait à *Yalla ! Yalla ! Yalla !*

Boy, dubitatif mais alerte, avança vers le Général, le regarda, fixa son chapeau grossier, puis le vaporisa à bout portant. Le Général, hébété, se tint debout quelques secondes, réussit à courir sur quelques centimètres, cahin-caha, vers la fissure la plus proche. Il s'effondra encore une fois. Boy le suivit des yeux. Le Général se remit sur ses pattes, vacillant, puis se propulsa en avant, deuxième essai, ses jambes arrière flageolaient, il grommela « Espèce de connard... » Avant que Boy l'eut atteint, la bestiole s'était glissée dans la fissure, se conformant à la séquence connue : caché – immobile – seules les antennes animées – presque mort.

Le Général survécut et même si Boy n'en sut jamais rien, il perdit l'usage de certaines mandibules. Mais il était vivant ! La communauté accueillit son retour avec respect, et lui demanda de leur enseigner à être comme lui. Les survivants parmi les cafards rappelèrent le face-à-face de Boy et du Général, ils insistèrent sur la stupéfaction de Boy, que l'allure du Général avait fasciné. Ses habits, chuchotaient des cafards. Non, sa façon de marcher, soulignaient d'autres. Ça avait aussi certainement à voir avec ce qu'il disait, remarqua l'un deux. C'était clairement le tout, et les cafards voulaient tout apprendre. Les traditionalistes, responsables du statut de paria du Général se rapprochèrent de lui, ils lui offrirent d'abord une branche d'olivier, puis lui expliquèrent qu'il était de son devoir de transmettre ses connaissances aux jeunes générations. Pourquoi les punir pour les fautes de leurs parents ? Le Général accepta, son enseignement commença la même semaine et au bout d'une année sa réputation avait fait tache d'huile. À partir de ce moment on put entendre la nuit de drôles de bavardages dans tous les appartements de l'immeuble de Boy, des sons mystérieux que les locataires attribuaient à des fantômes emmurés, certains locataires juraient avoir aperçu des cafards marcher debout sur le plafond, comme des alpinistes et marmonner dans ce que le locataire iranien de Qom au septième reconnut à coup sûr comme un dialecte farsi qu'il n'avait jamais entendu auparavant. En sous-vêtements, disait-il à la ronde, ils portaient des sous-vêtements !

Quand la communauté n'était pas encore sous l'influence du Général, les mœurs étaient dictées par la survie. Chercher de la nourriture dans le noir. Sortir dans le noir. Mourir dans le noir. Dormir dans le noir. Au début, le Général ne remit rien de cela en question. Il respecta à contrecœur le code social. Cependant, peu d'entre eux, pas même le Général, avaient anticipé le gazage. Avant le gaz, les locataires laissaient traîner des boulettes de farine farcies de poudre d'acide borique que les bestioles devaient ingérer et digérer. Quelques-unes furent empoisonnées et moururent les poumons explosés, d'après certaines ménagères, mais au bout de quelques années ce remède de grand-mère perdit son efficacité, certains insectes grignotant les boulettes et s'en rassasiaient avant de reprendre leurs activités sans aucune explosion des poumons.

Le premier gazage inquiéta les insectes. Les survivants pouvaient à peine bouger et devenaient aveugles. Pourquoi les tuer alors qu'ils ne faisaient que fureter dans le noir ? Pourquoi cette torture effrayante ? Après tout, ça ne dérangeait pas les locataires. Et les *germanica* mordaient rarement les résidents.

La violence était inévitable, même si les cafards avaient renforcé le couvre-feu et réduit les expéditions nocturnes dans la cuisine. Pour les insectes, l'invisibilité devenait synonyme de survie. Autrefois, on vaporisait le gaz dans la nuit : Baygon, Bif-Baf, Hit ! La mère de famille ou un de ses adjoints se précipitait dans le territoire des *Blattella germanica*. La cuisine. La salle de bains. Puis vaporisait par rafales, comme on tire à la mitraillette, jusqu'à ce que la buse ne crache plus que de la mousse. Au bout de quarante-cinq minutes, le tueur retournait sur les lieux avec un balai et une pelle. Le gaz avait été très efficace, jusqu'à ce que certains cafards commencent à développer des anticorps et survivent. Quand cela se produisit, les locataires cessèrent d'attendre et se mirent à vaporiser au hasard : toutes les deux semaines, un jour sur deux, n'importe quand. Pour combattre leur résistance à une marque d'insecticide en particulier, les locataires en achetèrent quatre ou cinq différentes, puis en changeaient aussi souvent que possible.

    Le Général faillit laisser sa peau à la deuxième opération, même s'il était devenu plus résistant au poison. Il inhala les vaporisations. La douleur perça ses entrailles mais le gaz ne parvint pas à le tuer. Réaction initiale, choc, paralysie progressive. Il n'avait eu le temps de rien faire. Couché là, ventre à l'air, il était encore en vie quand les autres se tordaient de douleur avec leurs entrailles qui explosaient, les yeux brûlants. Au moment où le cerveau du Général enregistra des bruits de pas, le son d'un piétinement, ses pattes arrière furent prises de convulsions involontaires. Mais Boy ne l'avait pas vu, trop occupé à écraser des corps qui se tortillaient ailleurs. Puis, sans qu'il sache comment, avec une volonté monstrueuse, le Général se retourna et se servit de sa bouche et des pattes intactes pour glisser sur le sol et traverser la cuisine afin de rentrer chez lui. C'est à ce moment que Boy le repéra. Mais il était trop tard, le Général avait réussi à s'en sortir une fois de plus. Il avait perdu son chapeau mais il pourrait toujours s'en refaire un plus tard.

    Boy poussa un juron, respira fort, fit avec son balai une pile de cadavres. Les vapeurs semblaient suspendues dans l'air comme des vignes. Il balaya le sol soigneusement. Puis roula un journal et tua quelques insectes qui faisaient le mort. Le premier cafard, une vieille, ne bougea pas. Le deuxième, oui. Non seulement il bougea mais il se mit à courir. Boy jura de nouveau. Il tapa deux fois, trois fois sur chaque insecte en vue, fort et longtemps jusqu'à réduire leurs corps en purée. Le Général était couché, à moitié paralysé, dans son trou. Paf, paf, paf, c'est tout ce qu'il entendait.

Il resta couché ainsi plusieurs semaines à se rétablir, en entendant et voyant ses camarades ramener puis anthropophager les morts. D'autres subsistèrent en mangeant de la colle séchée pendant des semaines. Ou jeûnèrent.

Les débutants rassemblés devant le Général avaient vaguement entendu parler de cette histoire, de la manière dont le Général avait survécu, dont leurs propres parents avaient été exterminés et ils savaient qu'apprendre la langue concoctée par le Général, maintenant parlée par tous les cafards de l'immeuble pour communiquer entre eux et espionner les locataires, était pour leur bien. Contrairement à certains traditionalistes qui avaient refusé de participer aux entraînements, certains jeunes préféreraient communiquer entre eux et avec les autres membres dans le lexique du Général et se désintéressaient du langage corporel ou de l'usage des antennes, jugés démodés. Ils l'appelèrent le Baasha de la rue. Les traditionalistes furent vraiment hors d'eux quand les plus jeunes se mirent à fabriquer leurs propres vêtements et à mettre des chaussures ou à ne se toucher les antennes qu'une fois debout, en abandonnant les vieilles habitudes. Ils eurent donc une longue conversation avec le Général pour lui rappeler vigoureusement qu'il fallait que les jeunes apprennent en premier lieu à respecter les traditions avant les nouvelles manières, à n'utiliser que si leur vie en dépendait et pas parce qu'ils aimaient porter des petites vestes ou faire du footing sur deux pattes. D'accord, promit le Général.

Pour apaiser les traditionalistes, le Général se donna pour règle de commencer par les fondamentaux. Les connaissances de survie. Il montra les cachettes.

Des crevasses derrière les armoires, des trous dans les portes, sous les ustensiles de cuisine, les passages secrets sous les carrelages. Il expliqua pourquoi il était essentiel de rester immobile. Il s'aplatit ensuite en cachant ses pattes. Si vous arrivez à bien faire cela, leur montra le Général, vous vous en sortirez. Quand les coups pleuvent, soyez patients : ne pas bouger augmente vos chances de survie. Le locataire tape sur quelques-uns d'entre nous pour vérifier. Le Général expliquait tout. S'il en meurt quelques-uns, on n'y peut rien. Si quelqu'un bouge, tout le monde meurt. Mais, continua le Général, si vous êtes sûrs que vous avez épuisé toutes les options et que la mort est imminente, levez-vous sur deux pattes, enfilez votre short, criez de toutes vos forces, vous gagnerez du temps. Tout est une question de temps.

Boy jeta un coup d'œil à sa montre. Il ne la retirait jamais. Il était bien plus d'une heure, presque deux heures du matin. L'heure avait sonné, mais cette fois-ci, il ne relâcherait pas sa vigilance et ne partirait pas. Rester en alerte jusqu'à la fin de la bombe insecticide. Si les *germanica* tentaient de s'échapper, Boy les attendrait de pied ferme. Mais avant de commencer son opération, il vérifia que ses parents étaient bien endormis. Atchan n'aimait pas les insecticides et interdisait qu'on s'en serve. Il disait que ce n'était pas bon pour Milo. Les insectes allaient dans ses oreilles, dans sa nourriture. Boy râlait. Atchan restait sur ses positions. Même quand Milo suivait son maître sur la voie de l'extermination, écrasant les insectes avec ses pattes, jouait avec, ou aboyait après, Atchan restait inflexible. Même quand Boy le poussait, qu'il haussait le ton, qu'il traitait son Atchan d'amoureux d'insectes fêlé, d'idiot, Atchan restait intraitable. Un peu triste, mais aussi têtu que son fils. Des produits chimiques cancérigènes, disait-il à son fils. Ils lèchent mes lèvres quand je dors, hurlait Boy. Dans ma maison, on suit mes règles ! lui répondait Atchan en hurlant aussi. Boy expliqua à son père, sur fond d'aboiements de Milo, qu'il n'était jamais à la maison, tout le temps à boire avec ses copains, qu'il ne savait rien de l'étendue du problème, et qu'il s'en fichait. Il fallait donc que Boy s'assure qu'Atchan était endormi, ce qui était le cas. Milo, endormi aux pieds du lit de ses parents, dressa l'oreille mais il ne parut pas trop dérangé et replongea dans son sommeil, sa mâchoire posée sur la cheville d'Atchan.

À son retour, Boy se planta devant les lignes et les veines couleur vieux cacao, pénétra rapidement dans la cuisine, ferma la porte et appuya sur l'interrupteur. Avant même que les lumières s'allument, il pouvait sen-tir l'odeur flotter dans l'air humide. Les *germanica* furent surprises en train d'enfiler leurs chaussures, d'apprendre à marcher ou de réciter leurs leçons. Elles regardaient autour d'elles avec stupeur. Le Général qui faisait des nuages de fumée avec son beedie plus petit qu'une tête d'épingle, prit immédiatement la direction des opérations. Il hurla *Dawd !*, un mot hindi emprunté au couple du troisième. Courez ! dit-il. Les insectes obéirent et ils coururent. Récitez ! leur ordonna le Général, détalant comme un humain le ferait sur deux jambes. Et les bestioles, dont certaines couraient comme des humains et d'autres filaient comme des hors-bord sur la mer agitée, se mirent à crier des mots et des phrases dans toutes les langues, extraites des entrailles des différents étages des différents immeubles, de la bouche de diverses personnes. Frapper. Toaster. Vellum. Ta gueule, connard. Suce-moi. *Haraam Raam araam !*

Boy passa en mode combat. Il gaza, il écrasa, il frappa tout ce qui bougeait avec son journal, il hurla, il cria, il rit en vaporisant les murs, le carrelage, satisfait seulement quand les corps tombaient, vacillaient, tressaillaient. Il tenait sa revanche. Depuis des mois, les insectes avaient refusé de rester nocturnes – ils se déplaçaient lourdement quand le soleil luisait plus que de la poussière d'or, ne gâchant pas un instant de leur vie sur terre. C'est intolérable, cria Boy, intolérable. Les *germanica* se détachaient du plafond comme les étages d'une fusée. Mortes. D'autres tombaient de la table de la cuisine avec leurs antennes qui s'agitaient en vain. Une femelle en habit de peau de banane à l'oothèque gonflée se tordait de douleur près des portes du frigo, en marmonnant « Il était un petit navi-reuh, qui n'avait ja-ja-ja… »

Le Général tint bon, il rampait à découvert pour évaluer les dégâts. Bon sang, il y en avait beaucoup aujourd'hui – le nombre élevé de cadavres était dû au rassemblement. Il leur fallait attendre que la bombe d'insecticide soit vide. Au bout de cinq minutes, le vaporisateur siffla et crachota de la mousse. Boy jeta la bombe dans la poubelle.

En temps normal, Boy vaporisait et s'en allait. Les insectes étaient habitués à ça. Mais cette nuit, Boy voulait être absolument sûr de faire plus de victimes. Ce n'était pas facile pour lui. Le gaz le faisait pleurer, irritait sa gorge, lui donnait la migraine et des visions. Il attrapa un mouchoir, le mouilla et l'attacha derrière sa nuque comme un bandit. Il inspira et expira ensuite avant de fouiller dans sa poche. Un second capuchon de bombe, d'une autre marque, tomba au sol.

Ce n'était pas normal. Le Général sentit à nouveau le gaz. Les bestioles qui faisaient semblant d'être mortes n'allaient pas survivre à une seconde pulvérisation. Faire le mort allait être mortel. Il fallait les presser vers l'évier. Les fissures et les petits trous de la cuisine étaient maintenant inutiles. Le Général rampa hors de sa cachette et se mit à escalader le mur de la cuisine comme un alpiniste professionnel. Il vit que Boy était en train de tuer tout ce qu'il voyait. Un brouillard de gaz flottait dans la cuisine comme de la fumée dans une bouteille bouchée.

Puis le gaz commença à faire son effet et Boy, pendant que le Général arrivait au sommet, commença à avoir des hallucinations. Il regardait fixement un cafard de la taille d'un T-shirt se lever et marcher comme un hominidé, suivi d'un deuxième. Tout ce qui était vivant devait périr. C'était la conviction de Boy. Mais un autre cafard se réveilla, miraculeusement revenu à la vie, en traînant la patte. Le monde commença à se transformer. Les cafards grandirent et sortirent de leurs carapaces, jetèrent leurs antennes, se séparèrent de leurs pattes, n'en conservant que deux, firent pousser leur nez, leurs yeux, une tête, des dents, tout ce qui était nécessaire pour devenir mammifères et humains. Seules leurs ailes témoignaient de la mutation. Comme les humains fraîchement émoulus, ils portaient des chaussures, des shorts et de petites chemises. Alors un homme imposant, sans visage avec un trou à la place du ventre, lui fit signe de la main. Une girafe portant des Ray-Ban le suivait, vêtue d'une chemise exubérante, un outil de jardinage brodé dessus.

Boy regardait des hommes, des femmes et des enfants marcher à la queue leu leu. Combien étaient-ils ? Difficile à dire. Boy entendait le traînement des pieds, le frottement des bras, le crissement des jambes, les souffles contre les souffles. Tous étaient calmes, leurs têtes dodelinaient telles des pommes dans l'eau. Ils puaient le purin et se dirigeaient vers lui. Ils avaient l'air attachés les uns aux autres, comme un mille-pattes. Les hommes attachés à d'autres hommes habillés pareil, nourris pareil, fouettés pareil, marchant pareil, tués pareil. Les femmes attachées à d'autres femmes, habillées pareil, marchant pareil, sentant pareil, tuant pareil. Les enfants aussi, attachés à d'autres enfants, écrasés pareil, violés pareil, tués pareil. Boy émit un son. Son estomac se serra. L'odeur lui donna envie de vomir et il détourna le regard. Milo, la tête posée près de la porte de la cuisine, aboya une fois, en grattant la porte de sa patte. Maître ? Il semblait l'appeler. Maître ?

Les bulldozers attendaient. À côté, des hommes munis de pelles patientaient. Des gens trébuchaient dans des tranchées. Certains y étaient balancés. Un soldat mangeait une sucrerie. Les corps s'empilaient comme des poissons après la pêche, un tas de dents, d'habits, de chaussures, d'excréments et de cerveaux. Au loin, des hommes en smoking rutilant se tenaient à côté de brouettes rouillées. Dans le fond, des journalistes attentaient impatiemment, pendant que des membres de leur équipe armés de projecteurs, de caméras et de perches de micro se bousculaient pour avoir de la place. Juste à côté, une galerie remplie d'hommes et de femmes ressemblant à des comptables calculait avec tout ce qui était à portée de leurs doigts : des machines à écrire, des téléphones, des ordinateurs portables. Tiptap. Tiptap. Boy sentit son estomac se serrer à nouveau en entendant des prières, des promesses de richesse, avant que des coups de feu retentissent. Une autre girafe, portant un pantalon de velours côtelé et léchant un cône glacé passa nonchalamment par là alors qu'on pouvait entendre un bruit de réacteurs d'avion au loin.

Boy leva les yeux. Le ciel moutonnant de nuages, taché de gris-bleu, était spectaculaire. Et de là, du sommet, il entendit une voix marmonner rapidement dans une langue qu'il ne comprenait pas.

Dieu ?

C'était le Général, qui pendait du plafond la tête en bas. Résistez, hurla-t-il, en criant des choses que Boy connaissait, comme *Kaanaam* — On verrrraaaa —, et d'autres qu'il ne comprenait pas comme *Bisoor* ou *Dasvidanya*. Boy fixait le Général avec son petit chapeau, sa veste et son short, qui n'avait pas lâché sa beedie. Cette vision le ramena à la réalité, le fit sauter aussi haut qu'il pouvait. Il perdit ses tongs et balança son journal, tellement fort qu'un petit chapeau et des éclats d'ailes et de nicotine tombèrent du ciel.

Le matin suivant, quand Boy se réveilla, il courut dans la cuisine où Amma préparait la pâte à dosa pour le petit-déjeuner. Les carcasses avaient été nettoyées. Surprise, dit Boy en embrassant sa mère.

— Tu es fière ?

— De quoi ?

— J'ai vaporisé la nuit dernière, rit Boy. Il parlait en malayalam.

— Comment ça ?

— J'ai vidé deux bombes.

— Cette nuit ?
— Deux bombes.
— J'ai senti quelque chose ce matin mais je n'ai rien vu. Combien, tu dis ?

Boy se mordit la lèvre.

La tête de Milo posée sur ses fesses, Boy avait dormi d'une traite et s'était réveillé à midi avec un énorme mal de tête. L'activité n'avait pourtant pas cessé dans la cuisine après son attaque. Les *germanica* survivantes étaient revenues pour prendre soin des morts. Elles avaient tiré les cadavres sur leur dos, les pattes en l'air, elles avaient tiré celles qui avaient perdu leurs antennes ou des pattes, tiré celles qui avaient encore un souffle de vie. Toutes avaient été déposées dans leurs foyers humides, plus sombres que le plus sombre des océans. Et là, entourés de leur communauté, les morts avaient été exposés avant d'être mangés. Il n'y aurait plus besoin de fureter pendant quelques semaines. Ailes, mandibules, trachée, tripes, tout, ingéré, digéré, pas un reste. Même le poison, ingéré, digéré.

Pendant que Boy dormait, un petit peloton s'était réuni dans la cuisine autour de la carcasse brisée du Général. Ils avaient trouvé des ailes et ses antennes. Ils avaient fait tourner sa beedie à moitié fumée et avec leurs mandibules, la nichée avait reconstitué le Général avec les morceaux, avant de s'entasser sur son corps, de grimper sur ce qu'il en restait, de fouler la matière gluante. De cacher son existence au monde.

Puis, à cette même place, ils se mirent à manger. En hommage, il mangèrent debout, et recommencèrent les exercices de langue qu'ils avaient appris.

Chabitre quatre   Pravasis ?

Tailleur. Tapineuse. Palefrenier. Bonne. Chamelier. Historien. Infirmière. Pétrolier. Boutiquier. Chauffeur. Vigile. Faiseur de porrota. Secrétaire. Jardinier. Trafiquant. Soudeur. Porteur de thé. Maîtresse. Journaux-walla. Camionneur. Commerçant. Gérant. Informaticien. Réparateur de clim. Cleeercs de notaire. Mécanicien télé. Mécanicien auto. Conducteur de bus. Kadakaran. Comptable. Ménagère. Première femme. Ex-femme. Coiffeur. Livreur. Électricien. Plombier. Gardien de sécurité. Femme de chambre. Nounou. Instituteur. Ayah. Vendeur de parfums. Coureur de jupons. Mari. Barman. Fille de bar. Vendeur de tapis. Véto. Doc. M. Mme. Sycophante. Ouvrier. Chauffeur de taxi. Blanchisseur. Grippe-flouze. Tueur. Vendeur de camelote. Balayeur de rue. Poseur de briques. Faiseur de pain. Boucher. Enseignant. Prédicateur. Fotografe. Laveur d'escaliers. Laveur de vitres. Technicien. Responsable de gestion. Pétro-lobbyiste. Dactylographe. Livreur. Emballeur de cadeaux. Négociant en pilules. Ravitailleur de drogue. Agent de voyages. Porteur. Employé marketing. Mannequin visage. Administrateur. Toiletteur pour animaux de compagnie. Pilote. Disc Jockey. Radio Jockey. Video Jockey. Jeune marié. Jeune mariée. Chauffeur poids lourd. Caissière de centre commercial. Vendeur de tapis. Tueur à gages. Toxico. Escroc. Poissonnier. Technicien de surface. Bétonnier. Livreur de gaz. Fixeur. Ouvreur. Serveur. Pizzaiolo. Cuisinier. Plongeur. Valet. Voleur. Conducteur d'ambulance. Donneur de sang. Moniteur d'auto-école. Expert en informatique. Arnaqueur. Caissière. Traducteur. Réceptionniste. Menuisier. Réparateur de meubles. Nettoyeur de morgue. Bijoutier. Tueuse. Femme d'affaires. Mollah. Père. Optimiste. Futuriste. Expert de golf. Entraîneur de tennis. Sauveteur. Mécanicien dans un parc d'attractions. Tailleur. Stratège marketing. Expert en eau. Consultant en désalinisation. Investisseur en parc à jeux. Joueur. Marchand de diamants. Décorateur d'intérieur. Diplomate. Portier. Mercenaire. Grutier. Vendeur de kappalandi. Mousse. Vendeur de pucchakaris. Magasiner. Remplisseur de tuyaux. Tailleur de pierres. Aiguiseur de couteaux. Trafiquant de fruits d'importation. Employé de duty-free. Rédacteur de journal. Laveur de vatuuure. Cariste. Vidéaste. Donneur d'organes. Cadavre. Professeur de musique. Planteur d'arbres. Monsieur Maalish. Préparateur de chaï. Touilleur de kaapi. Vendeur de lentilles. Nettoyeur de tapis. Essuyeur de table. Éboueur. Horloger. Balayeur de chenil. Trancheur de chawarma. Homme/Femme à tout faire. Grouillot. Homme de fer. Faussaire. Pâtissier de mitthai. Constructeur de viid. Cordonnier. Fournisseur d'aliments. Peintre en bâtiment. Danseuse de bar. Vendeur de soutiens-gorges. Guichetier de banque. Technicien en téléphonie. Dragueur. Ouvrier de chaîne d'assemblage. Fabricant de jouets. Fraiseur. Clochard. Vagabond. Gagne-Pain. Emballeur de supermarché. Colporteuse de fruits. Décapiteur de poulets. Exterminateur. Faiseur d'autoroutes. Constructeur de constructions. Vendeuse. Caddie. Employé de bijouterie. Mascotte de grand magasin. Caméraman. Coiffeur pour dames. Pandit. Nonne. Parfumeur. Employée de blanchisserie. Peintre en bâtiment. Contremaître en usine. Machiniste. Essuyeur de verre. Tondeur de gazon. Arroseur de plantes. Gardien d'entrepôt. Chauffeur d'ambulance. Ramasseur d'ordures. Chef de camp. Mécanicien vélo. Poseur de briques. Vendeur de tickets de tombola. Changeur de devises. Vautour usurier. Manucure. Pédicure. Employé de cafétéria. Foodtrucker. Masseur. Masseuse. Fleuriste. Dentiste. Nettoyeur de cuisine. Inspecteur de toboggan de piscine. Hôtesse. Concierge d'hôtel. Avocat expert en immigration. Entrepreneur en pompes funèbres. Faiseur de sandwiches. Videur de boîte de nuit. Corbeau. Cuisinier continental. Vendeur de vidéos. Écrivain public. Informateur internet. Peintre d'affiche. Potier de fleurs. Garçon d'écurie. Électricien. Vendeur de Montblanc. Pilote d'hélicoptère.

Couturière. Entreposeur de pantalons. Colporteur de chappals. Rechappeur de pneus de vatuures d'importation. Emprunteur. Débiteur. Fuyard. Récupérateur d'espèces. Dépenseur d'argent. Emprunteur de loyer. Suicideur. Gagnant de tombola. Perdeur de pain. Rouleur de rôti. Friteuse de poori. Pétrisseur de pain. Faiseur de lit. Locuteur. Spécialiste de cercueils. Verseur de café. Serveur de crème glacée. Bootlegger. Cireur de chaussures. Salueur de porte d'entrée. Instructeur de gym. Propriétaire de librairie. Déchiqueteuse de papier. Vendeuse d'épices. Spécialiste de feux d'artifice. Nourrice. Réparateur d'ascenseur. Spécialiste de fontaines. Vendeur de ferraille. Éleveur de chiens. Ravitailleur d'arbres. Ouvrier agricole. Tatoueuse au henné. Professeur de collège. Expert-comptable. Entremetteur. Fact checker. Représentante de service clientèle. Carreleur. Conducteur de camionnette. Déménageur. Nationaliste. Athée. Fondamentaliste. Chauvin. Collecteur de ferraille. Vendeuse de vêtements. Opérateur de balai-éponge. Vendeur de porno. Ouvrier d'usine. Commis de cuisine. Homme d'intérieur. Résident dans un camp. Sans domicile fixe. Sans travail. Sans espoir. Sans idée. Content. Consultant événementiel. Starlette. Forgeron. Architecte d'intérieur. Vendeur d'électroniques. Constructeur de stade. Fabricant de métro. Électricien. Couturière. Marchand de bouffe au centre commercial. Ouvrier du gaz. Ouvrier sur plate-forme. Foreur. Fraiseur. Tueur. Spécialiste de gratte-ciel. Ingénieur. Ingénieur mécanique. Esthéticienne. Infirmière. Publicitaire. Célibataire. Pigiste. Entraîneur de football. Footballeur. Mécanicien nautique. Représentant en coutellerie. Transporteur de cargaison. Directeur de musée. Déménageur de sculptures. Conducteur de bulldozer. Terrassier. Casseur de pierres. Poseur de fondations. Planificateur d'infrastructures. Suiveur de règles. Constructeur de maison. Constructeur de camp. Installateur de néons. Porteur de casque. Porteur de jogging. Globetrotteur. Rêveur éveillé. Créateur de ville. Créateur de pays. Constructeur de lieux. Ouvrier. Maillon. Maillon ? Maillon.

Chabitre cinq   **Moonseepalty**

On avait surnommé Anand « Mamelle ». Je le choisissais toujours dans mon équipe parce qu'il acceptait sans rechigner d'être gardien de but. C'était un bon gardien de but car il pesait aussi lourd qu'une vache de taille moyenne. La première fois qu'il avait joué dans mon équipe, je lui avais donné comme seule instruction :

— Tu regardes, tu restes sur place. Si tu bouges, ils marquent.

— Mamelle ne laissera rien passer ! m'avait-il promis.

Il n'y avait pas de poteaux de buts. On jouait au foot sur un parking. À six par équipe. On utilisait des briques, parfois des sacs. Les buts étaient petits. Et Mamelle n'avait qu'une parole. Les équipes au jeu de jambes plus sophistiqué s'ennuyaient vite quand il était gardien. Quand l'ailier arrivait, Mamelle écartait les bras et les jambes comme un crabe géant et se mettait à hurler. Si nécessaire, il taclait l'adversaire menaçant sur le point de tirer. Quand Mamelle fonçait sur un garçon, c'était comme si un train entrait en collision au ralenti avec un insecte. Il hurlait en continu, mais la plupart du temps il n'avait pas grand-chose à faire. Je voulais toujours avoir les meilleurs dans mon équipe et je jouais pour gagner. Un jour, après un match, Mamelle m'avait appelé, il faisait la tête, et m'avait dit :

— Gardien de but, c'est un boulot de solitaire.

— Ça a toujours été comme ça, j'ai répondu.

Il avait plié sa grosse carcasse et rapproché son visage de mon oreille. J'avais retenu mon souffle. Il mettait toujours trop d'eau de Cologne et transpirait beaucoup. Comme son père. « D'accord, pour pas devenir dingue, je parlerai aux hommes dans le ciel. » C'était sa façon de me faire rigoler.

Mamelle était obsédé par les hommes dans le ciel, il empruntait les mots de notre prof d'anglais, M. Raja Hamlet Mani, célèbre pour son amour des soliloques. Dans le monde d'Hamlet, la salle de classe était un théâtre. Nous étions ses spectateurs et la ville que nous connaissions était sa muse.

Hamlet était une sorte d'écrivain. « Trois textes publiés dans trois magazines différents », rappelait-il à ses élèves à chaque rentrée. Un jour, il avait raconté son histoire drôle publiée par le *Reader's Digest* à toute la classe. « Acceptée du premier coup. » On avait applaudi.

Hamlet aimait partager sa prose, il la lisait à voix haute en classe. Depuis qu'il avait commencé à enseigner, l'époque des histoires drôles était derrière lui, et il n'écrivait plus que sur la vie scolaire et le mal-être des jeunes gens. Quand on lui demandait pourquoi, il nous répondait : « Les thèmes s'imposent d'eux-mêmes. » Il distribuait des copies dédicacées de sa prose aux trois meilleurs élèves de la classe à la fin de l'année. Ou parfois, s'il était d'humeur à ça, il désignait l'un d'entre nous pour lire un de ses petits essais. Mon préféré était « La Récréation ». « Le meilleur footballeur de la classe ! Lequel d'entre vous est un magicien du ballon rond ? » avait-il crié ce jour-là. Et c'est ainsi que je fus choisi pour faire la lecture. Je me souviens encore de certains passages. Il avait insisté pour que je dise le titre haut et fort, m'avait persuadé de monter debout sur mon pupitre et de « sentir la langue » dans mes os. De lire comme s'il ne me restait que quelques minutes à vivre. J'avais obéi parce que je ne savais pas encore dire non à quelqu'un que j'aimais bien.

« Imaginez des gnous qui courent », ça commençait comme ça. « Imaginez-les vêtus de chemises blanches et de pantalons bleu marine. Imaginez-les courir sur deux pattes, comme des humains, chaussés de souliers noirs à lacets, le modèle scolaire standard. Imaginez le son de leurs pieds frappant la terre. Imaginez-les fous, joyeux, avec leurs lunettes et leurs appareils dentaires. Imaginez des morceaux de ciel brûlant s'abattant sur la terre. Imaginez la poussière… »

Je le connais par cœur. J'en ai encore une copie quelque part, mais je ne le lis plus, ou ne le cite plus, après ce qu'il s'est passé. À l'époque, le « chez-soi » était plus facile à appréhender – plus navigable.

Je ne sais pas à quoi « chez moi » ressemble aujourd'hui. Mes parents sont morts et j'ai arrêté de jouer au foot après avoir déchiré mes ligaments croisés. Mais les hommes dans le ciel sont toujours là, enfin, c'est ce qu'on m'a dit.

Déjà à cette époque, c'était le royaume de ces putains de grues. Des grues métalliques de plus de trente mètres ponctuaient l'horizon, toisaient le soleil en soulevant et posant des tuyaux ou des pierres. Les oiseaux, perplexes, gardaient leurs distances.

Hamlet nous avait décrit ces grues un jour en classe. Mamelle, imitateur hors pair et chouchou du prof, avait mémorisé ce texte et nous le récitait souvent avec une diction typique de la Compagnie des Indes orientales. Surtout après les matchs, quand il était de bonne humeur ou que quelqu'un le lui demandait. « La vie d'une grue, commençait Mamelle, débute dans les entrailles de la terre, où résident les précieux minerais requis pour construire cette bête mécanique. Une fois l'acier fabriqué, il est envoyé à l'endroit où on le transforme en bâtisseur de villes. Le résultat final est peint d'une glorieuse couleur moutarde, puis le logo de l'entreprise y est apposé avant que des barons du transport l'envoient par cargo vers les rivages du Golfe. »

À ce moment, Mamelle fermait les yeux, remontait son pantalon jusqu'à son sternum, regardait en direction de dieux imaginaires et récitait la fin en imitant parfaitement Hamlet.

« Les étapes suivantes sont très simples, messieurs. Trouvez un homme à importer. Vêtez-le d'un bleu de travail. Donnez-lui un casque qui colle à son crâne comme un coquillage. Faites-le monter dans cette machine énorme avant l'aube et entrer dans sa cabine. Cet homme devient le cerveau de la grue. Et à cette hauteur, il prendra part au Lego commissionné par le gouvernement, il construira cette ville toute jeune, notre putain de ville, seau de briques après seau de briques. »

Je n'ai aucun souvenir du monde d'avant, sans ses grues, sans mes parents ni les vieux repaires. Je me souviens juste du football, de l'endroit où j'y suis devenu bon, des cours de récréation, je me souviens que mon corps et mon esprit réclamaient ce ballon, et comme tout cela me manque aujourd'hui. Je pense alors à Moonseepalty, où le football était une religion.

Moonseepalty était le nom qu'on avait donné à l'immeuble café au lait qui abritait les services municipaux. Il était cerné d'un parking gigantesque où j'ai connu Mamelle. Il fallait un gros garçon dans notre équipe. Mamelle, plein de bonne volonté, avait envie de jouer.

Les vendredis, le parking de Moonseepalty était vide, avec son macadam tellement fin que les rebonds étaient dignes d'un court de tennis. Un terrain de foot inestimable. Seul le climat nous empêchait d'y aller en été. Aux environs de midi, on pouvait y sentir l'odeur de nos peaux qui grillaient. Nos globes oculaires se mettaient à bouillir. Nos dessous de bras et toisons pubiennes avaient des relents de roquefort. « Les dragons de légende crachaient du feu », nous disait Hamlet. « Ici, nous l'inhalons. » L'humidité nous avalait. La sueur coulait dans nos nez, nos oreilles et nos fesses. Certains jours, on aurait dit que l'asphalte prenait feu. Mais les matchs commençaient au crépuscule, une heure ou deux avant l'appel à la prière du soir du muezzin, et se poursuivaient jusqu'à la nuit, quand le goudron devenait plus frais.

Le parking se transformait alors en une douzaine de terrains de foot improvisés. Ces bandes d'asphalte devenaient le domaine de groupes de gamins où s'entendaient toutes les langues. Pendant quelques heures, nous devenions tous les sujets temporaires de Moonseelpalty, le royaume éphémère de la folie du football, où chaque nationalité ou race régnait sur sa partie, où nous prétendions être des seigneurs de guerre du foot, dominant le monde avec nos pieds, défendant nos territoires goudronnés comme des maniaques

De temps en temps, des voitures de patrouille rouge et blanc passaient par là.

« SHURTHA » sifflions-nous.

Le match s'assagissait. Si la voiture s'arrêtait, et que le shurtha demandait qu'on arrête de jouer, ou nous pourchassait, nous étions préparés. Nous nous faisions lézards. Nous courrions car nous avions peur, c'était la seule chose à faire. Et quand ils abandonnaient, on retournait à nos postes.

Nous ne faisions jamais confiance à un uniforme et il fallait être particulièrement vigilant quand nous jouions au cricket, un sport qui trahissait notre nationalité comme un néon en pleine nuit. Quand on sentait qu'une voiture de patrouille ralentissait, on prenait nos jambes à nos cous. Toujours.

Les immeubles tremblaient quand Mamelle se mettait à courir. Il n'était pas à proprement parler un sprinter mais on l'aimait tous bien. Après tout, il nous laissait l'appeler Mamelle. Il avait aussi largement contribué à notre éducation sexuelle, en se faisant un max de blé avec des vidéos pirates de porno et de football. Il avait été la première personne à me raconter qu'une femme pouvait tailler une pipe à un cheval. Je l'appelais sac à prouts.

Mais Mamelle nous avait aussi appris d'autres choses – des secrets sur le football qu'on ne trouvait pas dans les films. Ce garçon aurait pu être une bibliothèque.

— L'Inde a gagné les Jeux asiatiques de 1951.

— Au football ? Mamelle, tu dis n'importe quoi, lui avais-je répondu la première fois qu'il m'en avait parlé.

— Je te jure, *behenchod*, ces fils de pute jouaient sans chaussures.

— Putain.

— Penses-y. Tu joues sans chaussures, tu gagnes sans chaussures, tu bats presque la France sans chaussures – tu n'as pas besoin de chaussures !

— Mais ? Je voulais savoir la suite.

— Un bâtard qui mange du riz avec une cuillère

veut qu'on mette des chaussures. Les officiels les ont rendues obligatoires. Pourquoi porte-t-on des chaussures aujourd'hui ?

— Pour protéger nos doigts de pieds ?

— *Behenchod* ! On porte ces conneries de chaussures, nos pieds n'arrivent plus à respirer, les lacets sont trop serrés, et on se met à avoir des crampes. Avant qu'on puisse imaginer se remettre à courir, on a perdu le match. Je proteste ! Pas de chaussures.

— Ces idiots ont perdu la Coupe du monde parce qu'ils ont refusé de porter des chaussures ?

— Nique ta mère, *madarchod*, ce sont les pieds nus qui font pousser les couilles, s'est écrié Mamelle en attrapant les siennes. L'Inde, c'était le Brésil avant que le Brésil ne devienne le Brésil.

— Et aujourd'hui on est minables. Des minables.

— Enfoiré, si tu avais les couilles de Manna-da, je te les lècherais gratuitement.

— De qui ? lui avais-je demandé.

— Behenchod, t'es nul en histoire ! Manna-da ! Le plus grand capitaine indien !

*

Les couilles des Manna-da auraient pu nous être utiles, surtout quand la shurtha est arrivée. Dès qu'on les a vus, on a plongé les mains dans nos shorts et attrapé nos couilles pour s'en débarrasser. Pas comme d'autres salopiauds. Les Arabes n'en ont rien fait. Les Arabes avaient des gonades en tungstène. J'aurais voulu des gonades en tungstène. Même les Arabes kuttis, les petits Arabes, avaient des gonades en tungstène.

Un gamin, torse nu et en short, aux omoplates café luisantes qui pointaient comme des ailes sur le dos d'un dragon, se dirigea courageusement vers la voiture de patrouille, comme si son père possédait le monde entier.

On était mi-juillet, après le crépuscule, l'humidité était telle qu'elle trempait nos os.

On observait tout de notre cachette – le shurtha avait insisté pour que nous cessions de jouer –, le gamin leur avait serré la main, avait échangé des politesses avec eux et négocié dans un arabe correct. Ils avaient ri ensemble. Puis, au bout de quelques minutes, il était reparti auprès de ses amis. *Yallah*, avait-il signifié d'un geste à ses coéquipiers. Ils avaient le droit de jouer.

Les yeux nous sortaient de la tête, on l'avait maudit, lui et sa putain de langue, et tous ses putains d'ancêtres. C'était un privilège que ce petit con avait négocié. Ce petit con jouait pieds nus. Il n'en avait rien à foutre que l'asphalte lui arrache la peau des pieds comme on pèle un fruit. Ce petit con avait la plante des pieds épaisse comme de l'écorce. Ce connard avait de la classe. La classe, ça allait de pair avec les pieds nus sur l'asphalte. Les galons de la rue, comme dans le cas de Manna-da, ça appelait le respect. Dans l'équipe du petit con, presque personne ne portait de chaussures. Ils avaient tous balancé leurs tongs sur le côté.

Parfois, les petits Arabes comme le petit con et ses amis nous demandaient si on avait envie de jouer contre eux. On jetait un coup d'œil à leurs corps couverts de sueur, puis on déclinait poliment, intimidés par les pieds et les torses nus. Leur semi-nudité nous le confirmait : on ne pouvait pas s'aligner. On jouait tout habillés, on cachait nos petites couilles, même quand l'humidité était si forte qu'on sentait le sel de la mer.

Ce qu'il s'est passé, c'est entièrement la faute de Mamelle. Il avait fallu qu'il vienne avec son stupide vélo pour ce match. Son père lui avait acheté ce stupide vélo parce qu'il avait eu de bons résultats à ses examens. S'il n'avait pas enjolivé son vélo avec ses bénéfices du porno, il n'aurait pas eu l'air d'un carrosse en or de jeune prince et aurait encore ses roues. C'était un appât à voleurs !

On avait passé une journée fantastique. Deux domestiques philippines en tenue de travail étaient passées devant nous pendant qu'on jouait. Elles étaient quelconques mais Mamelle les avait quand même sifflées. Son sifflet incroyable fendait les âmes. Il avait ensuite fait son smu-smu-smu en projetant ses lèvres comme une carpe affamée. Un son dégoûtant, qui donnait l'impression qu'il vous aspirait et vous léchait de l'intérieur. « Cinquante balles, j'ai du cul pour cinquante balles ? » Mamelle hurlait avec son accent indien.

Les femmes avaient pressé le pas, regardant le sol. Leurs culs juteux tremblaient comme du flan. Je les aurais baisées si elles m'avaient laissé faire. J'aurais baisé n'importe quelle fille si elle m'avait laissé faire.

« Gouines ! » avait hurlé Mamelle.

« Ouais, des gouines » avais-je confirmé.

On avait ri et Mamelle avait tapé dans ma main.

« P'têt bien, Mamelle avait cligné de l'œil, que vous voulez une bonne teub ? »

Les filles continuaient à marcher et je continuais à les regarder.

« Ouais, elles veulent de la teub », j'avais dit.

Puis un cri déchira l'air : « Nooooooooooooooon ! » C'était Mamelle.

Il s'était mis à courir vers son vélo. Trop tard. Le cadenas avait été coupé avec une pince et deux cyclistes – des Somaliens, d'après ce que j'avais pu voir de leur crâne et de leur nuance de noir – pédalaient côte à côte en tenant le vélo volé entre eux. D'autres membres du gang roulaient derrière eux, railleurs. Ces gars savaient ce qu'ils faisaient. Ils jubilaient tels des chasseurs criant Feu !, et se moquaient de nous. Derrière eux Mamelle, desespéré, courait en les suppliant de s'arrêter. Comme un idiot. Mamelle les avait pour-suivis sur près de quatre cent mètres. Les cyclistes le narguaient, en arabe : « Viens, viens, viens, prends, prends, prends, plus vite, plus vite. » Ils avaient même ralenti et laissé Mamelle toucher sa roue arrière.

Le vélo de Mamelle avait disparu.

À bout de souffle, il était tombé à genoux. Il toussait et crachait ses poumons.

On ne savait pas quoi faire. Seul Roshan, qui avait besoin de faire son malin, les avait poursuivis avec Mamelle. La plupart d'entre nous ne voulaient pas être impliqués dans cette histoire. En tout cas, pas moi. C'était le problème de Mamelle. Je l'avais regardé courir. Comme un phoque sur la terre ferme. Il criait « Mon vélo ! Mon vélo ! » C'était gênant. Certains d'entre nous avaient ri. Moi aussi, j'avais ri, même si j'avais espéré que ces cyclistes étaient en train de jouer un tour stupide et méchant et qu'ils rendraient le vélo. J'avais regardé Mamelle s'écrouler, ses mains sur les genoux, haletant, puis revenir vers nous. « Désolé », j'avais dit, en posant une main sur son épaule pendant qu'il reprenait son souffle. « Je t'ai entendu rigoler » avait-il dit.

Une voiture de police s'était arrêtée derrière nous. Le shurtha, une caricature avec sa moustache fine, était descendu. On s'était tous mis à détaler sauf Mamelle, et Roshan qui était resté avec lui. Mamelle s'était littéralement précipité sur l'homme. « Ils l'ont pris » avait-il dit en haletant encore : « Retrouvez-le ! »

Le shurtha n'avait pas bougé. Puis il avait demandé à Mamelle ce qu'il voulait. En arabe.

— On a volé mon vélo, avait-il répondu en anglais.
— Vous voyez, monsieur… avait commencé Roshan.
— Ton vilo ? avait dit le shurtha, en donnant un petit coup dans la poitrine de Roshan.
— Non, monsieur, mais…
— Alors, ti la boucles, avait-il dit hargneusement. Ton vilo ? Il regardait Mamelle.

Mamelle fit oui de la tête.

— OK, le shurtha avait continué en passant à l'arabe.
— Dis-moi, quel est le problème, mon garçon ?
— Vélo, répondit Mamelle en anglais. Parti, probablement à Electra maintenant. Ils l'ont pris. Courir après. Combien attendre ?

L'officier avait rajusté son galot. Puis son ton avait changé.

— Babiers ? avait-il demandé en passant à l'anglais.
— Papiers ?
— Ti pas compris ? Bathaka !
— Étudiant ! École indienne, école indienne !
— Bathaka ? Où Batha…
— Siouplaît, je donne le numéro de mon père. Son travail. Je vis ici. Société ADNOC ! Vous connaissez ADNOC ?

— Babiers ! avait insisté l'officier.

— Papa, sponsor. À la maison, appelez maison. Vous voulez numéro ?

L'officier enfonça son doigt dans l'estomac de Mamelle.

— Pourquoi rigoler, *yahi* ?

— Non, je...

— Pourquoi crier, *yahi* ? L'officier avait attrapé le poignet droit de Mamelle. Ti penses c'i rigolo ?

— Non. NON ! Siouplait. Pardon. Pas rigolo du tout.

— Ti joues ici ? L'officier fit signe à son équipier de venir l'aider. L'autre était sorti du véhicule, en laissant le moteur tourner. Ci pas parc ici, hein ? Pourquoi ti joues ici ? Ti joues cricket, hein ? Pourquoi ti joues ?

Mamelle tremblait.

— Pardon, répétait-il.

— Pardonne, habibi ? Pourquoi pardonne ? Ti parles arabe ?

— Non, avait dit Mamelle tête baissée.

— Seulement anglais ? Pas arabe ? Dans mon pays...

— Siouplaît, mon vélo...

— Pourquoi ti parles ? Je ti demande ? Ti parles. J'ai demandé ti parles ? ALORS !

— Non, Mamelle murmurait.

— Ici, mon pays. Arabe ! Pas anglais. Arabe. OK ?

— Oui.

— Ti parles arabe ?

— On apprend à l'école...

— Arabe ou non ?

— Non.

— Ti me regardes quand je parle. Montre bathaka. Ti as ?

— Non.

— Pas carte identité ? Viens, viens, avait dit l'officier et il avait tiré Mamelle avec l'aide de son équipier vers la voiture de patrouille.

— Siouplaît, monsieur, siouplaît, je... et Mamelle s'était écroulé sur le sol.

— Pourquoi ti pleures, gros garçon ? Ti es une fille ? Pourquoi ti pleures ?

— Siouplaît, monsieur, siouplaît...

— Ton Baba il est mort, gros garçon ?

— Non. Mamelle bafouillait, ses mains agrippées aux chevilles de l'officier.

— TI ME REGARDES ! TI TE LÈVES !

— Pardon, pardon, pardon. Et Mamelle se leva.

— Ti donnes téléphone Baba. Ti as téléphone Baba ?

L'officier avait empoigné le coude de Mamelle et, suivi de son équipier, il le menait à la voiture de patrouille.

Ils avaient fait quatre fois le tour du pâté d'immeubles, tellement lentement qu'on pouvait entendre les pneus quand ils passaient, le moteur allemand de la voiture était silencieux, avant de s'arrêter à l'endroit-même où ils avaient embarqué Mamelle. La lumière était allumée dans l'habitacle et on pouvait voir que la discussion était animée. Au bout de quelques minutes, Mamelle était ressorti. Il s'était incliné de façon étrange, comme s'il apprenait à faire une révérence.

« Merci », avait-il dit. Et il le redit. Merci. Passant d'une langue à l'autre. « Choukran, choukran, thank you very much, messieurs, merci, merci. » Puis il leur avait fait un signe de la main et j'avais eu envie de lui envoyer mon poing dans la figure.

Il s'était excusé ! Les avait salués ! Froussard !

— Quelle pute, j'avais dit.

— Du calme, avait dit Roshan. Tu n'aurais pas fait mieux.

— Hé, Mamelle, j'avais crié. Hé, ils t'ont fait sucer leurs queues ? Hé, dis-nous.

Mamelle m'ignora.

— On se demandait s'il fallait appeler ton père quand ils t'ont relâché, avait menti l'un d'entre nous.

— Qu'est-ce qu'ils t'ont fait, Mamelle ? Qu'est-ce qu'ils ont dit.

— Rien. Il marmonnait.

Nous ne le croyions pas. Quand la Mercedes s'était éloignée, suffisamment pour qu'on ne voie plus que ses feux arrière, Mamelle leur avait fait un doigt d'honneur.

«Kus umuk!» avait-il hurlé, avec un peu de bave aux lèvres. Il avait ensuite mis les paumes de ses mains autour de son entrejambe, tenant ses couilles, les veines saillantes. «Madarchod!» hurlait-il, «Madarchod ! » Il les avait insultés dans toutes les langues qu'il parlait.

Puis il s'était mis à courir.

Et nous l'avions suivi. Certains d'entre nous, même ce froussard de Roshan, avaient couru directement à la maison ; il était tard – l'heure du dîner.

Ceux qui étaient restés là – Mamelle, Jacob, Biju, Vijay et moi – cachés derrière le mur de la mosquée, nous nous étions remis à réconforter Mamelle, qui refusait de rentrer chez lui.

— Mon père va me démonter, disait-il.

— Je peux appeler ton père et tout lui raconter, avait offert Biju, ce n'était pas ta faute, mec.

— Peu importe, avait répondu Mamelle, ils l'ont déjà appelé, tu sais ?

Puis il avait fondu en larmes en marmonnant « Ti

téléphones Baba... putains de behenchods ! »

— Hé, l'avait interrompu Jacob, on change d'air. Tu sais quoi ? On s'en fout de tout ça. Shawarmas pour tout le monde ! C'est moi qui régale !

— Des voleurs, putain, des voleurs ! Mamelle continuait. Expulsez-les putain, expulsez-les ! Ces salopards inutiles.

— Ouais, j'avais acquiescé. Mamelle retrouvait enfin son bon sens. Des chiens galeux.

J'avais craché pour donner plus de puissance à mes mots.

— Ouais, comme celui-là.

Mamelle montrait quelqu'un du doigt.

Un garçon noir, pieds nus, nous tournait le dos en boitillant, il rentrait chez lui après un match. Dans sa main droite, il tenait un maillot de l'Ajax en boule. Il portait un vieux pantalon sans coupe dont il avait roulé les jambes jusqu'aux genoux. Des imitations de Nike pendaient autour de son cou, attachées par les lacets.

— On le chope ! nous avait pressé Mamelle. On va leur montrer à ces madarchods !

Il avait attrapé une batte de cricket.

— Du calme, mec, il ne t'a rien fait, avait dit Biju. Calme-toi, on ne le connaît même pas. T'es pas bien ?

— Il en fait partie, je suis sûr. Mamelle haussait les épaules. Ils font tous partie de la même putain de famille.

— Sois pas stupide, avait répondu Biju. Calme-toi. Regarde le bien ! C'est un gamin. Du calme, du calme.

Mamelle insistait.

« Regarde. Ce salaud boîte. Cinq contre un. On va lui faire un peu peur, OK ? Rien de méchant. Hein ? OK ? »

Il balançait la batte autour de sa tête.

— Laisse tomber, mec, j'avais dit. Calme-toi.
— Quoi ? Tu as les chocottes ? Femmelette !
— Moi ?
— Ouais, pédé ! Sale pédé !
— C'est pas moi qui ai sucé la bite du shurtha, j'avais répondu. Et c'est maintenant que tu veux faire quelque chose ?

Mamelle était insensible à la moquerie.

« J'en ai ras le bol, mec. Ti parles arabe ? Ti parles anglais, behenchod ! Viens dans MON pays, chutiya ! Je te niquerai, VIENS DANS MON PAYS ! »

On n'aimait pas les Arabes mais on leur parlait rarement comme ça. On voulait leur répondre, on voulait se battre, on voulait avoir des gonades en tungstène. On voulait tout avoir mais on ne voulait pas d'ennuis. Et on voulait savoir, je suppose. Qu'est-ce qu'il se passerait si on frappait un gamin ? Je veux dire, si on frappait vraiment un gamin. Est-ce que ça serait génial ? On voulait savoir. Mais on ne voulait pas que ses amis s'en prennent à nous. Et on ne voulait surtout pas se faire choper. Si on avait été certains de s'en tirer, ça nous aurait peut-être vraiment plu de le tabasser.

« Je vais m'occuper de lui, avait dit Mamelle. Faites le guet. »

On avait accepté. C'est Mamelle qui allait commencer, et on arriverait ensuite. L'effrayer, ça ne serait pas assez, on allait cogner dur. Il se ferait tellement dessus qu'il n'arriverait pas à crier. Et quand il aurait cessé de lutter, on lui casserait les genoux avec la batte de cricket et on lui pisserait dessus. Puis on shooterait avec une balle de foot dans sa figure. Cinq fois. On tirerait comme si c'était des coups de pistolet. Avant de partir en courant, l'abandonnant pour qu'il soit découvert par un bon samaritain de passage qui le raccompagnerait chez lui.

On avait attendu que Mamelle donne le signal.

Il était resté là, immobile.

« Allez, mec ! j'avais dit. Nique-lui la gueule, behenchod. Allez, Maderchod, allez ! »

Mais rien.

Biju avait voulu accélérer les choses. Il avait vaguement shooté dans un gravier en direction du garçon. Le caillou avait rebondi sur le goudron, tic-tic-tic-tic-tic, il avait touché la cheville du gamin. Le garçon s'était retourné et avait juré en arabe. « Aïe ! » avait-il dit, les poings sur les hanches.

Avec ce simple geste, il nous avait tous désarçonnés, et on était là, avec nos petites bites fragiles comme du cristal.

— Pardon, avait crié Biju en arabe avec un sourire forcé.

— Excuse ! m'étais-je surpris à renchérir en arabe.

Mamelle n'avait rien dit. Il se tenait là, imaginant peut-être que son père l'éviscérerait avec une petite cuillère dès qu'il rentrerait à la maison.

« Aïe ! » Le garçon continuait. « Vous tarés ? » Il parlait anglais maintenant. Il avait mis son index sur sa tempe et dessinait de petits cercles. Avec son arabe, il nous tenait par la la bite, avec son anglais il nous la coupait.

Il n'y aurait pas de bagarre. Nous nous étions rendus avant de commencer à nous battre. On ne donnerait pas un seul coup de poing, et ce qu'on était en train d'apprendre sur nous-mêmes était pénible.

« Allez, Mamelle, on se tire » avais-je dit, dégoûté.

Il avait refusé.

« Que de la gueule, gros. Putain de faiblard », je le réprimandais. Il m'ignorait.

Nous l'avions laissé là. Je ne pense pas que nous avions beaucoup parlé en nous mettant en route. Puis Biju avait dit que si ce petit con était devenu violent, on lui serait rentrés dedans, comme le catcheur Rowdy Roddy Piper.

— Ouais, c'est sûr, j'avais dit.

— En vrai, mec, avait-il continué. Je l'aurais démonté.

On n'avait pas remarqué que Mamelle s'était précipité sur le gamin avec sa batte jusqu'à ce qu'on entende deux cris.

Mamelle avait manqué le genou du garçon, il l'avait frappé à la cheville, qui avait dû se briser sous le coup. C'était le premier cri. Quand Mamelle avait voulu lancer un second assaut, le gamin s'était penché vers l'avant et avait mordu Mamelle à l'épaule droite, et ne relâchant pas sa morsure, il plantait ses ongles dans le visage de Mamelle.

Au moment où on était arrivés près d'eux, le gamin noir était littéralement pendu par les dents à l'épaule de Mamelle.

Du sang. Sa cheville était devenue violette.

Au loin, on avait entendu les claquements de tongs. Des cris : « Abadallah ! Abdallah ! »

« Allez, les gars ! » nous hurlait Mamelle. Il cognait sur le visage du garçon, chaque coup le froissait et le pliait comme si c'était un mouchoir en papier. « Allez ! Faites-vous ce connard. Allez-y ! Frappez, frappez, frappez ! » Puis il avait souri.

C'est à ce moment-là qu'on s'est mis à courir. Qu'on avait décampé. Par peur d'être attrapés, on avait laissé Mamelle se débrouiller seul.

« Non. » Je me souviens qu'il nous avait implorés. Il me regardait. « Non ! »

J'avais couru sans m'arrêter jusqu'à chez moi. Le tremblement persistait, mes oreilles étaient encore pleines du son des tongs qui écrasaient la chair molle. Et ce cri, le bruit émis par un porcelet quand on lui coupe les testicules, quand les amis d'Abdallah avait donné un coup de pied qui avait brisé une côte, puis le grognement après qu'il en avait cassé une autre, et puis plus rien, juste des cris et des piétinements, pendant que nous courions sur du goudron rugueux, plat ou frais, noir comme la truffe d'un dingo.

*

Mamelle ne mourut pas. Ils l'avaient mis dans le coma. Nous découvrîmes au cours du procès qu'ils avaient arrêté de cogner quand Abdallah avait vu du sang couler de l'oreille de Mamelle, mais ses copains lui avaient déjà brisé le fémur et broyé la cheville gauche. Les garçons qui lui avaient fait ça étaient aussi ceux qui lui avaient sauvé la vie, ils avaient porté son corps démoli puis couru avec, juste à temps pour que le personnel des urgences commence à ressusciter ce qu'il restait de lui. L'hôpital avait appelé la police.

Mamelle ne reprit conscience qu'au bout de deux semaines et il lui fallut un mois de plus avant que les docteurs confirment si oui ou non il aurait des séquelles au cerveau. Ses capacités mentales n'avaient pas été affectées par le passage à tabac mais ses compétences motrices étaient endommagées. La rééducation pourrait améliorer sa mobilité, mais par rapport à ceux qui ont la chance de se déplacer normalement, il bougerait comme une limace. Il aurait besoin d'une canne toute sa vie.

Au procès, les garçons qui l'avaient envoyé à l'hôpital furent jugés non coupables car ils avaient agi en état de légitime défense. « Par pure loyauté », avait souligné la défense.

Nous avions été cités comme témoins. Nous avions dit la vérité, que le vélo de Mamelle avait été volé, que le shurtha n'avait pas été gentil – « Non, nous ne nous souvenons pas de son visage, il faisait noir » – que Mamelle était furieux, et que la conjonction des évènements l'avait probablement poussé à attaquer le garçon. Nous avions dit « probablement » parce que nous étions tous d'accord pour oublier notre participation. Nous avions en quelque sorte menti sous les yeux de Mamelle, qui ne contredisait rien de ce qu'il entendait. « Non, il ne nous avait pas dit ce qu'il voulait faire » avais-je dit au juge, en refusant de regarder Mamelle même si je sentais son regard sur moi. Peut-être à cause de ses difficultés à parler, même depuis que les chirurgiens avaient rattaché sa langue. Il avait presque réussi à en couper une bonne partie en la mordant pendant la bagarre, mais non, il arrivait à parler, faiblement, et il le fit. « Ma fau', ma fau' » répétait-il à notre grande surprise pour nous dédouaner. Le juge fut clément, mais le laissa partir avec un avertissement ferme, étant donné la gravité des blessures et leurs séquelles irréversibles. Il nous remercia d'être des jeunes gens aussi sincères, et moi particulièrement parce que j'avais avoué que si j'avais eu connaissance des intentions de Mamelle, je l'aurais arrêté. Mamelle me regardait sans broncher. Ce soir-là, j'avais appelé chez lui mais raccroché quand sa mère avait répondu au téléphone.

Quelques jours plus tard, ses parents le retirèrent de l'école et retournèrent en Inde où nous avons appris qu'ils avaient fait appel à un grand médecin ayurvédique. En une année, Mamelle fit des progrès, et prit la décision, semble-t-il, de rester où il était, et de terminer le lycée à Ooty.

J'avais imaginé que je ne verrais plus jamais Mamelle – je suppose que c'est ce que nous avions tous pensé –, j'ai donc été très surpris de le voir au mariage de l'ami d'un ami. Il avait changé avec l'âge, comme nous tous, mais j'étais certain que c'était bien lui – ce ventre, cette taille – et j'avais passé mon temps à essayer de l'éviter. Divya, une collègue de travail, m'avait demandé de l'accompagner. J'avais dit OK. Je venais de me séparer et j'avais besoin de sortir. De plus, j'habitais à côté, mon appartement était près d'Atlantic Avenue et je n'avais pas assisté à un mariage indien depuis des années. La plupart des invités, suffisamment pour peupler une petite ville, portaient des vêtements ethniques colorés parés de bijoux. La mariée venait de Plovdiv, les plats étaient bulgares. On passait du jazz. L'alcool, à volonté, était, j'avoue, excellent, tout comme la nourriture, mais au bout de ma cinquième *ale*, j'ai dû m'excuser car ma vessie était sur le point d'éclater. J'avais complètement oublié Mamelle alors. J'avais seulement vu un type qui ressemblait à un ours.

J'étais en train de pisser quand j'ai entendu le bruit d'une canne. Quelqu'un chuchotait à mon oreille. « Tu savais que la vie d'une grue commence dans les entrailles de la terre ? »

J'avais immédiatement reconnu la voix et m'étais retourné en tenant encore mon zob. Je tremblais un peu.

Le visage de Mamelle avait gardé sa jeunesse, il était maintenant aussi grand que son père, mais comme moi, il avait commencé à perdre ses cheveux. Il ne lui restait que quelque bouclettes teintes en noir. Il avait pris beaucoup de poids. Avant, il était rond. Maintenant, c'était une barrique de lard, obèse, et tout ce poids était supporté par une magnifique canne en teck laqué, ce qui rendait ses mouvements positivement glaciaux.

— Mon ami, carillonna-t-il, en se penchant pour me prendre dans ses bras d'ours. Tu te souviens de moi ?

Soulagé, je lâchai mon zob et l'embrassai, heureux d'être pardonné.

— Bien sûr, Mamelle, dis-je, bien sûr.

— Comment vont les hommes dans le ciel ?

Il avait ri en me serrant encore plus fort.

— Aucune idée j'avais gloussé. Si Hamlet était encore en vie, il serait flatté que tu te souviennes.

— Je t'ai suivi ici, dit Mamelle, je voulais en être sûr.

— Je ne suis plus l'athlète que j'étais, avouai-je.

— Pourquoi es-tu parti ? Pourquoi m'as-tu abandonné comme ça ?

— Quoi ? je demandai.

J'avais du mal à respirer. Il me serrait tellement fort.

— Ils ont fait du trampoline sur mes couilles. Je t'ai raconté ça ?

— Quoi ?

— Sur mes couilles. En petits morceaux comme un pot cassé.

— Non. Non, ils n'ont pas fait ça, ils n'auraient pas pu.

— Oh, ils ne se sont pas gênés. Ils l'ont fait, dit-il en riant.

C'est à ce moment qu'il m'a mordu l'oreille, fort. Ses dents agrippant le cartilage.

— Non, j'ai supplié, non !

J'essayai de me libérer mais il m'attira vers lui, mon nez enfoui dans ses mamelles molles. Sa paume pressait ma nuque comme un étau. Je sentis une forte odeur d'eau de Cologne, de café. J'entendis le clac d'une canne qui tombait.

« On est amis, dis-je, s'il te plaît ! »

Il mordit encore plus fort. Je tentai de me débattre mais je ne pouvais pas bouger.

« Tu te souviens, je suppliais. La Récréation de Hamlet ? »

Et je me mis à réciter en commençant au milieu :

— ... mettez ces gnous en équipes, puis imaginez-les courir après plusieurs ballons de foot même s'il y a seulement deux goals à poteaux rayés noir et jaune. Faites bien attention.

Écoutez les cris, les encouragements, les scores, les fautes. Imaginez le soleil observer tout ceci comme une étoile lasse, exhalant la chaleur, fait cloquer les peaux. Voyez la poussière qu'ils font en marchant, voyez les graviers et la crasse. Regardez-nous quand nous courons. Sentez-vous la sueur ? Pendant un quart d'heure, nous oublions le monde. Quand nous courons sans nous arrêter, voyez comme le sol frémit et comme la poussière se soulève, comme si les poumons de la terre recrachaient de la fumée.

Mais remarquez, aussi – s'il te plaît, Mamelle – que tout ceci, c'est du délire. Voyez le corbeau, pas un indigène, un expatrié, perché au sommet de l'auditorium de l'école. Voyez le faucon qui repère le corbeau. Voyez les grues surplombant les oiseaux.

Remarquez que ce n'est pas l'Inde. C'est – Mamelle, je t'en supplie – chez nous. Mamelle, Mamelle !
— Chut, dit-il, chut.
Puis, lentement, il se mit à mâcher.

Chabitre six   Dingolfy

entre Oncle Venu et la nièce du boulanger paki. Disparus tous les deux. Personne ne veut rien savoir. Oncle Venu s'est probablement converti à l'islam, et ne doit plus s'appeler Oncle Venu. Peut-être qu'Oncle Venu se fait appeler Ismail ou Ahmad ou Bilal. J'espère qu'ils lui ont coupé le zob, et qu'il a eu une hémorragie. J'espère qu'Ismail et Ahmad et Bilal sont morts comme ça.

Chabitre sept   Kloon

Le téléphone sonna au milieu de l'après-midi.

C'était l'été. Un mois d'août bouillant. Les pigeons se reposaient à l'ombre. Les mouches boycottaient le vol.

Habib «Cheminée» ouvrit un œil collé. C'étaient les grandes vacances et il avait dormi tard après avoir regardé *Terminator 2 : Le Jugement dernier*. Encore. Avant de se branler en regardant *Basic Instinct*. Encore. Et la bande s'était coincée dans le magnétoscope. Encore. Il avait dû batailler pour la sortir.

Sa mère était en train de préparer le repas.

« Réponds au téléphone, Habib. »

Il s'exécuta.

« Habib ? Rav m'a dit que vous étiez un gars sérieux. Vous voulez travailler ? »

Une certaine Melinda. La voix enrouée à cause du tabac. Ce que les hommes appellent rauque. Cheminée s'assit lentement.

— Oh, Rav ? C'est mon coloc, ouais. À la fac. Un boulot pour moi ?

— C'est facile, bien payé, quelques heures par jour. Dites oui, et vous avez la place pour deux mois. Formation lundi.

— Lundi OK, marmonna Cheminée. Puis il se recoucha.

« Habib ! » Sa mère criait de la cuisine, elle jetait des feuilles de curry dans l'huile chaude, elle anticipait la paresse de son fils. « Fais quelque chose d'utile. Étudie. Qui a appelé ? »

*

Lundi, 7h30 du matin : Station de taxi Dubaï (commune d'Abou Dhabi). Attente.

Les pneus de la voiture crissèrent. Le chauffeur repéra immédiatement Cheminée.

« Vite, je pars maintenant. Monte. »

Cheminée inspecta rapidement l'habitacle de la Peugeot. Vide. Elle empestait le désodorisant. Jasmin peut-être. Le chauffeur le pressa d'entrer.

« Bientôt plein, plein bientôt » promit l'homme.

Cheminée céda. Un quart d'heure plus tard, la promesse du chauffeur s'accomplissait.

L'autoroute qui mène les voyageurs d'Abou Dhabi à Dubaï est belle et nette. Éclairée la nuit par des réflecteurs œil-de-chat, elle est faite pour les mécaniques, les Lamborghini qui font de la vitesse. C'est pourquoi le désert a été coupé en deux, et pourquoi les chameaux sont derrière des clôtures. Mais Cheminée restait imperturbable. Il passa le trajet à somnoler sur l'épaule d'un voisin étranger, en rêvant d'argent.

Il fut réveillé par des klaxons. Il y avait un carambolage non loin de la zone franche de Jebel Ali. Un camion s'était retourné. Ça s'était passé trop vite pour que les voitures derrière aient le temps de freiner. Les voitures compactes étaient devenues encore plus compactes. Des corps se trouvaient où ils avaient atterri, la plupart encore à l'intérieur des véhicules cabossés, écrasés comme du poisson. L'ambulance n'était pas encore arrivée. Un jeune Émirati était sorti de son Land Cruiser pour régler la circulation. Cheminée regarda sa montre, évalua le nombre de véhicules, la vitesse à laquelle ils avançaient.

« On sera arrivés dans quarante-cinq minutes ? » hurla-t-il.

Le chauffeur haussa les épaules.

« Patience, mon garçon », dit l'étranger dont l'épaule lui avait servi d'oreiller. « Tout peut attendre quand il y a des enfants morts. »

Cheminée arriva en retard. Il interrompit le coordinateur de la réunion, un petit homme avec une large cravate, en le coupant au milieu d'une phrase.

« Bonjour, dit-il. Venez, entrez ! » La salle de conférence était pleine. Pleine d'adolescents, majoritairement des garçons qui piochaient dans des KFC et des chips en buvant du Mountain Dew. L'air embaumait le poulet et la salade de chou. Le coordinateur se tenait à côté d'un petit caddie bleu, avec dedans quelque chose qui ressemblait à une poupée ainsi qu'un grand sac marin couleur marmelade, mais le visage de la poupée était invisible. Un gros ballon d'hélium était collé au plafond. Cheminée trouva une chaise libre, attrapa un sandwich au poulet, mordit dedans.

Les présentations étaient terminées mais le coordinateur recommença pour Cheminée. « Je m'appelle Menon, Monsieur Menon », dit-il avant de se retourner vers la salle, reprenant son discours à l'endroit où il l'avait interrompu. « Sans votre aide, pas de produit, pas de bénéf', vous comprenez ? Imprenable impossibilité. »

La diction de M. Menon était parfaite mais il était évident que ce qu'il aimait vraiment, c'était de jouer avec son anglais. Le personnaliser.

« Le boulot, dit M. Menon avec force gestes des bras, est simple. » Il allait leur apprendre à devenir des clowns.

— Pourquoi cha ? demanda Cheminée, la bouche pleine.

— Je suis content que vous posiez la question, jeune homme. Il avait un grand sourire.

« Messieurs et Mesdames, la tâche est la simplicité même. Vous allez vendre de la lessive déguisés en clowns ! »

Il y eut quelques rires nerveux. M. Menon rit à son tour, puis dit : « Moi, sérieux. » Il fouilla dans le sac marmelade et en extirpa un masque de Joker. Il le brandit au-dessus de sa tête tel un talisman vénéré.

— Merde alors, murmura quelqu'un.

— Pour être clown, maquillage inutile, expliqua M. Menon. Les RH l'ont supprimé pour gagner du temps. Et du cash. Temps perdu, client perdu.

Le masque avait un faux sourire et sentait le chien mouillé.

Il était couleur farine.

Les sourcils peints en gris, fins comme des sillons de tracteur.

En rouge, tel un roi bulbeux, trônait le nez, immobile, pendant à cause de son poids.

Sous le roi bulbeux, le sourire du clown. Large. Merveilleux.

Le masque s'attachait au visage avec un élastique blanc.

« Mais tirez fort, mima M. Menon. CLAC ! »

La direction fournissait également la tenue. Une chemise pourpre à manches bouffantes et un pantalon rayé rouge et blanc avec une veste assortie équipée d'un hibiscus en plastique jaune épinglé à la poche de poitrine droite.

Il y avait aussi les cheveux.

« Sans cheveux, pas complet, comme une vie sans bosses » dit M. Menon, en présentant des dreadlocks blondes agrafées et cousues sous une casquette d'elfe verte. Elle était mettable – petite mais mettable. « Les chaussures de ville noires sont obligatoires » prévint M. Menon, mais si « de ville », ça n'était pas possible, toutes les chaussures noires feraient l'affaire. « Tant qu'elles sont noires. Mais pas de chaussure de sport. Compris ? »

L'assistance branlait du chef en signe d'assentiment.

M. Menon empoigna un ballon argenté à soixante centimètres au-dessus de sa couronne. Le nom de la lessive, SPOTLESS, remarquait seulement maintenant Cheminée, était gribouillé en travers de son ventre en arabe et en anglais, en grosses majuscules rouges.

« Le ballon doit vous suivre » expliqua M. Menon. « Aucune excuse. »

M. Menon se retourna et saisit la poupée géante qui s'avéra être un mannequin de taille réelle habillé en clown. Il arrangea le mannequin pour qu'il ait l'air d'être assis dans le caddie, adossé à la grille, jambes écartées, cou penché, menton sur la poitrine. L'air satisfait, M. Menon jeta un coup d'œil vers la salle, jouissant de son effet, puis dit : « Notre arme secrète. LUI. »

LUI, bizarrement accroché au caddie, donnait l'impression qu'il revenait de la guerre et qu'on lui avait tiré dessus. Pas qu'une fois. Et qu'il ne sourirait plus jamais. M. Menon avait dévoilé un clown en piteux état qui s'était pris pas mal de tôles en tombant, une créature qui avait vu tant de misère qu'elle ne pouvait plus s'asseoir droite, comme si le diable lui avait coupé la moëlle épinière.

« Idée simple, dit M. Menon. Deux clowns, un supermarché. Clown Un, vous, pas une tache, heureux. Clown Deux... sale, déprimé. Clown heureux promène Clown Crade, comme ça. OK ? Si les clients ne vous remarquent pas, accrochez ça au caddie. » Il attrapa le ballon. « Les gamins adorent les ballons. Les gamins viennent, les parents suivent. »

Cheminée vit que les gens prenaient des notes.

« Clown Crade, dit M. Menon, tiendra aussi cette pancarte blanche. » Il y était écrit : « Je n'ai pas utilisé le nouveau Spotless. Lui, si », en anglais et en arabe.

Des prospectus étaient également distribués, parfumés à la fragrance du nouveau Spotless amélioré.

Les acheteurs devaient être gentiment invités à sentir le prospectus « guidés comme des moutons se dirigeant vers l'abattoir ». Et c'est là que l'hypothèse suivante pourrait être testée :

« Parfum est clef d'une meilleure laverie. »

M. Menon leva le poing. Un garçon dans la salle l'imita. Des poings se levèrent. Cheminée croquait sa salade de chou.

« Le costume de clown attire la curiosité, le Clown Crade est notre arme secrète – mais une fois que vous avez réussi à faire sentir Spotless, ce n'est pas fini. Faites-les acheter. Gagnez votre bataille, soyez de nouveaux Alexandres ! »

M. Menon encourageait le groupe.

La bataille consistait en une joute avec le client à propos du produit. L'achat du produit, c'était la victoire.

« Le client veut avoir le dessus, gloussa M. Menon. Pas de problème, laissez le croire qu'il est le chef. »

M. Menon riait d'un rire artificiel, ha ha. Puis il fit une pause. « OK, le plus important maintenant. »

M. Menon commença à distribuer des synopsis photocopiés comme si des cadres avaient travaillé dessus pendant plus d'une année. Pendant les deux heures suivantes, le groupe répéta le texte. Étudia les graphiques.

SYNOPSIS

CLOWN *[S'approcher du client et montrer le mannequin.]* Bonjour, je m'appelle *[Donner son nom]*. Je suis heureux aujourd'hui. Mais mon ami ne l'est pas. Vous savez pourquoi ? *[Attendre la réponse.]*

CLIENT : Non, pourquoi ?

CLOWN *[Sautiller trois fois.]* Parce que j'ai utilisé le nouveau Spotless et pas lui. Ma veste est comme neuve, la sienne, non – et ça le rend triste.

CLIENT : Je vois.

CLOWN : Aimeriez-vous sentir le nouveau Spotless ? Il a un nouveau parfum, frais et agréable. *[Tendre le prospectus au client, enlever le papier d'emballage et faire sentir au client.]*

Ils s'entraînèrent à lire les répliques à voix haute avec M. Menon. Puis récitèrent devant tout le groupe.

M. Menon rectifia les intonations, la confiance, les attitudes. Il testa « leurs performances en conditions extrêmes » en demandant au groupe de chanter « Il était un petit navire » pendant que chacun des participants récitait son dialogue.

En rentrant chez lui, Cheminée se remémorait que M. Menon avait dit que le clown qui aurait vendu le plus de lessive recevrait un gros prix. « Qui sera ? » avait demandé Cheminée.

« Surprise », avait répondu M. Menon.

Le monde de M. Menon adorait les statistiques de panels. Les habitudes des acheteurs étaient cependant un défi aux chiffres. Ceci déroutait les jeunes auxquels on ne fournissait aucun plan B homologué. Mais la confiance de M. Menon était contagieuse. Donc quand Cheminée et ses collègues découvrirent que les clients n'avaient pas de temps à perdre avec leurs scénarios et leurs politesses, ils improvisèrent. M. Menon avait déjà repris un avion pour Mascate, sa mission accomplie, et il ne reviendrait plus jamais. S'il y avait des questions, il fallait maintenant s'adresser à Melinda, qui avait des stocks de réponses à presque tout.

« Rien à foutre de faire l'acteur, vendez votre produit. »

*

Le premier jour de travail, au supermarché de Choithrams, Cheminée se changea dans le débarras, il n'était pas assez courageux pour venir en tenue de clown.

Il s'attendait à être chahuté. Le personnel d'entretien avait eu un petit sourire. Un employé bengali, qui nettoyait les restes d'un bocal de pickles cassé, lui frappa les fesses avec son balai pour rigoler, et l'appela Joka. Ce soir-là Cheminée découvrit que Melinda ne rembourserait pas les frais de déplacement.

— Salope, se plaignit Cheminée à l'un de ses amis.
— Laisse tomber ça, lui conseilla-t-il.
— Je peux pas, expliqua Cheminée, j'ai besoin de cet argent pour les cours de soutien du prochain semestre.

Cette semaine-là, le gardien de son immeuble, Moidu, fit comme s'il ne voyait pas le museau rouge qui émergeait du sac marmelade, ni les touffes de cheveux blonds. Moidu voulait juste savoir où Cheminée emmenait ce ballon. « T'es trop vieux pour aller au parc, hein ? » lui dit-il. Chaque fois qu'il voyait Cheminée partir au travail, il répétait la même phrase.

Un chauffeur de taxi afghan, la barbe tachée de paan, préféra y aller franco :

« Alors, c'est quoi ce vous avez là ? »

Clown Crade, sur la banquette arrière, était tombé hors du sac.

— Du travail, Cheminée murmurait en ourdou.
— Ça doit bien payer. Barbe au paan éclata de rire.
— Regardez la route, mon pote.

La semaine suivante, à la Cooperative Society d'Abou Dhabi, Cheminée avait dû se changer dans les toilettes.

Les toilettes, lui expliqua une jolie Libanaise, se trouvaient « tout en bas et tout droit », après les caisses. « Pas de vestiaires, désolée. »

Cheminée lui demanda si elle pouvait lui garder son ballon, et il se dirigea lourdement vers les toilettes où il surprit un musulman qui se lavait sauvagement les orteils, un pied dans le lavabo, en équilibre comme une cigogne. Il était un peu tard pour la prière du soir. Cheminée le salua. « Salam. » L'autre répondit : « Salam. »

Cheminée inspecta les lieux. Froids, humides. Odeur de phénol. Des lavabos en céramique où de l'eau savonneuse moussait comme de la bière. Et des gens. Entrant et sortant. Lorsqu'ils vidaient leurs entrailles dans des cabines couleur lichen, et que leur urine frappait la porcelaine – un peu partout – les hommes examinaient subrepticement leur sexe. Remontaient leur braguette. Tiraient la chasse. Se lavaient. S'essuyaient. Puis les sèche-mains rugissaient.

Sans en perdre une goutte, un homme passait la serpillière, équipé d'un désodorisant et d'une radio de poche. Il se tenait là, sans expression, dans un coin. Se grattant les couilles quand personne ne le regardait.

Pressé, Cheminée se mit au travail.

Il laissa choir le sac, prit le masque, la veste et la perruque.

Le musulman s'interrompit avant de continuer à savonner son pied gauche.

Quand Cheminée fixa la chevelure jaune sur son crâne, le musulman sourit.

— Tu es mieux comme ça, dit-il.

— Choukran, répondit Cheminée, puis il secoua vigoureusement ses nouveaux cheveux. Les dreadlocks jaunes dansaient dans l'air froid et humide.

Cheminée enfila son frac. Il la boutonna, remit l'hibiscus en place. Puis il regarda le masque, le saisit. Les gens le remarquèrent. Les hommes lui donnèrent une tape dans le dos en riant. L'homme à la serpillière oublia de distribuer les serviettes. Les autres le contournèrent, pas intéressés.

Cheminée, les yeux bruns tentant de voir quelque chose à travers les fentes blanches, cligna des yeux. Les narines du masque n'étaient pas trouées – ou juste de la taille d'une tête d'épingle – son nez était pris comme dans un gant et il devait respirer par la bouche. À force d'usage intensif, le masque sentait le fennec et le plastique.

Une petite tape dans le dos fit sursauter Cheminée. Il se tourna et vit un Arabe gigantesque en forme d'œuf qui tendait sa main :

« Habibi, bonne chance ! »

Puis il fit le ho-ho du Père Noël.

Une petite fille couina de joie quand Cheminée sortit des toilettes en Bozo à cheveux jaunes. Enchantée, l'enfant lui étreignit les genoux. Cheminée, surpris mais reconnaissant, la prit dans ses bras à son tour. Elle embrassa son masque. Mais quand elle se rendit compte que c'était du plastique, le petit ange explosa. Elle tira ses cheveux, frappa le masque. Cheminée, déconcerté, restait pétrifié pendant que cette petite bonne femme le martelait. «Mais! Mais! Ummi!» La maman surgit dans un hidjab pailleté, furieuse. «Comment osez-vous! Haiwaan! hurla-t-elle. Sécurité?»

L'instinct de Cheminée entra en action. Il marcha lourdement, feignit de tomber, et se retrouva sur les fesses. La mère et la fille éclatèrent de rire. Il baissa son masque pour s'excuser. Puis en se battant pour remettre son moule en plastique en place, il faillit s'asphyxier. Une foule s'était amassée. Des bravos, des applaudissements et des sifflets. Des sourires. La sécurité arriva. Dispersa l'attroupement.

«Impressionnant» plaisanta la jolie Libanaise quand il revint prendre son ballon. Cheminée haussa les épaules en faisant sortir Clown Crade de son sac. Il trouva un caddie, y flanqua Clown Crade, plaça ses bras sur la boîte. Puis il attacha le ballon à la barre du caddie.

— Les lessives ?

— Allée 7. La jolie Libanaise lui sourit.

En poussant le caddie Cheminée roula des hanches. Comme une putain en talons.

Un employé vêtu de noir et blanc désapprouva.

« Hé, toi ! le réprimanda-t-il en hindi. T'es cinglé ou quoi ? Et la décence ? »

Cheminée s'arrêta, tourna. Rit assez fort pour que l'homme puisse entendre, puis se remit à marcher comme une pute en talons encore plus hauts.

Quelqu'un avait dû dire aux enfants qu'un clown était dans le magasin. Ils apparurent en grouillant comme des poux, sautaient depuis les boîtes de Frosties, les bacs de crème glacée et les rayons jouets. Ils lui palpaient le derrière, l'aidaient à pousser son caddie, tripotaient son ballon, se battaient entre eux. Les plus timides lui faisaient un signe de loin. Le temps qu'ils accompagnent Cheminée au Point X, il était devenu un objet d'adoration pour ce jeune public enchanté. Il serrait des mains, tapotait des dos, regardait droit dans les yeux. Rien de bien compliqué. Jusqu'à ce que les parents arrivent. Brandissant des appareils photo apparus comme par magie, ils lui jetaient leurs marmots comme des balles de foin en encourageant leurs petits monstres. « Regarde-moi, mon chéri, regarde-moi – pour mamie ! » « Serre sa main Leila… Leila, Leila ! Leila, fais un sourire à Papa, habibti… Leila ! »

Au bout d'un mois de ce boulot, Cheminée avait travaillé dans quatre lieux différents, changeant de supermarché chaque semaine. Chez Spinneys, les toilettes du personnel étaient en-dessous de tout, et il n'y en avait pas pour les clients. Il revêtit donc son costume de clown dans l'arrière-boutique entouré de membres du personnel une fois de plus, mais cette fois il eut un accrochage avec le manager, un Égyptien qui insistait pour que Cheminée l'appelle patron.

— Rase-toi, lui dit le patron.

— Je porte un masque, répondit Cheminée.

— Tu veux travailler ici ? Va te raser ! l'avertit le patron. Nous avons des gens importants parmi nos clients.

Dans un autre supermarché haut de gamme à Khalidyia, où le manager lui offrit un pack de Red, il rencontra Big Fella, un grand Malayali qui était le chauffeur d'une famille indigène.

— Madame veut te parler, lui dit-il en hindi.

— Madame ?

— À ta place, je ne dirais pas non. Y a du fric. Je viendrai te prendre. Tu termines à quelle heure ?

— Autour de onze heures…

— OK, à onze heures et quart, viens sur le parking. Près des portes. En costume. Je te trouverai.

— Il s'agit de quoi ?

— Madame est arabe. Tiens-toi bien, pas de vagues. OK ? Si ça t'intéresse pas, c'est pas un problème. À toi de décider. Ça te branche ?

— Je…

— Oui, non ?

— Oui.

Big Fella était au volant d'un van Mercedes gris métallisé. Avec une plaque d'immatriculation à deux chiffres. Des vitres teintées. «Monte, dit-il, mais garde ton masque.» Cheminée s'installa. Bryan Adams chantait sensuellement «*Everything I do…*»

Les sièges du van avaient été retirés, remplacés par un canapé en cuir vissé au plancher en acajou, couvert d'un tapis d'Iran tissé main couleur d'iode. À côté du canapé, il y avait un petit tabouret en bois peint fraise sécrasée où Cheminée prit place. Une femme en abaya lui faisait face. Jeune, jolie. Des yeux d'ambre soulignés de khôl. Les lobes de ses oreilles étaient encore humides d'attar. Un piercing dans la langue.

— *As salam alaykoum*, le salua Abaya. Sa voix grinçait. Comme si les mots prenaient feu en sortant de la bouche et crépitaient en atteignant son oreille.

— *Wa alaykoum salam.*

— Arabe ? interrogea Abaya en souleva un sourcil.

— Anglais si possible, répondit Cheminée en tripotant son masque, il avait l'impression d'étouffer.

— Sankar vous a-t-il expliqué ? lui demanda Abaya

— Sankar ?

— Mon chauffeur.

— Non.

— Vous faites ce que je vous demande, vous serez payé, expliqua Abaya.

— Mille, dit Cheminée.

— Vous aurez deux cent cinquante. Enlevez votre pantalon.

— Vous rigolez !

— Pantalon s'il vous plaît, répéta Abaya.

— Embrassez-moi d'abord, j'ai l'habitude des préliminaires, béb…

— Pas de contact. Compris, si vous n'obéissez pas, j'appelle la shurtha. Compris ?

Cheminée la regardait.

— OK, dit-il, où sont mes deux cent cinquante ?

— Enlevez ça d'abord. Pantalon !

Cheminée s'en débarrassa.

— Le masque ? La veste ?

— Gardez-les. Descendez votre slip. Jusqu'à vos chevilles. Comme ça, voyons.

Cheminée regarda son zob. Sombre comme de la cendre.

« Je ne pense pas que cela va marcher… »

Abaya lui fit signe d'arrêter de parler.

« Touche-le. »

Cheminée plaça ses paumes sur ses cuisses. Silencieux.

Abaya le regarda. « Je vais vous aider » dit-elle et elle saisit la télécommande. La chaîne stéréo siffla quand le CD changea. Cheminée entendit des gémissements, le bruit des ressorts d'un matelas, des gens en train de baiser dans une langue qu'il ne reconnaissait pas.

« Néerlandais » dit Abaya qui devinait sa question.

Cheminée rougit. Ses paumes couvraient maintenant son sexe. « Excusez-moi, laissez-moi sortir, j'ai changé d'avis… »

Abaya l'observa. Elle tentait d'imaginer à quoi il ressemblait derrière son masque. « Homo ? » demanda-t-elle ? Cheminée se tut. « Quel gâchis ! » rit Abaya. « Sortez ! » Elle avait l'air fâchée.

Comme Cheminée se battait pour remettre son pantalon, elle l'injuria. Elle passait sans transition de l'anglais à l'arabe, insultant sa famille, ses fils à venir, sa bite d'impuissant, son slip de pauvre. Elle se contorsionnait. La colère déformait son visage. Et pendant que Cheminée avait du mal à remettre ses vêtements, sa langue continuait à le cribler de mots trempés dans l'acide. Et la bite d'impuissant de Cheminée se réveilla.

Abaya s'en aperçut. « Vous aimez l'arabe ? » Elle roucoulait, elle jurait calmement maintenant.

La bite de Cheminée se dressait comme une hampe.

« C'est une belle langue, ronronna Abaya en anglais. Deux cent cinquante. »

Cheminée fit oui de la tête alors qu'il se branlait. Abaya regardait, elle continuait à parler en continu. Quand il éjacula, il émit un cri guttural. Comme si quelque chose s'était extirpé de lui pour la première fois, pour se présenter au monde, hurlant comme un nouveau-né.

Big Fella demanda à Cheminée où il se trouverait la semaine suivante.

— Dans un supermarché sur Passport Road, répondit-il.

— Je te verrai là-bas, dit Big Fella, en mettant quelques billets dans la poche de la veste de Cheminée. Et après ?

— Peut-être Carrefour.

— Et ici ?

— Jusqu'à la fin du week-end.

*

À Carrefour, les quatre premiers soirs se passèrent sans incident. Puis un soir funeste, un géant aux dents énormes né pour jouer le mâle alpha vint avec son entourage. Il portait une gandoura. À sa suite, des hommes plus petits, aussi beaux que lui, s'esclaffaient à chacune de ses paroles. Ils étaient cinq, glissaient vers le clown tels des serpents à sonnette en position d'attaque. Alpha regarda longuement Cheminée.

— Boujour, siffla-t-il.

— Bonjour, répondit Cheminée en tendant sa main droite. Voulez vous essayer mon nouveau Spo...

Alpha sourit, attrapa le nez de Cheminée, et chanta : « *How do YOU dou-dou-dou ?* » Sur le quatrième « dou », il arracha le nez de Cheminée et lui tendit comme si c'était une belle grosse fraise. Cheminée prit son nez murmura un merci rapide avant de tenter de mettre fin à la conversation. Mais les hommes l'entouraient. Alpha planta trois doigts sous le menton du masque et tira.

Cheminée fixait son assaillant. Il clignait des yeux. Alpha souriait. Il vit la peau cannelle. Une petite moustache. Cheminée repoussa la main et dit « Merci, je vous souhaite une bonne journée », et il se dirigea vers le service clientèle, en poussant son caddie. Il tremblait.

— Où se trouve la Super Glu ?
— Rayon papeterie, lui répondit Joues Gonflées.
— Où se trouve la papeterie ?
— À l'endroit où on met la Super Glu.
— Vous essayez d'être drôle ?
— Non, et vous ?

Cheminée abandonna Clown Crade et le ballon aux bons soins d'un vigile qui s'appelait Mattaï, et alla recoller son nez dans les toilettes après avoir attendu dans la queue des caisses rapides pour payer son achat.

« Il vous manque quelque chose ? » avait demandé la caissière, en voyant que Cheminée tenait son nez dans sa main. Cheminée qui avait encore son masque, secoua la tête et dit seulement : « Il me faut une facture. »

Mais dans sa hâte de se remettre au travail – Melinda avait envoyé des gens pour le surveiller – Cheminée pressa trop fort sur le tube de colle. Et lorsqu'il fut de retour à son emplacement, il en avait respiré une bonne quantité.

Quand la petite Saarah, poussée par son Papa, tira sur la jambe de son pantalon, Cheminée était défoncé. La grande sœur de Saarah était à côté, les poings sur les hanches. Un peu plus grande. Mâchant un chewing-gum. Pas contente du tout. Grincheuse, en fait. Elle disait à sa sœur, « Ne t'approche pas de lui, Saarah, il est sale. »

Saarah s'en fichait.

— Kloun, kloun, je m'appelle Saarah. Kloun ?

— Saarah, comment vas-tu ma petite chérie ? répondit Cheminée.

La grincheuse fit une grimace. « Ça n'existe pas, les clowns noirs, Saarah. Regarde son cou, ses doigts », elle parlait en arabe à sa sœur. Dès qu'elle précisa de quelle race était Cheminée, son père la gifla immédiatement sur la joue.

— Excuse-toi, dit-il. La grincheuse refusa.

— Négro, grommela-t-elle, par défi.

Papa se tourna vers Cheminée.

— Ce sont les enfants, qu'est ce que vous voulez y faire ?

— C'est pas grave, dit Cheminée.

La conversation ne démonta pas Saarah.

— J'apprends l'anglais, Kloun. Je m'appelle Saarah Ahmad. Mon papa est monsieur Ahmad. Il est framacien. Ma mam...

— C'est merveilleux, mon cœur. Et voilà, habibti, prends trois prospectus. Vas-y, sens.

— Merci, Kloun. Choukran, Kloun !

— De rien, Saarah.

La grincheuse en avait assez. « On y va », dit-elle à Saarah en l'attrapant par le bras.

— Kloun ! Au revoir !

— Au revoir.

M. Ahmad leva sa main droite en signe de remerciement et la mit sur sa poitrine. Cheminée répondit au salut.

Vers neuf heures moins le quart, les yeux de Cheminée s'étaient mis à pleurer à cause de la colle, il avait mal à la tête. Il devait travailler jusqu'à onze heures mais il avait du mal à se concentrer. Il retirait son masque tous les quarts d'heure pour respirer un peu d'air frais. Il toussait. Il en était là quand Big Fella le trouva.

— Je serai dehors, même heure.
— Ce soir ?
— Oui.
— Ce sera difficile.
— C'est la dernière fois.
— Oh...

Pendant qu'ils discutaient, deux gamins et leur oncle avait détaché le ballon Spotless, puis s'étaient enfuis avec Clown Crade et le caddie. Big Fella avait tout vu. Au milieu de la conversation, Cheminée bondit à leur poursuite. Un vigile retrouva Clown Crade au milieu des peluches. Il fallut demander à une maman de l'arracher des bras de son enfant de quatre ans.

— Je vous paierai trois cents dirhams, dit-elle à Cheminée.

— Désolé Madame, je ne peux pas. Je ne peux pas !

Le gamin se mit à brailler et se mit à jeter des figurines d'action. Puis fit un caprice pour avoir du pop-corn.

« Vous voyez ce que vous avez fait ! hurla la mère. Imbécile ! »

Le personnel du supermarché retrouva le ballon lesté par quatre baguettes de pain au rayon boulangerie.

Une heure plus tard, alors qu'il faisait des allers-retours entre le caddie et la tête de gondole, une femme à l'accent britannique lui demanda d'arrêter de bouger.

— Comment ? s'exclama-t-il.

— Je suis au téléphone, crétin ! dit-elle. Et vous me dérangez en marchant. Si vous n'arrêtez pas je vais demander à quelqu'un de vous faire sortir.

Cheminée la regarda de haut en bas. Une Anglaise aux jambes variqueuses longues comme des plantes grimpantes. Des lunettes épaisses. Une créature revêche aux cheveux blancs revêches. Elle hurlait après quelqu'un au téléphone : « Où ? Où es-tu allé ? Où ? »

Elle mit la personne en attente.

— Alors, vous allez arrêter de m'ennuyer ? demanda-t-elle une nouvelle fois à Cheminée.

— Bien sûr, dit Cheminée. Et il s'immobilisa. Tout ce que Madame voudra.

*

À la fin de son service, Cheminée attendait Big Fella à côté des palmiers artificiels. Il avait retiré son masque, il était fatigué, il n'en pouvait plus et il fumait nerveusement. L'Anglaise s'était plainte, elle n'avait pas apprécié son ton. Le directeur lui avait demandé de s'excuser devant elle.

— Pourquoi ? avait-il protesté.

— Vous savez, avait dit l'homme, votre travail n'est pas légal. Il suffit qu'elle passe un appel et on l'a tous les deux dans le baba.

Il s'excusa. Elle remercia le directeur et partit.

« Connasse », avait ensuite dit Cheminée.

Le parking était plein comme un œuf. C'était le ramadan. Les acheteurs remplissaient leurs véhicules de marchandises. Ça résonnait du brouhaha des familles et sentait les gaz d'échappement et le pain. Big Fella était en retard. Cheminée alluma une autre cigarette. Le ballon flottait dans l'air comme Casper. Il était onze heures et demie.

Quand la Mercedes arriva, Cheminée écrasa les mégots à ses pieds, il fit une moue réprobatrice. Il était resté là pour se défouler.

— J'ai attendu comme un con, grommela Cheminée en grimpant dans la voiture.

— Dure journée ? demanda Abaya. Des hirondelles cuivre brodées bordaient l'abaya d'Abaya.

— Une Blanche m'a demandé de m'arrêter de marcher, je l'ai donc fait.

— Et le reste de la journée ?

— Pas cool, répondit-il, et vous, ça va ?

— Pauvre bébé, chantonna-t-elle. Venu tout seul. Plat. Sans aucune émotion.

— Ne me prenez pas de haut. Je ne suis pas votre pute, dit-il hargneusement.

Abaya ouvrit grand les yeux. « Ah bon ? » Elle frotta les doigts de sa main droite avec son pouce, elle lui fit ce geste juste sous le nez. « Oh, je pense que si. Tu es ma pu-pute. »

Cheminée boudait, il regardait les tapis.

Abaya ne voulait pas en rester là. « Alors, pourquoi tu fais ça ? » Elle fit mine de pomper avec son poing droit comme un piston.

— Les cours de soutien, dit-il avec fermeté.

— Les cours de soutien ?

— Les cours de soutien, confirma-t-il.

Abaya le regardait, elle cherchait ses yeux derrière les fentes du masque. « N'importe quoi, dit-elle. Tu es né pour ça. »

Cheminée la regarda furieusement.

Abaya lui rendit son regard
— Je te force ?
— Non, admit Cheminée. Mais vous n'en avez pas besoin. Vous débarquez. il suffit de se servir, vous avez tout ce que vous voulez.
— Peut-être.
— Peut-être, si vous le dites.

Abaya s'alluma une beedie. « Sankar… m'a… rendue accro à ça » dit-elle en aspirant quelques bouffées rapides. « Dis-moi, dans ton monde parfait… si j'étais à toi, que me ferais-tu ? »

Cheminée inhalait la fumée de seconde main, c'était agréable.

— Si vous étiez à moi ?
— Oui.

Une bouffée.

— Je vous demanderais des trucs.
— Comme quoi ?

Cheminée réfléchit un instant.

— Le nom de votre père ?
— Ibrahim, répondit-elle.
— Le nom d'un amant.
— Hamad.

(Une bouffée.)

— La couleur de votre con.

Abaya le regarda. Inhala. Le brouillard de la beedie envahissait ses jeunes poumons. Elle les ravageait comme le vent érode les pierres. Avant que la fumée quitte son corps.

— Dis-moi le nom de ta mère, je te dirai le mien, elle chuchotait, elle sourit.

— Allez vous faire foutre !
— Non, mon cher garçon, va TE faire foutre.

— En y pensant bien, je ne demanderais même pas, dit Cheminée, je prendrais votre con et je le baiserais.
— Vraiment ? Abaya avait un sourire méprisant. Et tu me baiserais comment, petit Indien ?
— Je vous attacherais.
— Où ?
— À l'avant du van.
— Comment ?
— Une corde.
Abaya imagina la scène, elle sourit.
— Le moteur serait encore chaud. Je vous tringlerais. Votre dos brûlerait. Ma bite vous ouvrirait...
Cheminée fit tomber son pantalon...
« Je vous embrasserais, je vous mordrais, je vous posséderais... »
Le reste fut balbutié, grommelé dans une autre langue. Cheminée, les yeux fermés, se branlait. Mais sa masturbation était violente, comme s'il étranglait une chose honteuse, l'effort faisait trembler son corps, les à-coups détachèrent le nez du masque. Qui tomba sur le sol. Comme une grosse graine rouge. Il toucha le pied droit d'Abaya. Surprise, elle rit. Comme une sorcière dans une pièce de théâtre. Elle avait même l'air belle. Elle avança la main sans réfléchir et retira le masque de Cheminée, elle sentit son haleine de fumeur. Elle regarda son visage excité tout crispé pour la première fois, elle sentit son odeur. Elle le toucha, se moqua de lui. Elle roucoula en arabe. Elle effleura sa bite avec ses genoux. Elle se moqua encore de lui. Et ça le fit éjaculer. Sur sa propre poitrine, sur ses cuisses à elle, sur les hirondelles cuivre de sa robe. Incapable d'arrêter quand Abaya s'écroula sur le sol, prise d'un fou rire. Elle n'était ni d'humeur à s'excuser, ni en état

de voir Cheminée remonter son pantalon, ramasser son nez, remettre son masque et sortir en courant du van.

Big Fella, en train de manger sa gamelle du soir de parathas et de butter chicken devant le capot de la voiture comme d'habitude, sursauta en voyant Cheminée piquer un sprint hors du véhicule. Le chauffeur jeta son repas sur le garçon, il l'atteignit et était sur le point de se lancer à sa poursuite en empoignant son Glock dans la boîte à gants quand il entendit Abaya rire aux éclats. « Ton nez, habibi, ton nez ! » criait-elle. Puis elle gloussa nerveusement en balançant le reste de l'équipement de Cheminée hors du véhicule. Avec le sac marmelade et le ballon.

Le ballon resta dans l'air un moment avant de s'envoler vers l'espace. Vers la lune.

*

Cheminée s'arrêta de courir. Il était passé comme une flèche devant des voitures, des clients attardés étonnés. Il atteignit l'autre bout du parking. Il jura. Il eut un mouvement de recul quand il entendit une femme hurler au loin : « Mon nez ! Mon nez ! Mon royaume pour un nez ! » Puis des rires. De femme. D'homme. Il fallait qu'il y retourne. Pour reprendre le sac.

« Kloun ? » fit une petite voix.

Cheminée se tourna. Il essuya ses doigts dans son pantalon. « Saarah ? »

Saarah sourit, mais elle vit le visage de Kloun, couvert de curry rouge carmin. Du sang, des morceaux de crâne, en déduisit-elle. Quelqu'un avait fendu le cerveau rouge de Kloun, l'avait sorti avec une petite cuillère puis avait volé son nez. En un instant, le visage de Saarah pâlit. Son corps se figea. Elle ferma les yeux.

« La » murmura-t-elle en arabe. Son cri retentit comme un coup de feu, à travers tout le parking. « PAPA ! MAMAN ! »

Sa grande sœur, grincheuse, fut expédiée à la rescousse.

Cheminée ne comprenait rien. Il pensait que la petite fille était devenue folle. Puis il se souvint de son nez. Il enleva son masque. Il essuya le rouge sur ses habits, empira la chose en l'étalant comme un glaçage. « Habibiti, n'aie pas peur, c'est moi, c'est moi ! »

Il s'approcha.

Saarah se sentit mal. Il y avait à la place de Kloun un homme étrange couleur terreuse, un monstre qui avait dévoré Kloun de l'intérieur et mangé son ami. Elle tenta de fuir mais tomba en s'écorchant les genoux.

Saarah gisait sur le sol, elle attendait de mourir, mais sa sœur grincheuse arriva, se pencha pour la ramasser et faillit tomber presque elle-même, offrant à Cheminée la vision furtive de sa petite culotte Daisy. Elle retrouva vite son équilibre et poussa sa sœur qui pleurnichait vers le break familial Mazda.

Le père, amusé, et la mère, inquiète, promirent après un court interrogatoire et une barre chocolatée d'aller déclarer le meurtre de Kloun puis la mirent à contribution en lui tendant les sacs de courses. La grincheuse se défila et, prétextant la perte d'une boucle d'oreille, elle retourna voir Cheminée qui traînait son sac marmelade et se dirigeait vers les taxis.

« Pourquoi avez-vous fait ça à Saarah ? » La grincheuse hurlait en anglais.

— Pardon ?
— Vous n'êtes pas clown.
— Comment ?
— Votre visage, il est blanc, mais vos bras, votre visage – tout est noir. Homme noir.
— Hein ? Cheminée tordait ses paumes couleur sable. Noir ? Il parlait fort.
— Bâtard. La grincheuse marmonna assez fort pour qu'il l'entende.
— Bâtard ?
— Oui, bâtard. Bâtard.
— Tu sais ce que ça veut dire, bâtard ?
— Ta mère doit le savoir.
— Un peu de respect, petite merdeuse, répondit Cheminée avec hargne.
— La plupart des nègres sont des bâtards, dit-elle. Mon oncle m'a aussi dit que vous ne vous lavez pas. Et que vos pets sentent le curry.
— Écoute, tu …
— Bâtard, bâtard, bâtard… elle chantait.
Puis elle se mit à tourner sur elle-même.
« Attends… »
Elle ne le laissait pas parler.
— Tu as combien de pères ? Bâtard, bâtard, tu es un bâtard péteur de curry.
— Je devrais peut-être dire à ton papa qu'il a une vilaine petite fille, l'interrompit Cheminée, il en avait vraiment assez.
La grincheuse lui lança un regard furieux.
— Papa sait que je suis gentille.
— Tu crois ? Les gentilles petites filles ne se penchent pas en avant comme tu viens de le faire. Les gentilles petites filles ne montrent pas leurs fesses à des étran-

gers. Tu savais très bien ce que tu faisais quand tu m'as montré ta culotte Daisy…

— Non…

Cheminée ne la laissa pas finir.

— Saarah est gentille, j'en suis sûr. Toi, par contre, tu es une sale petite merdeuse. Vicieuse, méchante.

— Arrête, dit la grincheuse.

— Tu m'as montré tes fesses comme ça. Les mauvaises filles vont en enfer pour ce genre de trucs, tu sais ? Tu le sais, hein ? Hein ? Qu'est-ce que tu crois que ta mère va faire si je lui dis quel genre de fille elle élève ? Je veux dire, tu as déjà des poils, là ?

— Tais toi !

— Les mauvaises filles font des bâtards. Tu sais ça ? Je suis sûr que tu le sais. Si je t'avais acheté un Kit Kat, tu m'aurais juste laissé te mettre ce que je voulais là, hein ?

— TAIS TOI !

— Je ne devrais pas être étonné. Les saloperies comme toi n'ont honte de rien …

— Tu n'as pas vu mes fesses, tu n'as rien vu ! Je vais tout dire à Papa.

La grincheuse était furibonde. Ses joues étaient gonflées comme des melons, les bras le long du corps, elle serrait les poings.

— Bien sûr, ramène ton papa, je lui dirai moi-même. Ce que sa fille est en réalité et ce qu'elle aime faire quand il ne la regarde pas.

— Il te croira pas, dit-elle doucement.

— On va voir, la défia Cheminée. Regarde ton bidon, joli et bien gros, tu sais combien de bâtards tu vas pouvoir y loger ? Personne n'en saura jamais rien. Pourquoi tu ne l'admets pas ? Tu as fait des trucs pas très propres, hein ? Appelle ton oncle à petite bite pour que je lui dise que sa nièce n'est vraiment pas une sainte. »

Papa, prêt à partir, cria de la voiture.

« Noor ! Viens, habibi ! Laisse-le ! »

La grincheuse se tourna : « J'arrive, Papa ! »

— Tu ferais mieux d'y aller, Noor, avant que je lui dise, gloussa Cheminée. Vas-y avant que tout le monde soit au courant ! Mais tu sais ce que je pense dans le fond. Je pense que pour toi, il est trop tard. Je suis bien persuadé que ton papa le sait ! Que tout n'est pas comme il faut, tout n'est pas blanc-blanc.

— J'espère que tu vas mourir, cria la grincheuse. Espèce de trou du cul de péteur de curry.

— Noor, dit Cheminée, vas-y, à la maison, petite merde !

Noor s'éloigna, elle retenait ses larmes, elle bougeait comme si elle avait des pierres dans son ventre et Cheminée leva les bras, le masque dans une main et comme au ralenti, il se mit à virevolter en gardant la Mazda à l'œil. L'homme au volant, M. Ahmad, riait, pendant que sa fille aux joues rouges s'installait à l'arrière à côté d'une Saarah barbouillée de chocolat. Comme Cheminée criait au revoir, il aperçut un homme mûr aux mains énormes qui tremblaient à cause d'un Parkinson. Une dame sur laquelle il s'appuyait l'amenait à une Volvo garée, une femme aux cheveux blancs revêches et au visage patient, qui disait : « On y est presque, Ed. » Dans sa main libre, elle tenait ses sacs de courses.

Cheminée ne perdit pas de temps. Il ramassa son sac marmelade où il l'avait laissé tomber, le traîna derrière lui tel un cambrioleur de conte de fées. Et, à pas mesurés, il se mit à marcher vers le couple, en exagérant sa démarche, comme s'il avait des jambes de pierre. « Madame, madame ! » il hurla. Elle le vit. « Regardez, je marche. Connasse, je marche ! »

Chabitre huit   Cunnilingus

Première fois, dans une Datsun près de la plage quelque part à Dubaï. Ramadan, milieu d'après-midi. Aucun shurtha en vue, presque personne autour. Pas mordu. Coups de langue avec précaution. Rapides. Climatisation (de mémoire). Poil pubien avalé (pas exprès). Pas voulu parler. C'est sûr, j'ai été trop nul.

Chabitre neuf   Nalinakshi

Je m'appelle Nalinakshi. Je viens de Nadavaramba près de Thrissur. J'ai eu quatre-vingts ans hier. Mon mari est mort à cinquante-huit ans. Mes sœurs ont toutes passé la soixantaine. Elles vivent avec leurs petits-enfants et leurs belles-filles. Moi aussi, j'ai un garçon, un fils unique, Haridas Menon, mon Hari. Dès qu'il s'est mis à marcher à quatre pattes, j'ai su que Hari serait un voyageur, un pravasi. Et vous savez quoi ? J'avais raison. Il savait à peine mettre un pied devant l'autre qu'il s'était déjà débrouillé pour traîner son petit cul squelettique jusqu'à Dubaï. Vous devez être trop jeune, jeune homme, pour comprendre ce que ça veut vraiment dire, *pravasi*. Peut être que c'est pour cette raison que vous m'avez choisie pour votre recherche. Vous m'avez dit : surtout, parlez dans le micro et dites ce qui vous passe par la tête. Peut-être que j'ai l'air d'une vieille bique pétrie de sagesse. Vous n'avez pas tort. À mon âge, je suis de plus en plus bavarde. Alors je vais vous expliquer ce que ça veut dire, *pravasi*. Mais quand vous ferez écouter ma voix à vos professeurs, dites-leur que Nalinakshi était saine de corps et d'esprit quand elle vous a parlé. Et sans une ombre d'amertume, sans un regret.

Pravasi, ça veut dire étranger, *outsider*. Travailleur, immigré. *Pravasi*, ça veut dire que vous avez quitté le pays où vous êtes né. *Pravasi*, ça veut dire que vous aurez des regrets. Que vous voudrez de l'argent, puis toujours plus d'argent. Que vous voudrez une maison avec des chiottes à l'européenne. Et une voiture, et un scooter. *Pravasi*, ça veut dire que vous avez quitté ceux que vous aimez parce que vous êtes jeune, ambitieux, et que vous avez la certitude de revenir un jour, ce qui arrivera probablement. Vous reviendrez passer des vacances, quelques semaines chaque année, mais attention, vous serez un peu plus vieux à chaque fois. La peau plus foncée. Assoiffé de nouvelles. Et avant que vous ayez le temps de vous faire aux coupures d'électricité et aux nids-de-poules, comme dans le temps, quand le téléphone était un luxe ou qu'on le fixait au mur, quelqu'un viendra vous annoncer la mort d'untel ou d'unetelle. Et cela vous fera un choc, parce que vous n'en saviez rien. Et quand vous vous rendrez dans la maison de cette personne pour présenter vos condoléances, vous découvrirez que quelqu'un d'autre est mort. Et au fur et à mesure que vous rencontrerez les gens auxquels vous êtes censé rendre visite, vous apprendrez le décès d'autres personnes. Ou leurs maladies. Ou leurs problèmes. Et vous croiserez des nouveaux visages, des bébés grassouillets, des épouses, des mariés. Et vous contemplerez ce qu'ils possèdent. Vous comparerez inévitablement votre vie à la leur, les choix que vous avez faits, le chemin parcouru. Vous vous demanderez si ces chiottes à l'européenne valaient la peine. Et une fois que vous aurez fait tous vos calculs, avec ce que vous avez perdu et ce que vous avez gagné, vous sous rendrez compte de ce que signifie vraiment le mot *pravasi* : absence. Voilà ce qu'il veut dire, absence. Si vous écrivez votre livre, envoyez-en un exemplaire à mon Hari et dites à mon beau, à mon très bel enfant, à mon fils chéri que depuis toujours *pravasi* signifie : absence.

LIVRE TROIS

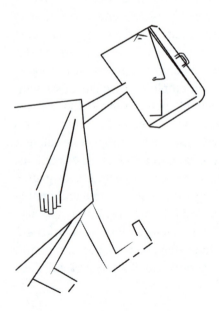

VIII

Prenez un homme avec une valise à la place du visage, un homme qui vit au bord de la mer dans un pays miné par les conflits, un homme qui a un diplôme d'ingénieur. Achetez à Gueule de Valise un billet d'avion de manière à ce que ce touriste soit bien accueilli à Chicago. Changez son nom. Faites-en un clandestin. Mettez-le au volant d'une berline, une Lincoln. Faites-le conduire jusqu'à ce que sa femme oublie son mari, que son fils évite son père. Faites-le conduire jusqu'à ce que l'immigrant regrette les raisons de son départ, jusqu'à ce que la vue de sa green card le fasse souffrir. Observez.

Chapitre un

Kada (boutique)
Kadha (histoire)
Kadakaran (commerçant)

Au bas de mon immeuble, il y a un kada. Vous savez, une boutique. Avec un kadakaran. Vous savez, un commerçant. Cette kadha. Vous savez, cette histoire. C'est la sienne. Kadakaran Moïdu, c'est ainsi qu'Amma l'appelait. Je l'appelais Karaté Moïdu parce qu'il s'appelait lui-même Karaté Moïdu parce qu'il avait pris des cours pendant quelques mois avant de se casser le poignet en tombant d'une chaise, mettant un terme à ce qui aurait pu être une carrière de Karaté Moïdu prometteuse. Karaté Moïdu avait donc ce kada, qui est devenu sa kadha, sa transformation en un kadakaran de plus dans un Arabee Nadu : vous savez, un Paye-Arabe. Tout ça, son kada, sa kadha, le fait qu'il soit devenu un kadakaran, c'est devenu son Arabee Kadha. C'était son *vidhi*. Vous savez, son destin.

Chapitre deux   Eau

Ma mère, conteuse d'histoires, est née près de la côte, où je suis né moi aussi, tout comme mon frère, dans une région guettée par les eaux, où les feuilles des cocotiers teintent d'olive les lagunes et les rivières. Quand les moussons sont fortes, la terre n'est pas seulement arrosée, mais le sol est noyé. Les rivières débordent de leur lit, inondent les rues à ornières, effraient les chiens errants, déplacent les rails de chemin de fer, abandonnent les maisons à la merci de l'eau, forcent les gens à attendre en un lieu sec, chez un cousin, n'importe où, jusqu'à ce que l'eau redescende, jusqu'à ce que les rivières se soient suffisamment promenées et veuillent rentrer. Entre-temps, les poissons ont été grignoter dans les cuisines de ces maisons, ils ont dormi dans le lit d'étrangers, déféqué dans leurs toilettes, ou sont morts en paix à côté d'autels improvisés, occupés par des mollusques, des crabes, des oiseaux aquatiques aux faciès sages. Sur les poissons en putréfaction, morceaux d'épaves flottantes, les insectes aquatiques pondent leurs œufs.

Il y a une rivière, à deux pas de la maison de ma mère, où mes parents m'ont conçu, près du temple hindou où ils se sont mariés, avec un grand prêtre, qui avait été boucher dans un pays arabe avant de rentrer en religion, chose mal vue mais pardonnée. Ma mère croyait que cette rivière était spéciale, que les djinns étaient pour quelque chose dans sa création. Quand les nuits étaient aussi bouillantes que les jours. Elle nous racontait que, quand les semaines sans pluie s'enchaînaient, les poissons de la rivière nageaient jusqu'aux rives certaines nuits, se débarrassaient de leurs écailles, de leurs nageoires, de leurs queues et devenaient des humains, qu'ils marchaient sur la terre ferme comme s'ils voulaient éprouver son hospitalité, au cas où les lits des rivières s'assèchent et qu'ils aient besoin de vivre ailleurs. Mais les poissons étaient inquiets en s'aventurant hors de l'eau, désem-parés par les habitudes des humains : leur façon de marcher, de conduire des voitures, d'éventrer les mon-tagnes, de construire des machines, d'acheter des sodas à leurs enfants. Les poissons se sentaient vulnérables et devenaient anxieux. Pour se calmer, nombre d'entre eux s'adonnaient aux vices qui leur étaient offerts : s'empiffrer confortablement installés dans des paillottes qui vendaient du bœuf frit aux épices, en échangeant des histoires avec des alcooliques qui ne voulaient pas rentrer chez eux, buvaient de l'arak frais dans le pot qui servait à récupérer le toddy, à la recherche de femmes dont les hommes bossaient à l'étranger ou l'inverse. À l'aube, après avoir beaucoup mangé, ou fait l'amour, ou baisé, ou bu, ou s'être promenés, les poissons retournaient sur les rives, et disparaissaient dans les eaux boueuses, convaincus qu'ils étaient de rivière et non de terre.

Ma mère travaille aujourd'hui sur une terre presque entièrement privée d'eau, où il n'y a aucune rivière mais une mer salée où plongeaient il y a de nombreuses années des pêcheurs de perles dans leurs sambouks en bois. Elle s'occupe d'une fillette qui a mon âge, qui s'appelle Ibitsam et comprend notre langue. Ça ne va pas durer longtemps, m'avait promis ma mère en partant mais « pas longtemps » est devenu un temps long, plusieurs années, presque douze, et j'ai grandi. Tous les deux ans, elle rentrait, chargée de cadeaux. Au début, mon petit frère ne voulait pas l'approcher, refusait de toucher au chocolat qu'elle avait apporté ou de l'appeler Amma, alors, elle le séduisait en racontant des histoires, comme elle le faisait avant, quand elle lui donnait le bain ou qu'elle nous couchait. Elle nous a promis qu'elle nous présenterait un jour à Ibitsam si c'était possible. Puis elle nous a promis qu'elle nous présenterait ses amis secrets, des hommes et des femmes entièrement liquides qui avaient des enfants de nos âges eux aussi entièrement liquides. Elle évoquait souvent ces familles quand elle nous appelait, et dans ses lettres. C'était notre secret, ce à quoi nous devions nous attendre quand elle nous ferait enfin venir pour vivre avec elle, que nous serions invités chez ses amis secrets où nous jouerions avec leurs enfants. Ils se cachent pendant la journée, écrivait-elle, pour échapper à la chaleur. Au crépuscule, ils sortent, et profitent d'un climat plus supportable pour prendre part à la vie nocturne, manger au restaurant, organiser des dîners, se donner la main dans les parcs, jouer à des jeux, s'embrasser sans être vus, apprendre à leurs enfants à faire du vélo. Avant l'aube, ils disparaissent, et ne reviennent que le jour suivant.

Chapitre trois   Sarama

En fait, c'est simple : ma famille doit son existence à la démone de la forêt Surpanakha.

Mon arrière-grand-mère maternelle, Parvathi Amma, est née dans un village non loin de Talikulam dans le Kerala.

Le mot qui signifie arrière-grand-mère en malayalam est *mouthashi*. Elle a été la première femme à me prendre dans ses bras, à me baigner, la première de mes intimes à mourir. Elle a choisi mon nom, Bhagyanathan. Elle ne m'aurait jamais appelé autrement car elle ne supportait pas les surnoms. Bhagyanathan ! criait-elle. Quand elle m'appelait par mon nom, elle le faisait comme on s'adresse à un roi. Quand elle disait Bhagyanathan, on s'attendait presque à entendre les roues des chars, le hennissement des chevaux, le bruit des fantassins. J'étais son roi.

Mouthashi était une conteuse réputée dans mon village et quand elle était jeune, elle était souvent invitée à participer à des fêtes dans tout le Kerala. Sa spécialité, c'était les histoires tirées du Rāmayāna.

Certaines personnes ont une voix faite pour le conte, leurs cordes vocales sont forgées par Brahmā lui-même. La voix de Mouthashi était de celles-là. Son timbre, peu commun pour une femme, était très grave, un grondement, le ronronnement d'un chat. L'âge avait ajouté quelque chose à sa magie. Sa voix vous saisissait, ne vous lâchait plus. Les histoires se déversaient dans vos veines et vous intoxiquaient le cerveau. Vous écoutiez jusqu'à la fin. Pas le choix.

Mais elle était aussi une mine d'autres histoires, bien plus sombres, qu'elle était toujours très heureuse de me raconter. Tout en enfournant des boulettes de riz dans ma bouche, elle me mettait en garde contre les serpents de notre jardin : « Ils prennent une forme humaine la nuit, pressés d'aller capturer des proies qu'ils ramènent dans le monde souterrain. »

Je devais avoir autour de quatre ans quand elle commença à me raconter des passages du Rāmayāna. Elle me récitait les épisodes de l'épopée sans respect de la chronologie, en se concentrant plus sur les personnages que sur l'histoire elle-même. Elle aimait dire : « Tout le monde a un passé digne d'être écouté. Sans le passé, le présent est paralysé. »

Je lui dois tout ce que je sais des écritures. Je préférais écouter que lire. Je pense qu'elle l'avait compris intuitivement.

La nuit où elle décida que je devais connaître l'histoire que je vais vous raconter, quatre corbeaux avaient croassé une heure devant la maison, au crépuscule. Je venais d'avoir dix ans. C'était la saison de la mousson mais les pluies n'avaient pas commencé. J'écoutais la radio quand il y eut une coupure de courant. Comme d'habitude, elle m'appela. Elle avait besoin de parler à quelqu'un dans le noir. Mes parents devaient rentrer le matin suivant. Ils m'avaient confié la garde des lieux : l'homme de la maison.

Je n'étais encore qu'un petit garçon et j'avais du mal à me servir de la lampe à kérosène dont la chaleur léchait mes cuisses quand je rentrai dans sa chambre pour lui demander si elle avait besoin de quelque chose.

« Ferme la porte, mon chéri », dit-elle lentement. « Souffle ta lampe. »

Je lui obéis.

La chambre avait une forte odeur de fumée et de kérosène.

« Donne-moi ton bras droit », dit-elle.

Je m'exécutai et elle entreprit de frotter mes doigts, un à un.

Quand j'étais petit, les autres s'étaient rapidement rendu compte que mes paumes et mes pieds ressemblaient à ceux des grenouilles, trop grands pour le reste de mon corps. Certains gamins du village faisaient des sauts de grenouille, en disant qu'ils étaient des crapauds, ou tiraient leur langue comme des lézards quand ils voulaient me faire comprendre que je ne pouvais pas jouer avec eux. Ça ne me dérangeait pas. J'étais fait pour la solitude.

Mouthashi tira sur mes doigts, selon des angles improbables, en les tordant à un point impossible. Quand elle me détacha un doigt, en le cassant comme une brindille, je la regardai faire, étonné. Je n'avais pas mal. J'étais plus surpris qu'effrayé. J'étais préoccupé par ce que dirait Amma quand elle s'en rendrait compte. Mouthashi souriait gentiment.

« Ne t'en fais pas mon petit, je vais te le remettre. Je voulais juste vérifier », dit-elle.

Et avant que je m'en aperçoive, elle m'avait recollé le doigt. Je l'observais attentivement, le fis bouger un peu pour être sûr qu'il fonctionnait normalement.

« Et maintenant, n'aie pas peur », me prévint-elle gentiment avant de dévisser calmement sa tête comme on le fait d'un bouchon et de la placer sur ses genoux.

« J'aimerais bien sortir, Bhagyanathan », décida-t-elle tout à coup. « Il fait trop chaud ici, allons près de l'étang, il y fait plus frais. Porte donc Mouthashi dehors. »

Je pris avec précaution la tête de Mouthashi et sortis de la maison, me dirigeant vers l'étang, un endroit où je n'avais pas le droit d'aller seul, surtout la nuit.

Je posais la tête de Mouthashi sur les pierres plates où Amma faisait notre lessive, face à l'eau noire et visqueuse qui redeviendrait verte au lever du jour. Dans le noir, l'étang avait l'apparence d'une peau de cobra.

« L'eau est importante pour nous, commença-t-elle les yeux se tournant vers l'étang. L'un de nos ancêtres, le Mâle, a traversé l'océan jusqu'à Lanka.

Cette créature – on est presque certain que c'était un singe – était un soldat de l'armée du roi des singes Sugriva. Il avait d'abord travaillé sous la supervision de Nala et Neel, les deux célèbres bâtisseurs, sans qui la construction du pont flottant aurait été impossible. Lui, notre ancêtre, avait trimé jour et nuit avec ses compagnons à cet ouvrage massif jusqu'à ce que ses muscles lui fassent mal, que son corps n'en puisse plus.

La nuit, il soignait ses ampoules gonflées de pus. C'était un travail de forçat.

De nombreux singes et ours du royaume de Kishkinda moururent durant la construction du pont. Beaucoup s'écroulaient d'épuisement, oubliant parfois de manger ou de boire, ils succombaient à la tâche. Ils étaient sous un joug, forcés de dormir près du chantier, et n'avaient pas le droit de rentrer chez eux.

Sugriva était un maître de chantier impitoyable. Dans son empressement à rembourser la dette qu'il avait envers Rama, Sugriva oublia que ses soldats étaient mortels. Certains n'appréciaient pas la façon dont ils étaient traités et commencèrent à se plaindre et à le dénigrer. La situation s'envenima quand une rumeur se mit à circuler à propos du coup bas que Sugriva avait joué à son frère aîné, Vali, dont il venait de se débarrasser. Sans Rama, Sugriva serait encore en train de fuir Vali, disait la rumeur. Un guerrier digne de ce nom n'aurait jamais eu recours à la trahison au cours d'une bataille, et seul un guerrier digne de ce nom méritait d'accéder au trône, et au lit de la reine Tara. Ceux qui avaient lancé cette rumeur furent exécutés sur-le-champ. »

J'imagine souvent cette créature, le Mâle – défilant avec les autres bêtes, forcé de passer par toutes les astreintes de la guerre, pénétrant une région étrangère pour livrer bataille pour le prince d'Ayodhya, auquel il ne parla probablement jamais – et je me demande si l'air s'est chargé de l'odeur de la guerre à l'instant où il a posé le pied sur le pont avec ses compagnons d'armes, si les vautours géants volaient en faisant des cercles autour en attendant le festin, et si mon ancêtre a pris peur.

Mais l'histoire de ma lignée ne commence pas quand Rama regarde la mer, en imaginant la pointe du territoire sur laquelle sa jeune épouse est captive, pendant que singes et ours s'échinent à traîner des pierres pour construire un pont le plus vite possible. Elle ne débute même pas quand le Mâle, un bipède comme moi, se met à marcher vers Lanka. Notre histoire commence avec l'humiliation de Surpanakha.

« Les femmes de notre famille, me révéla Mouthashi, sont issues d'une longue lignée de démons. Gratifiées de nombreux dons par les seigneurs du monde souterrain et les dieux du domaine céleste, elles étaient des *rakshasis* puissantes et craintes auprès desquelles les mortels se rendaient compte qu'ils étaient mortels, des femmes qui pouvaient modifier leur apparence, n'avaient pas peur des bruits de la forêt ou d'être seules avec les esprits qui refusaient d'être réincarnés une fois que leurs corps avaient brûlé sur les bûchers. »

Pour reprendre les mots de mon arrière-grand-mère : « La Femelle de notre race avait une jambe, deux jambes, trois jambes, plusieurs têtes, était petite, grosse, trapue, grande, vivante, hideuse, glorieuse – tellement vivante ! Nous étions tellement gorgées de vie, d'excès, que nous effrayions ceux qui vivaient à peine.

Le mot « démone » a été dénaturé, se lamenta Mouthashi, déformé par l'hyperbole, enrobé de peur. Il renvoie au mal, aux êtres souterrains. Les rakshasis ne seraient que des monstres du monde souterrain, vraiment que des monstres. C'est une simplification, qui suggère que ceux qui se déplacent en bas ne peuvent posséder que des organes noirs comme la suie. La vérité, mon enfant, c'est que nos ancêtres étaient des femmes qui faisaient ce qu'elles voulaient, pour qui le *dharma* était de suivre jusqu'au bout leurs pulsions, sans les réprimer ni les dénigrer. Nos femmes mettaient les dieux à l'épreuve, leur faisant regretter de n'être pas que des demi-dieux, des demi-démons, à notre niveau, avec un pied dans le vice et le plaisir et l'autre s'efforçant de rester sur le mont Meru. »

La tête de Mouthashi pivota pour me faire face, elle bougeait comme les bols en terre sur les pierres plates où Amma battait le linge mouillé. Ses cheveux, un balai à frange de boucles sales couleur d'os rongés, dansaient dans la brise. Elle me regarda fixement un long moment, comme l'arrière-grand-mère d'Amma l'avait certainement fait quand elle lui avait raconté la même histoire.

« Bhagyanathan, conclut-elle enfin, les femmes de notre famille ont commis des erreurs. Mais parfois, nous voulions les faire. Nous avons appris sur le tas ! »

Elle se calma après cet éclat. Sa tête se balançait légèrement d'un côté à l'autre après tout ce tapage.

Ce n'est qu'à ce moment qu'elle prononça le nom. Quand Mouthashi dit : « Dans le ventre de l'Ancêtre Sarama, c'est à cet endroit que nous croyons que notre ligne commence. » C'était la première fois que j'entendais ce nom. Elle ne l'avait jamais évoqué auparavant.

Sarama, l'une des *rakshasis* chargée de garder Sita dans les jardins du palais, était aussi vieille que les arbres qui y poussaient. Elle venait d'un temps où les femmes comme nous étaient constamment maltraitées par les mortels, chassées comme de la vermine, clouées aux arbres et sacrifiées à l'envi sans avertissement. C'est pourquoi elles se tournèrent vers les dieux, firent pénitence, et des sacrifices. Les dieux, enchantés, les gratifièrent de nombreux dons. Mais au cours du temps, même eux devinrent envieux de leurs pouvoirs, de leur emprise sur les mondes souterrains et se mirent à comploter et à se retourner contre elles, se méfiant de ce qui arriverait si les rakshasis décidaient d'envahir le mont Meru.

« Cette guerre entre l'enfer et le paradis dura une éternité, dit Mouthashi. Elle n'est toujours pas finie. »

Sarama, notre ancêtre, était assez âgée pour se souvenir de la beauté de Tataka, la grand-mère de Surpanakha. Et elle se souvenait du monstre qu'elle était devenue, plus grand qu'une montagne, avec des défenses sortant de son nez comme des poignards, portant les crânes de ceux qu'elle avait tués, un corps de haine pure.

« Agastya la transforma en bête, dit Mouthashi. Il avait tué son mari. Elle voulut se venger en le tuant à son tour. Seules les forêts pouvaient héberger cette rage, elle y était chez elle. »

En Surpanakha, la petite-fille adorée de Tataka que Sarama connaissait depuis son plus jeune âge, elle voyait distinctement des traits de sa grand-mère. L'esprit de Surpanakha, une belle enfant comme l'avait été Tataka, appartenait à la forêt où elle se sentait plus libre, où elle ne faisait plus qu'une avec la terre, vivait, dormait, chassait, s'accouplait. C'était son domaine, tout comme il avait été celui de sa grand-mère.

De nombreuses années après, une fois la guerre finie, l'Ancêtre frissonnait encore en se remémorant combien Surpanakha avait été mutilée. Qu'avait donc fait la lame de Lakshmana ! Ô l'horreur de ce qu'il avait fait !

« Certains textes mentent au sujet de son apparence », fulmina Mouthashi. « C'est comme si les scribes étaient effrayés de dire la vérité. Ils écrivent que sa peau est souillée, ils la qualifient de putride, ils déforment son physique, font d'elle un monstre tellement vil qu'elle pourrirait tous ceux qu'elle touche. Ils mentent ! Elle était belle, dit Mouthashi. D'une beauté qui pouvait rendre fous les hommes et les femmes. Elle connaissait parfaitement chaque centimètre carré de son corps ; son apparence appelait le désir, faisant certainement peur au jeune dieu-roi et à son frère. Cela fit tellement peur aux scribes qu'ils mentirent avec aplomb. »

« Surpanakha n'était pas Sita, admit Mouthashi. Mais Sita n'aurait jamais pu être Surpanakha. Ils disent qu'elle était brutale, me dit-elle avec un sourire ironique. Sa brutalité se manifestait uniquement dans sa manière d'assumer et de satisfaire ses désirs. Elle ne voulait pas réprimer ses pulsions », conclut Mouthashi.

Elle avait payé pour son audace : elle était entrée dans le palais de Ravana avec les seins coupés, les oreilles tranchées et le nez déformé. Interdits, les gardes de Ravana pourtant habitués aux horreurs de la guerre l'avaient laissée passer. Elle ne s'était pas écroulée, n'avait pas gémi. Elle les provoquait, la poitrine nue dans la cour de Ravana, soutenant le regard de chacun.

Quand elle parla, les courtisans et les ministres détournèrent les yeux, incapables de la regarder. Elle souffrait, c'était évident. Mais ils l'entendirent, ils entendirent ses cris de rage, de douleur, de vengeance. Et quand le roi lui-même sauta de son trône pour réconforter sa sœur mutilée, réunis pour la première fois depuis les circonstances troublantes de la mort de son mari Dushtabuddhi, ils s'embrassèrent en hurlant de douleur. Et pleurèrent.

Notre ancêtre, Sarama, sortit de sa somnolence au cri terrifiant poussé par dix têtes, un hurlement que Mouthashi imita, sa bouche aussi grande ouverte que le trou qui avait avalé Sita, si grande qu'elle prenait toute la place sur son visage. Le cri était terrible.

Dans le village, ceux que le hurlement guttural avait réveillés cette nuit-là, s'étaient mis à prier, les animaux s'étaient mis à gémir et les esprits de la forêt s'étaient figés. C'était aussi sinistre que le jour où toutes les feuilles de Lanka étaient devenues grises : les oiseaux tombaient du ciel, refusaient de voler et les arbres saignaient.

Ravana avait pris une décision, dit Mouthashi. Il vengerait l'humiliation de Surpanakha. Et le prix de cette vengeance serait Sita. Ce serait la guerre. Ce serait la guerre. Ce serait la guerre.

Sarama trouvait que Sita était bien sotte pour faire l'objet d'une guerre. Certes, elle était belle, mais Sarama avait vu divers types de beauté au fil du temps, des beautés qui vous ensorcelaient, qui vous retournaient comme un gant, qui vous rendaient impatients. La beauté de Sita la rendait presque intouchable – trop pure, trop bonne, trop vertueuse. Sarama méprisait ce type de beauté, elle la dérangeait. C'est peut-être ce qui faisait que Ravana désirait Sita, pensait-elle. Il voulait la souiller, la consommer, en faire une personne plus réelle.

Pourtant, pendant que notre parente, l'Ancêtre, aidait à surveiller la jeune princesse d'Ayodhya, la fille qui devait devenir reine commença à l'intriguer.

Elle observa attentivement la manière résolue dont Sita s'opposait, presque tous les jours, à Ravana, résistant fermement à ses avances. Et même quand les rakshasis essayaient de lui faire peur pour qu'elle cède, en faisant trembler la terre, ou rendant les cieux terrifiants, en menaçant de la dévorer, ce qui aurait fait frémir et serrer les fesses à la plupart des mortels, elle tenait bon. Sarama sentait la peur dans la jeune Sita mais elle admirait également son audace, sa volonté. Sarama pouvait affirmer que Sita ne céderait jamais à Ravana. S'il essayait de la toucher, Sarama savait que

Sita, fille de Janaka, serait folle de rage contre son persécuteur, le grifferait, le mutilerait, lui arracherait des touffes de cheveux de ses dix têtes, jusqu'à ce que la vie quitte son propre corps. Sarama respectait cette rage, une rage dont elle ne pensait pas que Sita, fille appelée à devenir reine, fût capable, une rage qui se manifesta entièrement lorsque Rama refusa d'en refaire sa femme à la fin de la guerre. Pour témoigner de ce respect, Sarama dévoilerait la vérité à la jeune princesse le jour où Ravana jetterait à ses pieds la tête de Rama séparée de son corps, Rama toujours en vie, ses forces se dirigeant vers Lanka.

Mouthashi se tourna à nouveau vers l'étang, la tête fixant l'eau. Une pause avant de passer à la phase suivante de son histoire. Il était important pour elle que tout soit clair.

Le soir précédent la grande bataille entre les deux armées – l'une bestiale, l'autre démoniaque – Sarama trouva Surpanakha assise près des jardins où Ravana retenait Sita captive. Surpanakha évitait Sita et son air malheureux et préférait s'asseoir seule. Elles ne devaient se rencontrer qu'après la guerre, après la mort de Rama. Pour l'instant, elles regardaient toutes les deux dans le vide, perdues dans leurs pensées.

Les autres rakshasis avaient peur de s'approcher de trop près de Surpanakha. Ils la laissaient seule à ruminer sa rage. Mais Sarama était plus courageuse. Elle était sensible à son malheur, aussi, elle se rapprocha petit à petit de la femme mutilée, elle observa Surpanakha pleurer, poser son doigt sur ce qui restait de son nez, ses oreilles et ses seins tranchés.

Surpanakha sentait ses plaies à vif, elle imaginait à quoi elle devait ressembler. Elle n'était pas encore prête à se regarder dans un miroir. Elle ne pouvait pas. Elle avait entr'aperçu une image fugitive de sa nouvelle apparence en buvant de l'eau dans un ruisseau. Elle attendrait que la guerre soit finie, que les mortels qui lui avaient fait ça soient morts sur le champ de bataille. Puis elle prendrait le cadavre de Rama, elle le lancerait à la jeune veuve et danserait sans pitié, sans merci sur le corps du jeune homme, comme Kali. Elle savourerait les réactions de Sita en le faisant. Puis, sans se faire remarquer, elle ferait disparaître la dépouille de Rama, l'incinèrerait, l'anéantirait dans les flammes, pendant que Yama, le Seigneur de la Mort, attendrait patiemment sur son buffle, avec sa lourde massue battant le ventre de l'ongulé.

Le châtiment de Sita serait autre. Surpanakha avait envie de garder la princesse en vie pendant des milliers d'années, ne pas la laisser mourir pour que son cœur se brise autant de fois qu'il pourrait être brisé.

Elle serait couverte des os et des entrailles de Lakshmana, sa chair nourrirait les charognards.

Quand l'Ancêtre Sarama, à qui nous devons tous la vie, fut à côté de Surpanakha, cette dernière tenait sa poitrine ensanglantée en tremblant. Des larmes coulaient. Sarama vit également que des mouches avaient pondu sur ses plaies et que des larves allaient bientôt éclore. Sarama tendit la main pour la toucher. Délicatement. Surpanakha saisit sa main noueuse, prête à l'arracher de celle qui avait osé la déranger. Quand elle vit qui c'était, elle se calma un peu, mais en crachant au visage de Sarama elle hurla : « Pas de pitié, vieille sorcière, pas de pitié ! »

Sarama, bienveillante, s'agenouilla, pressa ses paumes sur les pieds de Surpanakha et chuchota :

« Ce n'est pas de la pitié, mon enfant, il faut soigner tes plaies. Laisse-moi. Laisse l'Ancêtre s'en occuper. Je connaissais Tataka, je connaissais Tataka. »

Surpanakha s'apaisa à l'évocation du nom de sa grand-mère, elle ne refusa plus qu'on la touche ou qu'on l'embrasse. Elles étaient assises, toutes les deux, Sarama nettoyait tendrement les plaies de Surpanakha et retirait les larves pendant que Surpanakha, épuisée et bouleversée s'endormait. Le matin suivant, quand les deux armées partirent à la bataille, le début de la guerre, Sarama chercha Surpanakha. Elle s'était éclipsée. Elles ne se rencontreraient plus jamais.

Quand Ravana fut tué et que la guerre prit fin, l'ancêtre Sarama sortit du palais et se dirigea vers le champ de bataille, suivie par les épouses et les enfants inquiets de savoir ce qu'il était arrivé aux soldats disparus.

Le champ de bataille aux relents de mort, puait le sang séché, la pisse, la merde, les hommes, les démons, les singes, les ours, les pachydermes, les chevaux et les oiseaux géants. Les blessés gisaient partout, attendant de mourir ou d'être sauvés, des rakshasas appelaient à l'aide, des singes et des ours mourants suppliaient qu'on leur apporte de l'eau, et d'autres bêtes de guerre – éléphants sans trompe aux pattes écrasées, chevaux à l'échine cassée, rapaces au bec fracassé et aux ailes brûlées – se tordaient de douleur, tentaient de respirer. Et au milieu du carnage, des épouses et des enfants affolés fouillaient les décombres, criaient des noms et cherchaient leurs êtres chers, dans une frénésie de retrouver des corps à brûler ou à sauver pendant que le chien à quatre yeux de Yama rôdait à son aise dans cette zone de mort.

Dans ce chaos, marchait Rama le victorieux, suivi par son frère, Lakshmana, par le nouveau roi de Lanka, Vibhishana, par le roi des singes Sugriva, Hanuman, dont la queue enflammée avait incendié Lanka pendant des jours.

Rama, visiblement éprouvé, leur était reconnaissant pour leur loyauté et se sentait soulagé par la victoire, il était au bord des larmes et invita les ours et les vautours géants qui avaient participé à la bataille à festoyer de charogne, ils méritaient bien ce butin de guerre.

Pendant que les soldats célébraient leur victoire, dit Mouthashi, Rama et les autres se mirent en route pour les portes du palais. Pour Sita. Mais rien n'est jamais comme on le croit. Derrière ces scènes, il y avait la fange la plus obscure et hideuse de la guerre : des soldats sans scrupule pillant les terres conquises comme des parasites, attirés par l'argent et les femmes, les butins de guerre les plus vils.

Mais il y avait également des guerriers vertueux aux côtés de Rama. Beaucoup parmi eux, bien que blessés, offrirent d'aider à confectionner des bûchers pour les morts, et dénichèrent rapidement des sages et des prêtres pour procéder aux rites funéraires. Certains firent le choix de s'asseoir aux côtés des enfants des rakshasas morts, pendant que leurs mères étaient à la recherche de leurs pères. D'autres s'en fichaient, ils pillaient, ils violaient.

Sarama elle-même devint une proie dans cette débauche dévergondée, un soldat du camp de Sugriva l'attrapa. Fou de rage, le Mâle, notre ancêtre, la viola comme une bête féroce sur le champ de bataille où, quelques moments auparavant, les dix têtes de Ravana cherchaient Rama, son cœur encore gonflé de vie et de sang.

Souillée par la guerre, enragée par la bataille, Sarama regarda l'être bestial qui la forçait. Elle remarqua ses mains, calleuses d'avoir construit le pont, fatiguées de tuer. Elle ressentit de la pitié mais se souvint de la guerre, des mutilations de Surpanakha, de l'insistance de Ravana à punir les frères en punissant à leur place la jeune princesse, de l'espoir qu'après avoir sacrifié tant de vies la guerre soit gagnée par un seigneur juste et une armée vertueuse. Et pendant que la créature crachait sa semence dans sa vieille matrice, elle hurla avec fureur, tellement fort qu'elle fit un trou dans la poitrine du singe et mit son cœur à nu. Sarama plongea la main, agrippa son organe rouge qui battait dans la paume de sa main, sans s'arrêter de pomper du sang. Le singe – Le Mâle, notre ancêtre – effrayé, regarda Sarama, son corps encore agité de tremblements.

Soutenant son regard, Sarama écrasa lentement son cœur.

Dans le vacarme de la célébration, personne ne s'en rendit compte. Juste à côté, des vautours géants déchiquetaient un éléphant qui attendait la mort.

Elle se releva rapidement, oubliant dans sa hâte d'essuyer la boue, la salive et le sang sur son corps. Elle reviendrait plus tard sur le choc qu'elle avait subi. Pour l'instant, elle se dirigeait vers les portes du palais. Il fallait qu'elle y soit. Dans le jardin. Au moment où Rama recevrait Sita. Elle devait voir la fin de toute cette folie.

Sarama fut épouvantée quand elle vit que Rama ne se précipitait pas immédiatement pour retrouver

Sita. Même Vibhishana semblait embarrassé quand il salua la dame au nom de Rama, en lui demandant de se baigner et se parer de ses plus beaux atours. Son seigneur la recevrait ensuite.

Après qu'il l'eut accompagnée vers la sortie, Rama se tenant face à sa femme comme un invité, un étranger, Sarama poussa un soupir. La revanche de Surpanhaka était accomplie. Rama avait publiquement désavoué Sita. Aucun des deux ne se remettrait jamais tout à fait de cette blessure. Ayodhya ne les laisserait jamais oublier.

Sarama comprit bien la raison qui poussait Rama à agir de la sorte. Pendant qu'elle attendait que Sita fasse sa première apparition publique, elle avait, elle aussi, entendu et été horrifiée par les propos malveillants des soldats de l'armée de Rama – hommes, singes, ours et autres demi-bêtes qu'il avait commandés à peine quelques heures auparavant –, ils parlaient de la vertu perdue de la jeune princesse. La médisance ne cessait que quand un groupe de ces hommes était enjoint de se taire, mais les caquetages reprenaient peu après où ils en étaient restés. Ce serait pareil à Ayodhya. Pourtant quand Sita entra dans le bûcher enflammé, le silence fut total. Seul le bruit du feu subsistait. Le crépitement des braises. L'incendie de la vertu et la fureur qui s'en dégage.

Sarama, qui ne quittait pas Sita des yeux, surprit les larmes de rage à travers les flammes – ce feu qui refusait de toucher la princesse souillée d'Ayodhya comme s'il en avait peur. Elle, Sita, brûlait plus encore que le feu, elle l'avalait, sa colère consumait Agni lui-même, qui avait supplié Rama d'accepter sa reine vertueuse, dont la pureté, si elle continuait à être mise en question, embraserait tout jusqu'à l'anéantissement total.

Une fois que Rama fut rassuré, que l'épreuve et le procès public furent passés, et que le feu fut éteint, le couple se fit face une fois de plus, mari et femme, Prince héritier et Princesse d'Ayodhya. Sarama n'attendit pas de voir Rama s'avancer vers son épouse absoute.

Sarama, notre ancêtre, n'attendit pas du tout. Elle se mit en route tandis que les cris de « Longue vie ! » retentissaient sur tout Lanka, et que les dieux faisaient pleuvoir sur terre des guirlandes de fleurs.

Elle marcha, dégoûtée, loin de Lanka, sans faire de halte. Elle aurait pu utiliser ses pouvoirs pour se transporter où elle voulait. Elle savait encore voler. Mais elle avait décidé de ne pas le faire. Elle voulait marcher, respirer le chaos, se souvenir des esprits orgueilleux qui avaient mutilé deux femmes et mis Lanka à feu et à sang.

Elle ne s'arrêta que lorsqu'elle s'approcha du pont qu'avait aidé à construire la créature qui l'avait violée – le Mâle, notre ancêtre, le père de l'enfant qu'elle allait porter. Elle posa un regard insistant et dur sur la plage.

L'eau était calme mais rouge, le rivage était paisible, mais il y avait des effluves de chair en décomposition dans l'air. Des mouettes tournoyaient dans le ciel, des rats sortaient de leurs terriers. Sarama allait de l'avant, sans regarder en arrière une seule fois. La guerre était finie, mais selon elle peu de choses dignes d'être sauvées avaient été épargnées.

Elle commença à traverser le pont. Le vent salé meurtrissait son visage, elle n'en avait que faire. Le son de la mer lui tint compagnie jusqu'à la fin de sa traversée.

« Et quand Sarama, notre ancêtre, atteignit l'autre bord, conclut Mouthashi, son ventre avait grossi. »

Chapitre quatre Viid

Le mois où j'ai commencé à me masturber dans une chaussette, ma grand-mère maternelle, Ammoumma est morte. Amma était sa fille aînée, moi le premier petit-enfant. Ça voulait dire qu'Amma et moi, on avait réservé un vol pour Cochin pour s'occuper de la maison et prendre les dispositions nécessaires. Ma petite sœur voyageait aussi avec nous. À l'aéroport, Atchan embrassa Amma : ça a été la seule fois que mes parents se sont pris dans les bras en public.

Avant que des pulsions adolescentes me possèdent comme un démon, j'étais un petit garçon obéissant qui aimait faire des courses pour sa mère. Amma m'envoyait souvent à la boutique du coin pour acheter à manger. Avec une liste apprise par cœur, j'achetais des légumes, des jus, des laitages et du dessert. Tout à crédit. J'allais chercher chaque article, le plaçais devant Oncle Salim, le propriétaire, qui notait les quantités, consignait le tout dans son registre aux prix aléatoires et emballait les articles en mâchouillant un cure-dent. Quelques années plus tard, il a dû fuir le pays en raison d'emprunts bancaires impayés mais pas avant de s'être embrouillé avec mon père à propos de ce qu'il lui devait.

La première fois que j'ai rencontré Oncle Salim, il m'a demandé d'où je venais. En boucle. J'ai d'abord cru qu'il me demandait le numéro de notre appartement pour le noter dans son registre. « 805 » lui ai-je répondu.

« Non », il riait. « Viid ? Ta viid, c'est où ? D'où tu viens ? »

L'équivalent de *viid*, c'est « maison », ou « chez soi ». En malayalam, la langue de mes parents, *viid* renvoie à l'âme de la famille, le lieu de crémation des ancêtres où la terre se souvient de l'empreinte de nos pas. Mais quand on traduit *viid* par « maison », le mot perd de sa puissance.

— Je suis de Thrissur, je me souviens dire à Oncle Salim après avoir vérifié auprès d'Amma.

— Où, à Trichur ? me demande-t-il après ça.

Pas sympa, me disais-je, comme il était lui-même de Trichur.

— Dis-lui Irinjalakuda, m'avait conseillé Amma. Et je lui dis.

— Et où exactement à Irinjalakuda ? Oncle Salim n'en avait jamais assez.

— À côté de l'arrêt de bus, à côté de la petite boutique à côté de l'arrêt de bus, à côté du temple à côté de la petite boutique à côté de l'arrêt de bus. C'est là que se trouve ma viid.

En un sens, c'était un mensonge. C'était là que se trouvait la viid d'Amma. Où ses cheveux avaient poussé et étaient devenus indomptables. Où Mouthashi, mon arrière-grand-mère, le premier être vivant à me tenir dans ses bras, l'avait élevée.

La viid d'Amma se trouvait à Irinjalakuda avant qu'elle soit vendue et détruite. Mais avant que la propriété change de mains, il avait fallu qu'Ammoumma meure, ce qu'elle fit en gémissant sur un lit d'hôpital en appelant son enfant préféré. Sa fille – Amma. Ma mère.

Quatre ans avant qu'Amma et ses frères et sœurs vendent la maison, en la divisant comme on coupe des parts de gâteaux, j'ai aidé mon oncle, l'homme le plus âgé de la famille, à placer les restes de ma grand-mère, des os et des dents encore tièdes dans une urne en terre. Il avait plu la nuit précédente, on était donc accroupis, torse nu, à tamiser la cendre humide qui avait la couleur de la craie et du charbon, reflétant – je ne le savais pas encore – la pâleur de la mer ce matin-là, une eau dans laquelle mon oncle et moi nous sommes entrés jusqu'à ce que la houle arrive à nos cous.

Mon oncle tenait la lourde urne en équilibre sur son épaule, j'en portais une autre dans mes mains, une petite en terre, alors que les courants nous tiraient vers le large. Mon oncle portait sa mère. Je tenais les restes de son mari défunt, mon grand-père.

Quand Moutatchan, mon grand-père maternel, était encore vivant, les aînés de la famille avaient estimé qu'il serait normal qu'un jour, quand je serais plus vieux, je restitue un peu de lui à la mer. Ils avaient donc partagé ses cendres, en mettant de côté pour le seul petit-enfant qu'il avait connu et qu'il avait gardé jusqu'à ce qu'il ait trois ans.

Alors que la pluie tombait comme des échardes acérées, mon oncle leva ce qui restait de sa mère et brisa l'urne. À ce signal, je cassai mon urne à mon tour et immergeai mon grand-père en poudre. L'eau dissolut les cendres, se referma sur les dents et les os. Nous levâmes les yeux au ciel et priâmes, et quelque part, Indra, le dieu de la pluie, comprit que feue une femme avait vécu seule dans la viid d'Amma et que feu un homme l'avait construite.

Chapitre cinq   Chien

Le corniaud faisait la garde. Son père, un chien errant, bâtard plein de jugeote, avait profité d'un portail ouvert pour bondir sur une femelle labrador en chaleur qui faisait la sieste. Il en naquit une portée pleine de vigueur, en particulier ce grand mâle couleur caramel à taches cendrées. Et cette créature, offerte telle un cadeau, protégea la maison de la défunte mère d'un monsieur travaillant dans le Golfe depuis plus de quatre ans.

Six mois après la crémation, la maison, la première de tout le voisinage équipée de toilettes avec chasse d'eau, de deux téléphones et d'une télé couleur Aiwa, de perroquets apprivoisés en volière, d'une berline japonaise toute en angles construite dans une vraie usine japonaise, stationnée dans le garage à une époque où les routes du Kerala étaient principalement parcourues par des Fiat, des Hindustan Contessa et des Ambassador, fut mise en vente. Cela faisait un bout de temps et l'endroit ne faisait que se délabrer.

Le toit pourrissait, rongé par la moisissure, les chambres étaient poussiéreuses, et certains parlaient de termites. Les enfants de la défunte ne vivaient plus dans la maison, ils avaient leurs propres maisons, leurs propres familles. La vieille dame était morte en compagnie de sa bonne qui vivait sur place : une petite femme qui avait plus de soixante-dix ans – une dame sans dents de devant, renvoyée définitivement chez elle par les enfants une fois qu'ils lui eurent payé ses trois mois de préavis pour bons et loyaux services, et offert en prime des vieux saris de mariage, une bouteille de parfum pour sa petite-fille par alliance, quelques KitKat et quelques Mars pour ses petits-enfants et un frigo Whirlpool. La maison était vide à présent, les fenêtres closes, les portes cadenassées, mais le chien, lui, gardait la maison comme un os géant, il surveillait le territoire mieux qu'un drone, un moyen de dissuasion visible pour les voleurs car la maison avait conservé tous ses biens, un ramassis d'objets allant du premier tricycle du monsieur travaillant dans le Golfe aux souvenirs achetés par la mère quand elle vivait avec son père au Botswana. Dans le garde-manger de la cuisine, des pots de pickles de mangues faits maison, une des dernières activités de la vieille femme, baignaient dans le piment et l'huile de coco.

La fratrie devait vendre parce que tous avaient des dettes. Personne n'en voulait, de cette maison. En fait, elle intéressait quelqu'un – la deuxième sœur du monsieur du Golfe, celle qui vivait à Dubaï – mais elle ne pouvait pas l'acheter au prix demandé, donc c'était comme si personne ne voulait de la maison.

Personne ne voulait non plus du chien. Même lors de la réunion de famille, une semaine après la crémation, quand tout le monde s'était assis autour d'une table avec des carnets de notes, des inventaires, décidant quelle table irait dans quelle maison, partageant les bijoux, se demandant si les couverts étaient vraiment en argent ou quel petit-enfant hériterait de quoi, on n'aborda pas le sujet du chien avant la toute fin, quand quelqu'un remarqua que c'était bien qu'il y ait un chien pour garder un œil sur la maison.

Pas vraiment, répondit l'aîné, le monsieur du Golfe. Il bat de la queue quand il voit des mendiants. Sacré chien de garde !

Mais c'est tout ce que nous avons, répliqua la sœur cadette. Maman l'adorait. Il va se sentir seul, ajouta-t-elle après un silence.

Et alors ? fulmina le monsieur du Golfe. Un chien est un chien ! Il trouvera bien un moyen de se distraire. Il ne sera plus enchaîné dans sa niche, il s'occupera de la maison, il fera ce qu'il voudra.

À ce moment, tout le monde se disputa pour savoir quand lui donner à manger, quelle quantité de viande donner à un animal omnivore, comment partager les dépenses, si engager quelqu'un pour lui apporter des restes toutes les semaines était envisageable, en espérant que le chien soit capable de se rationner, mais s'il ne pouvait pas ça allait être un problème étant donné que trouver une personne qui voudrait bien nourrir un chien qui garde une maison inhabitée n'était pas chose facile. Peu de gens étaient intéressés par ce genre de travail, surtout si on leur disait qu'il devrait passer la nuit avec le chien pendant le week-end, dormir sur la véranda afin que tout le monde, de la fille du laitier à l'épicier du coin, sache que la maison n'était pas abandonnée, qu'il y avait une présence humaine même si le chien était servi par l'homme, comme si les hommes ne dominaient plus les chiens. Quand les enfants de la défunte expliquèrent le problème à leur oncle, il suggéra qu'on appelle Mattaï, un homme raisonnable et attaché aux valeurs traditionnelles.

La famille de Mattaï travaillait pour la famille du monsieur du Golfe depuis trois générations. Sa femme s'était occupée de son jardin pendant quelques années, son fils avait aidé à planter le poivre et les margousiers à côté du portail en fer forgé où des fourmis tisserandes s'assemblaient. Quand les hommes de la famille rendirent visite à Mattaï en suppliant qu'il les aide, qu'ils lui demandèrent de passer ses week-ends sur la véranda à surveiller la maison et tenir compagnie au chien, Mattaï réfléchit à ce qu'on lui demandait de faire. Il y aurait une compensation, bien sûr. Sa femme le poussait à refuser, lui rappelant qu'il souffrait d'arthrite, et que les nuits sous le porche pouvaient être fraîches. Elle lui rappelait également leur nouveau statut de parents de fonctionnaires. Il la calmait avec douceur, caressait son poignet avec ses doigts noueux et épais aux jointures couvertes d'un duvet cotonneux.

— Il faut rembourser notre dette, dit-il. Je ne leur dois rien, mais leur mère était une femme juste.

— Mais dormir dehors comme une sentinelle, c'est insultant, insista sa femme.

— C'est vrai, répondit Mattaï, mais ils ne me forcent pas à le faire, ils demandent.

— Ces Persans te demandent de t'occuper d'un chien, fulmina sa femme. Un animal qui se lèche les couilles, ne sois pas stupide.

— Cet animal est gentil, lui assura Mattaï.

Il n'y avait plus rien à dire.

Il lui fit signe que la discussion était finie.

— Si nos fils avaient vent de ça... murmura-t-elle.

— S'ils viennent pour chercher querelle, dit Mattaï, ma maison ne leur sera plus ouverte.

C'est ainsi que le chien eut une compagnie pendant près de quatre années, une personne que le chien reconnaissait, un homme qui le nourrissait, l'aspergeait d'eau froide pendant l'été, le surveillait pendant son sommeil, lui parlait quand le jour se levait, contre qui se blottir pendant les pluies.

Quand des acheteurs potentiels venaient inspecter la maison, le chien était conduit à sa niche – inutilisée en temps normal – où il remuait la queue devant les visiteurs étrangers qui demandaient jusqu'à quand le chien resterait ici, qu'on les rassure – le chien n'était pas inclus dans le contrat de vente mais seulement une garantie contre les cambrioleurs, comme une arme à feu. Et l'homme ? Il était aussi une garantie ? Oui, c'est ça. L'homme était comme quelqu'un qui entretient une arme, qui la maintient en état de marche. Et l'homme ne dort pas dans la maison ? L'homme ne dort jamais dans la maison : il sait rester à sa place.

Quand le chien mourut, la maison était toujours à vendre. Le prix demandé était trop élevé, avoua l'agent que les enfants avaient engagé. Et puis il y avait aussi la façon dont la vieille dame était morte, sa solitude pendant ses derniers jours, l'esprit du désolement et de la tristesse régnait sur les lieux – un esprit dont peu d'acheteurs voulaient hériter. Et la maison resta où elle était, à se délabrer, rendant l'endroit de plus en plus sinistre, surtout après la mort du chien.

Quand Mattaï avait trouvé l'animal mort, il ne s'était pas rendu à la maison depuis plus de dix jours. C'était les vacances, ses petits-enfants étaient venus le voir pour Noël. Pour être sûr que le chien n'allait pas mourir de faim, il avait rempli ses écuelles avec du rab de pâtée et d'eau, le tout placé dans la niche, qu'il avait fermée à moitié mais pas cadenassée pour que les oiseaux ne viennent pas se servir ou chier dedans. Quand les fêtes furent finies, les petits-enfants engraissés de ragoût de canard, d'appams chauds et de pudding froid, Mattaï se souvint de son ami à grandes dnts, il alla tôt le matin chez le boucher où il acheta un os frais, puis se rendit au boui-boui d'à côté acheter quelques parothas, du bœuf frit et une bouteille de toddy pour lui. Il appela le chien en ouvrant le portail, il balança l'os et la viande cuites et s'attendait à la frénésie habituelle, aux coups de langue, aux glapissements et à la fraîcheur de la truffe sur son cou. Le chien ne vint pas. Mattaï se dit qu'il était derrière la maison en train de chasser des écureuils comme il le faisait souvent, ou qu'il harcelait les corbeaux mais après quelques minutes sans signe de vie, il partit à sa recherche. Il trouva le chien recroquevillé près de la vieille étable, à côté de la remise des domestiques entouré de ses jouets préférés – une vieille branche, une balle de tennis durcie par le soleil – à un endroit où il enterrait tel chat boiteux, tel écureuil –, où il vivait sa vie de chien sans être observé. Il était un peu mouillé par la pluie, mais les insectes étaient déjà arrivés. Ils avaient su où le trouver.

« Bon compagnon », dit Mattaï.

Il arrosa ensuite le corps, le sécha avec des vieux torchons, l'enveloppa dans des feuilles de bananier, attachées avec une ficelle, avant de creuser un trou dans la terre, à côté de la fenêtre de la chambre à coucher de la défunte vieille dame, elle qui avait passé des nuits à parler au chien quand elle était dans son lit, à lui raconter ce qu'elle allait faire le jour suivant, que son petit-fils allait venir vivre avec elle, que ça l'embêtait que ses médicaments la fassent péter tout le temps.

La tombe du chien était à côté du poivrier que le propre fils de Mattaï avait aidé à planter, un arbre que l'esprit du chien viendrait habiter à présent. Il veillerait sur la maison comme avant, sans pouvoir aboyer ni renifler ni pisser, mais dans deux ans la maison se vendrait, la fratrie se disperserait, et des hommes viendraient avec des machines et des scies, abattraient tout, aplaniraient tout, détruiraient le chien, qui serait devenu en partie arbre, débarrasseraient tout, comme s'il n'y avait jamais eu de vieille dame, de maison, d'enfants, de perroquets apprivoisés, de corbeaux, de Botswana, de pickles, de Mattaï, de chien, de vie.

Chapitre six

Ils ramenèrent Golfe Mukundan dans un taxi délabré de l'aéroport de Cochin. Satheesh, son frère cadet, l'aida à sortir du véhicule. L'Amby avait eu deux pannes sur l'autoroute. Les voisins entourèrent la voiture. Les hommes étaient attendus depuis des heures.

«Dégagez ! cria Satheesh, il n'y a rien à voir. »

« ▮▮▮▮▮▮▮▮▮▮ » lança une voix.

Sateesh serra son frère près de lui. « Qui a dit ça ? »

Le chauffeur de taxi klaxonna. « Chef, vous avez oublié de payer ! »

« Bienvenue, ▮▮▮▮▮▮▮▮ ! » brailla quelqu'un d'autre.

Le chauffeur perdait patience. « Payez la note, chef ! » beugla-t-il. Il faisait hurler le moteur. Il klaxonna encore.

La mère alitée de Mukundan se demandait ce qu'était ce chahut. Elle n'avait pas été mise au courant. Le docteur les avait prévenus au début de la semaine quand il était passé pour prendre de ses nouvelles. « Elle pourrait subir un choc en le voyant, dit-il. Ou bien, ça pourrait lui faire du bien. Je ne sais pas. »

« Qu'est-ce qu'il se passe ? » cria la vieille dame.

Des hommes huaient Mukundan sur son passage. Sateesh les fit taire. Ils s'en fichaient.

La femme de Mukundan, à laquelle Sateesh avait conseillé de rester à la maison pour se préparer, salua son mari à la porte.

Gaunt, l'avocat, l'avait prévenue au téléphone. Une peau dure comme la pierre, des yeux comme des citrons.

Elle toucha son visage, sa barbe de trois jours piquait, elle lui prit un bras et le posa sur ses épaules. Il était léger, tellement léger. Sa peau était tachée, comme s'il était sur le point de muer. Elle chercha son fils des yeux : il était là. Le jeune Saji agrippait la jambe de pantalon de son père. Il était ravi que son Atchan soit de retour. Il reniflait la sueur de Mukundan, caressait sa cuisse, là où les muscles s'étaient atrophiés.

« Atchan, Atchan », répétait inlassablement Saji. Il ne quittait pas des yeux l'homme qu'il n'avait plus vu depuis trois ans. Ça avait été aussi long ? Il savait que son père avait été en prison, qu'on l'avait libéré, que ce matin il prenait encore son petit déjeuner avec ses co-détenus quelque part à Abou Dhabi avant d'être mis dans un fourgon de la police avec d'autres hommes libérés puis menés à un vol d'Indian Airlines. Et il était là maintenant. Dans la maison à trois chambres et deux salles de bains construite avec l'argent du Golfe. Il avait été le premier du village à partir, celui à qui il fallait parler si un neveu, une nièce ou un cousin éloignés avait besoin qu'on lui fasse des papiers, celui qui donnait des conseils à ceux qui rêvaient du Golfe et les meilleurs points de chute où tenter leur chance. Il savait s'il était plus rentable de travailler sur l'île de Das ou à Al Aïn. Si Dubaï présentait plus d'opportunités que Manama. Si se loger à Khalidiya était moins cher qu'au Tourist Club. Si savoir tout ceci valait bien la peine, si l'argent était proportionnel à l'effort. Et s'ils choisissaient d'y aller, si la vie serait supportable – et leurs familles ne les oublieraient pas.

Mukundan, en homme patient, ne mentait jamais. « Nous sommes si nombreux, là-bas » disait-il. « On apprend à s'adapter. Le mal du pays est la marque distinctive des hommes du Golfe. » Et on écoutait Golfe Mukundan, l'homme du Golfe qui avait des relations dans le Golfe, de l'argent du Golfe et un statut dans le Golfe.

On disait de Mukundan qu'il connaissait tellement bien le Golfe qu'il avait dû être un Bédouin errant dans les sables dans une vie antérieure. Il n'y avait pas d'autre explication à son assimilation, sa familiarité avec cet endroit. Ses contacts étaient de premier choix. Son arabe était excellent. Il connaissait des policiers du département du travail, brisait le jeûne avec des patrons arabes pendant le ramadan. Et il n'avait aucune gêne à demander des faveurs. Il envoyait des colis chez lui grâce à ses nombreux contacts, il sortait des ouvriers de mauvais pas, il présentait des commerçants en difficulté à des requins-grippe-flouze qui leur promettaient des taux d'intérêt plus bas. Il aidait même à accélérer les démarches administratives si un cadavre de la morgue devait être renvoyé chez lui pour un enterrement. Golfe Mukundan représentait tout ce à quoi les habitants du village aspiraient.

Et il s'était tapé un gars.

Il l'avait violé, c'était ce que la victime avait dit. Il s'était fait prendre. Et il était là maintenant. Trois ans avaient passé. Il se trouvait aux côtés de son épouse fidèle et de son jeune fils. De retour chez lui. Le ▆▆▆▆▆▆▆ du Golfe.

Saji resta aux côtés de Mukundan pendant des heures, il veillait sur cet homme comme seul un enfant peut protéger son père. Il était là quand les visiteurs, la famille et les amis arrivèrent. Ce n'était pas grave. Ils posaient à Mukundan les questions qu'ils étaient venus poser.

Mukundan contournait le déferlement avec finesse. Lorsqu'ils le pressaient de raconter sa vie derrière les barreaux, s'il y avait la climatisation dans les prisons du désert, si la torture existait, ce qu'il avait fait exactement, Mukundan tapotait l'épaule de son fils.

— Pas devant mon fils, disait-il. Plus tard.

— Ils ont voulu que tu te convertisses ? C'est pour ça qu'ils t'ont relâché ?

— Plus tard.

— Ça ne me gêne pas, disait Saji. Raconte, raconte.

— Oui, disaient-ils. Il est assez grand.

— Plus tard, répondait sèchement Mukundan.

Saji écoutait ces gens bien intentionnés qui assuraient son père qu'ils ne croyaient pas les rumeurs. Les gens racontent n'importe quoi, répétaient-ils. « Laissez-les parler », disait Mukundan.

— Écoute, dit l'oncle de Mukundan, tu sais comment ils te surnomment ? Comment ils nous appellent ? C'est vrai qu'un journal a publié des photos de ton arrestation ?

— Pas devant Saji, répétait Mukundan. Plus tard.

— Bien sûr, bien sûr, c'était ce qu'ils répondaient, mais dès qu'on ne pouvait pas les entendre, quand ils remettaient leurs chaussures, prenaient leurs parapluies, quand ils avaient dit au revoir, qu'ils étaient dans leurs voitures ou sur leurs scooters, ou qu'ils attendaient à l'arrêt de bus, alors qu'il tombait des hallebardes sur le village brumeux, ils déblatéraient sur le silence de Mukundan, ne comprenaient pas pourquoi il ne voulait pas blanchir son nom, qu'il n'y avait pas de mal a éclater la gueule d'une pute, mais il fallait juste confirmer que c'était bien une Philippine ou l'une de ces salopes africaines, pas un homme, pour l'amour de Dieu, pas un ami, avec qui il avait été chopé à poil. Ça ne pourrait que l'aider de tout raconter, il soulagerait la pauvre femme qu'il avait épousée et épargnerait à son fils une vie dans la honte. Faute de quoi, les jeunes du village ne cesseraient jamais de répéter à Saji qu'il vaudrait mieux que son père soit castré. Les gamins à l'école dessineraient une moustache sur une mangue et la pénètreraient avec un bâton en forçant le fils de Mukundan à regarder. Ou ils le traiteraient de Petit ▮▮▮▮▮▮▮.

Saji se fichait de ce que pensaient ceux qui voulaient du bien à sa famille. Atchan était à la maison et Saji allait veiller sur lui. Il était un grand garçon à présent. Huit ans. Sa mère lui avait dit, deux ans plus tôt, où son père était, qu'il avait été emprisonné pour s'être battu. « Nous savons que tu es assez grand pour comprendre. Ne crois pas ce que les gens te raconteront, l'avait-elle prévenu. Ton père a besoin de toi. Il attend de toi que tu prennes soin de moi. »

Saji voulait aussi protéger son père. Pendant son absence, il avait grandi – avait dépassé en taille tous ses cousins. Quand Mukundan dut aller aux toilettes, Saji refusa de le laisser y aller seul. « J'y vais, moi aussi. » dit-il. Mukundan le prit avec lui. « Retourne-toi » dit-il et Saji obéit. Le soir, quand les visiteurs furent enfin partis, la mère demanda à son fils de les laisser.

« Laisse-moi passer un peu de temps avec lui. Il sera à toi demain » lui promit-elle. Saji céda. Mais il était agité et ne put s'endormir sur la couche posée à côté du lit de sa grand-mère. Il retourna à la chambre de ses parents. La porte était close, mais une faible lumière était allumée, elle passait par les fentes comme des lingots d'or fondus. Il les entendait baiser. Sa mère faisait du bruit. Des sons gutturaux. On aurait dit qu'elle se faisait déchirer et elle voulait que tout le village l'entende. Il est possible que tout le monde l'ait entendue.

Toute la nuit. Avec Saji recroquevillé devant leur porte, ses parents baisèrent toute la nuit. Sa mère pleurait un peu à chaque fois que c'était fini. Mais son père, son père, Saji l'entendit à peine. S'il avait eu un peu plus d'expérience, ça l'aurait surpris. Son père avait été un grogneur. Des années auparavant, quand Mukundan était à la maison en vacances, il avait fait une fois l'amour avec sa femme, en croyant que Saji dormait. À l'époque, Mukundan recouvrait sa femme entièrement, comme une ombre. Puis il devenait l'ombre. Il effaçait son corps dans le sien. Leurs chuchotements avaient réveillé Saji, qui s'était par habitude tourné vers sa mère. Il ne pouvait pas voir sa silhouette dans le noir et sentait son estomac se serrer. Ses yeux étaient collés. « Amma ? » C'est à ce moment qu'ils s'étaient rendu compte que leur fils était réveillé. Qu'il avait tout suivi. Mukundan avait posé une main sur les yeux de son fils et l'autre sur son ventre pendant que sa femme enfilait une chemise de nuit. « Calme-toi, mon fils, Amma est ici, on ne faisait que parler. » Saji avait oublié tout cela tandis qu'il dormait devant la porte de la chambre de ses parents. Ça n'avait pas d'importance. Son père était de retour à la maison.

Le lendemain matin, après un petit déjeuner d'œufs et de bananes plantains, Golfe Mukundan annonça à son fils qu'ils allaient passer la journée dehors. Vêtus d'habits encore chauds du fer à repasser, ils prirent le bus pour la ville. La première chose qu'ils firent en arrivant fut une halte sucreries, il en gardèrent un peu pour plus tard. Ils arrivèrent à temps pour un film en matinée au Wonderful Theaters. « Un super film, fiston » lui dit l'homme qui lui tendait les tickets. « Avec plein d'action. Trop bien, je te dis, troooop trooooop bien ! » Pour le déjeuner ils mangèrent des chapatis beurrés avec un chili chicken qu'ils firent descendre avec un coca. Mukundan suggéra qu'ils s'arrêtent ensuite dans une librairie, où ils achetèrent des bandes dessinées, des cahiers et des crayons de couleur. Après ça, ils marchandèrent avec un vendeur de bracelets de perles de verre, puis ils firent la queue dans la boutique d'alcool pour acheter une bouteille de rhum Old Monk. Un homme grassouillet les bouscula alors que la queue avançait, ignorant Mukundan qui essayait de gagner son attention. « Je le connais », dit Mukundan à son fils. « Je lui ai trouvé un boulot dans un entrepôt dans la zone franche Jebel Ali. » Le soir, comme les commerces et les lumières de la ville s'allumaient, gonflant comme des étoiles en expansion, que l'air se saturait de criquets et de papillons de nuit, le père et le fils étaient tous deux repus et grisés.

Sur le chemin du retour, dans un bus lancé à pleine vitesse aux sièges couleur mousse d'étang, à l'heure où les corbeaux volent vers leur nid, Saji demanda à Mukundan s'il était allé en prison parce qu'il avait failli tuer quelqu'un, comme Amma le disait.

— Je n'ai pas fait exprès, dit Mukundan.
— Tu voulais le tuer ? demanda Saji.
— C'est compliqué, dit le père. J'ai enfreint la loi.

Il voulait en dire plus.

« Il y a un temps pour chaque chose, expliqua-t-il. Quand tu seras assez grand pour prendre le bus tout seul, tu comprendras. »

Que dire au gamin ? Qu'il avait la responsabilité des filles pour ce funeste week-end, et que ce connard de maquereau philippin avait tout foutu en l'air ? Qu'il n'en était venu que deux, pour six hommes, et qu'il avait attendu avec Dilip un vieux copain d'école qui était aussi un colocataire, et qu'ils devaient être les suivants ? Qu'ils ne pouvaient plus tenir en entendant leurs quatre potes niquer férocement la fille qui zézayait – « Mon nome c'est Iourope », avait-elle dit alors que tout le monde coupait court aux présentations – et sa partenaire, la fille qui s'appelait Brazil ?

— Bienvenue en Inde ! avaient crié les hommes avec excitation.

— On n'embrasse pas, les avertit la fille. Bisous-bisous, plus de dirhams, OK ?

Les hommes acceptèrent.

— Dac, dac. Pas de kiss-kiss.

— Et vous laver, dit Europe. Pas lavé, pas de ça.

Elle protégea sa chatte de la main.

Les femmes n'avaient pas à se faire de soucis. Les hommes s'étaient douchés et rasés.

Comment raconter ça à un garçon, à son fils, lui expliquer que pendant qu'ils attendaient, excités par le clapotement des paumes sur les culs, par l'odeur de sexe tarifé, Dilip demanda à Mukundan s'il n'avait jamais voulu savoir comment ça faisait d'être une femme. « D'être empalée, dit-il. D'être défoncée, tu comprends ? » Mukundan répondit que non. « J'y ai pensé, dit Dilip. Allez, on y a tous pensé. Toi aussi, pas vrai ? »

C'était une invitation. Ça ne pouvait être que ça. Quand ils étaient de jeunes garçons, sur leurs onze ans, ils avaient essayé ensemble les trucs qu'ils voyaient dans les films, en jouant des rôles. Ils s'étaient embrassés en secret, ils avaient sucé leurs langues après avoir mangé des bonbons aux saveurs fruitées. Et quand ils furent assez à l'aise, leurs doigts s'étaient aventurés sur leurs bites. Ils s'étaient branlés mutuellement quelques fois. Pas sucés, c'était un truc de pédé. Mais après une année de ces petits jeux, ils avaient arrêté, ils s'étaient mis d'accord pour mettre un terme à tout ça, quel que soit le nom qu'on ait donné à ça. C'était comme si le désir de l'un pour l'autre avait dû s'effacer pour laisser place à une envie plus forte de chatte. C'était comme si rien n'avait pris fin parce que rien n'avait commencé.

Ils n'avaient jamais parlé de ce qu'ils avaient fait, même pour rigoler. Et puis, alors qu'ils étaient encore de jeunes hommes travaillant dans le Golfe, ils avaient fait un plan à trois avec une nounou de Colombo. Aucun d'eux n'était parti après avoir fini – toutes leurs jambes se touchaient. Ça l'avait excité. Mais ça – ce que Dilip lui proposait – c'était autre chose, c'était un truc que les ouvriers fauchés assoiffés de sexe faisaient, ou les mecs dans les taxis de Muroor Road. Pas eux. Des hommes sensés dans la quarantaine. Des pères. Des hommes mariés. Des soutiens de famille respectés. Des hommes qui avaient de la classe. Mais Dilip le regardait. « C'est peut être bien, tu sais ? » Il posait la question à voix haute à Mukundan. « D'être la salope de quelqu'un, tringlé comme ça. » Comment dire ça à un petit garçon, son fils ? Qu'il s'était alors avancé vers son ami, l'avait embrassé, l'avait serré. Qu'il avait respiré son odeur d'homme en suçant sa langue. Ils n'avaient pas bu, incroyablement vivants. Ça avait été si facile, un retour à leur enfance. En un clin d'œil.

Il faudrait qu'il raconte un jour à son garçon l'effet que ça fait de pénétrer un homme. Comme ça. Le bien-être qu'il avait ressenti, un bonheur inattendu. Les jambes de Dilip autour de ses hanches. Dilip souriait. Ça avait fait sourire Mukundan à son tour. Ils souriaient tous deux quand Brazil entra pour se servir un verre d'eau. Elle se mit à rire. « Pardon. Alors, vous êtes homos, tous les deux ? » Dilip se dégagea, il repoussa Mukundan. Il le frappa plusieurs fois dans les côtes. Comme un forcené frappant une chèvre attachée avec un marteau.

« C'est lui qui a voulu », hurla Dilip en anglais, en ramassant son pantalon. « Il m'a forcé ! » Mukundan retrouva son équilibre, il donna un coup à son ami dans les côtes. Il le cogna encore une fois. Et encore. Dilip tituba. Brazil eut un mouvement de recul.

« Qu'est-ce tu faire ? criait-elle. Arrête ! Tu le tuer ! » Mukundan se retourna et attrapa un objet qui se trouvait sur l'étagère, un cendrier. « Monsieur, non. Arrêter maintenant ! » Elle hurlait en se tenant les joues. « STOP, MONSIEUR ! MONSIEUR ! » En quelques secondes, Europe, les fesses à l'air, était aux côtés de Brazil, à hurler avec la même fureur pendant que deux colocataires de Mukundan tentaient de le retenir. Brazil mit les mains sur son nez. « Cassé, cassé », elle sanglotait. Europe criait plus fort. Un des hommes tenta de la calmer.

— Plus d'argent, toi plus d'argent, OK ?
— Qu'est-ce qu'il a fait à nez ? dit-elle.
— On répare nez, OK, dit l'homme. OK ?

— Non, pas OK ! cria Europe.

C'est à ce moment que l'homme frappa Europe.

« Ferme-la, ferme-la, ferme-la », disait-il.

Puis les hommes, même Dilip, se mirent à frapper la fille à coups de pied.

« Siouplaît, Monsieur, pas d'argent, gratuit, tout gratuit ! »

Mukundan alla à la salle de bain pour se laver la bite.

Les propriétaires de l'appartement à côté appelèrent la shurtha. Le gardien de l'immeuble monta lui aussi. Il cogna sur la porte. « Quoique vous fassiez, ouvrez tout de suite ! La police arrive ! »

Quelques minutes plus tard, la shurtha était là. Une voiture de patrouille s'était arrêtée pour dîner dans le coin. Mukundan refusa de parler. Il remit son pantalon, accepta les charges, la sentence, les coups de fouet, la rééducation obligatoire. Il demanda à un ami d'appeler sa femme. Elle ne découvrit de quoi on l'accusait qu'au bout d'une année. Que Brazil avait perdu des dents, qu'elle avait été expulsée vers Manille avec sa copine Europe. Que Dilip s'était noyé dans un seau d'eau en prison quelques semaines après le jugement. Il ne savait pas comment dire tout cela à son fils. Peut-être un jour. Pas pour l'instant. Il ne saurait pas par quoi commencer, ou avouer qu'il ne regrettait pas ce qu'il avait fait, et le referait peut-être. Il n'était pas désolé. Mais Saji attendait qu'il réponde, il fallait qu'il dise quelque chose.

— Mon ami Sunil dit qu'Amma ment, dit Saji. Tu es allé en prison parce que tu as mis la langue dans la bouche d'un garçon, dit Sunil.

— Tu le crois, Sunil ?

— Non, dit Saji.

— Pourquoi ?

— Si je te dis, tu promets de ne pas le dire à Amma ?

— Bien sûr, fils.

— Je mets ma langue dans la bouche de garçons tout le temps. Ils m'embrassent aussi. Ils me sucent la langue. Et je ne suis pas en prison.

— Sunil aussi ? demanda Mukundan.

— Des fois, dit Saji. Mais il me laisse sucer sa langue que si je l'ai embrassé dans le cou d'abord… Tu vas le dire à Amma ?

— Non, dit Mukundan. Tu peux garder un secret, toi aussi ?

— Je suis le meilleur gardien de secret ! dit Saji.

— À Abou Dhabi, j'avais deux boulots, lui chuchota Mukundan. J'étais le gérant d'un magasin la plupart du temps, mais les week-ends, j'étais un immeuble.

— Tu mens, dit Saji. Tu es trop petit pour être un immeuble.

— Ça m'a pris un bon bout de temps pour apprendre à le faire, dit Mukundan. Toutes les nuits je contemplais ces briques. Je veux dire, il faut choisir tes briques, voir à quoi elles ressemblent. Il y a des bonnes briques, des briques merdiques – ne dis pas à Amma que j'ai dit ça – et des briques comme ci comme ça. Mais alors, j'en voyais une qui me plaisait. Et je la prenais à la maison. Juste pour la regarder, tu vois ce que je veux dire, mon fils ?

— Parfois, je me dis que je suis un poisson quand je nage dans l'étang, dit Saji.

— Et les poissons viennent vers toi ?

— Oui, dit Saji. Ils nagent autour de mes chevilles, de mes oreilles.

— Ils te disent des secrets ? demanda Mukundan.

— Je ne comprends pas ce qu'ils me disent, admit Saji.

— Écoute bien, dit Mukundan

— C'est comment, d'être un immeuble?

— J'étais un immeuble à deux étages, dit Mukundan. Mes amis ne me reconnaissaient pas. Ils passaient devant moi. Mais au bout d'un moment, j'ai commencé à en parler à des gens, tu sais. À parler de ce que je faisais, que je pouvais devenir un immeuble. Et tu sais, j'ai commencé à avoir des coups de téléphone. Des amis qui me demandaient des services. Un ami m'a loué à de mauvaises femmes qui faisaient des choses sales avec des vilains hommes, en se faisant payer très cher. Elles nous faisaient gagner beaucoup d'argent à mon ami et moi. Mais je suis devenu trop gourmand, fils.

— J'ai pincé le bébé de Tatie Mani parce qu'elle ne voulait pas m'embrasser, dit Saji.

— Donc tu sais ce que ça fait de désirer quelque chose, hein ? Quand tu n'obtiens pas ce que tu veux, ça te rend fou.

— Oui, fou.

— Je voulais gagner plus, je voulais apprendre à me transformer en hôtel de taille moyenne. Mais il me fallait un permis pour faire ça. Et je m'en foutais.

— C'est quoi un permis ? dit Saji.

— C'est quand quelqu'un te donne la permission de faire quelque chose, dit Mukundan.

— Comme de faire tous mes calculs correctement pour pouvoir regarder la télé ?

— C'est la même chose, dit Mukundan.

— Alors, tu es devenu un hôtel ? demanda Saji.

Il avait commencé à travailler au noir en tant qu'hôtel de taille moyenne, avoua Mukundan, il faisait même payer les clients plus cher, et il s'était fait pincer parce que ces choses ne restent pas secrètes bien longtemps. Il avait été traîné en prison par des fonctionnaires fâchés puis au tribunal où on lui fit promettre de ne plus jamais se transformer en hôtel ou en immeuble sans permis. « J'ai promis. » Mais il eut une peine de prison et le juge et le personnel pénitentiaire invitèrent leurs amis et leur famille pour leur montrer l'homme qui pouvait se transformer en hôtel. Ils le menèrent dans la cour et le menacèrent de le dénoncer s'il refusait de s'exécuter, se moquant de lui jusqu'à ce qu'il renonce à tout. Manger. Boire. Faire des exercices. Qu'il renonce à tout au point de ne plus avoir la force de se brosser les dents, de se laver les cheveux ou de parler aux visiteurs, et qu'il se mette à oublier des choses qu'il avait sues. Comme l'endroit où il vivait, ou qu'il aimait les bananes très mûres ou qu'il pouvait se transformer en hôtel de taille moyenne et ainsi gagner pas mal d'argent. Il oublia de nombreuses choses, dit-il. Il oublia de se couper des ongles et de se laver sous les bras. Il oublia le nom de son conseiller. Il oublia de mettre des sous-vêtements propres ou de manger. Il oublia la voix de sa femme et celle de son fils. Il s'arrêta de prier. Il ne se souvenait plus quand son père était mort. Il perdit la mémoire des dates. Et un jour, ils avaient décidé de le laisser sortir, ils pouvaient le faire parce qu'ils s'étaient rendu compte qu'ils l'avaient oublié, parce qu'il n'avait même plus à être là, parce que le consulat indien avait passé un accord avec le gouvernement, qu'il était libre de s'en aller, mais ils avaient oublié de faire les démarches administratives. « C'était une nouvelle réjouissante. » Mais il dut laisser une partie de lui même derrière lui, raconta-t-il à son fils. « Il m'ont forcé », dit-il. « Donne », dirent-ils. « Donne ! » Et il le fit. Il donna. Les gardiens transformèrent cette partie de lui – « ce que j'ai donné ! » – en pâte et en enduisirent les murs de la cellule de Mukundan. Ils diluèrent ce qui restait dans de l'eau et lavèrent les sols avec. C'était leur manière de le garder là-bas, qu'il laisse une partie de lui même là-bas. Un souvenir. Puis il partit. Et maintenant il était ici. Avec son fils, Saji, à lui raconter tout ça, à lui dire la vérité, afin que Saji n'ait plus jamais à s'en faire : Mukundan avait payé sa dette.

— Je ne te crois pas.

— Regarde ma peau, insista Mukundan. Pourquoi crois-tu qu'elle est comme ça ? Regarde moi ! Une partie de moi – ailleurs.

Le jour suivant Golfe Mukundan quitta la maison, sans laisser de note, sans rien prendre avec lui, pas même des habits, sans dire au revoir.

Les gens du village cherchèrent d'abord dans la rivière, dans les puits du coin. Ils parlèrent aux pêcheurs qui revenaient avec leurs poissons attrapés à quelques kilomètres de là. Puis ils cherchèrent dans les arbres, les banians et les palmiers, les maisons vides, tous les endroits où un homme pouvait se pendre. Sauter. Ils ne le trouvèrent pas. Ils allèrent dans les pharmacies demander si un homme correspondant à sa description avait acheté des cachets, et ils demandèrent dans les petites boutiques si un homme correspondant à sa description avait acheté de la mort-aux-rats ou de l'eau de javel. Ils ne trouvèrent rien. Puis ils allèrent dans les gîtes du temple, sur les rails de chemin de fer, à la morgue. Ils vérifièrent dans les hôpitaux de six districts, téléphonèrent à ses anciens amis dans le Golfe et ses proches dans les autres États. Ils soudoyèrent des sous-fifres dans les hôpitaux, des agents de police et des vagabonds pour obtenir des renseignements. Ils affichèrent sa photo sur les lampadaires, dans les cinémas, la montrèrent à des gens dans la rue, mais sans résultat. Ils ne trouvèrent rien. Mukundan avait disparu.

Son oncle n'était pas content. Il voulait un cadavre, une charogne dans un fossé, une lettre au courrier, une sorte de conclusion, mais son neveu le décevait. « Ceux de son espèce, il vaut mieux qu'ils meurent », dit-il à l'épouse de Mukundan. « Tu es sûre qu'il n'est pas en train de sucer la queue d'un type quelque part ? Si seulement il s'était pendu dans sa chambre comme tout homme raisonnable. Je veux dire, tu ne t'en étais pas rendu compte ? Les femmes de cette famille ne savent-elles pas tenir les bites de leurs maris ? Tu aurais pu lui lécher les couilles, lui mettre un doigt au cul, au moins tu l'aurais gardé. Ou si ta chatte ne lui suffisait pas, tu aurais pu appeler une copine avec des gros nibards, un truc dans le genre. Ou organiser quelque chose discrètement, sans que ça salisse le nom de la famille. Pense à ce que ça a fait à notre réputation ! C'est lamentable, juste lamentable ! »

Saji attendait son père à la porte tous les soirs. Il le fit pendant des semaines et un jour, décida de lui-même que son Atchan prendrait peut-être plus de temps que ça pour revenir à la maison.

Cette semaine-là, il se promenait dans un chantier de construction sur le bord de la route près de leur maison, où des femmes pieds nus, la peau noircie par le soleil transportaient des briques de couleur chair sur leurs têtes. Il vola une brique, l'emporta chez lui et la mit dans sa chambre.

Tous les soirs, il contemplait la brique pendant plus d'une heure. Il avait oublié ce qu'il était censé y chercher. Il tâtait sa peau. Et si cette brique ne fonctionnait pas, comment allait-il choisir la suivante ? Il se demandait combien de temps la mutation allait prendre. Son père lui avait expliqué qu'il fallait énormément de concentration pour y arriver. Mais Saji était impatient. Il se mit à tricher. Il frotta la brique sur sa peau, jusqu'à être irrité et à saigner. Il le fit jusqu'à ce que sa mère le découvre et qu'elle jette la brique mais il ne donna aucune explication. « Dis-moi ! » pleura-t-elle. Il refusait. Quand il eut cicatrisé, il trouva une autre brique, la porta dans sa chambre et la contemplait constamment. Il essaya de fermer les yeux, de sentir les signes d'épaississement de sa peau et cherchait à ressentir les mêmes choses que son père. Il amena même la brique à l'école, il la sortit en récréation.

Il le faisait même pendant que son grand-oncle s'occupait des arrangements funéraires pour son père. Ils n'avaient pas trouvé Mukundan mais cela importait peu. Dans ces circonstances où la dépouille ne pouvait pas être trouvée il y avait une autre façon de permettre à l'âme torturée du mort de trouver le repos. L'épouse de Mukundan donna son accord. Saji devrait jouer le rôle du fils éploré. Les voisins n'avaient pas été informés de la cérémonie mais ils apprirent qu'elle avait lieu. Ils eurent la décence de laisser la famille tranquille.

Le jour dit, le prêtre, un incapable déniché par le grand-oncle de Saji, reçut un sac rempli des biens de Mukundan. Il contenait les habits qu'il portait en rentrant chez lui, son passeport indien, son permis de travail émirati annulé, la lettre de grâce du juge, des photos du Golfe, l'alliance et la chaîne de son épouse, des lettres intimes et des draps, une assiette et une tasse à café, son répertoire, son nom de naissance écrit en malayalam sur un bout de papier et la date de sa mort gravée sur un morceau d'écorce : le 4 juin 1991. Tout ceci, et même une poupée sculptée en bois habillée d'une chemise à manches longues et d'un pantalon noir, fut placé sur un bûcher puis recouvert d'un linge blanc. On versa un pot de ghee sur le tout. Le prêtre qui sentait le camphre et les Marlboro parla aux dieux, il expliqua que cet homme était mort. Il parla de naissance, de vie, de mort et de réincarnation. Il parla d'âmes. Il parlait la langue que ses ancêtres avaient probablement utilisée mille ans auparavant, mais il aurait pu écorcher la prononciation de tous les mots que personne ne l'aurait remarqué. Une fois qu'il eut fini, il appela le fils du défunt. Le garçon fut poussé en direction du prêtre.

Saji, qu'on avait forcé à prendre un bain, enveloppé d'un sarong blanc qui tenait avec une ceinture de cuir, torse nu, reçut une brindille allumée plus longue que son bras. On avait demandé à sa mère de rester à l'intérieur.

« Vas-y, mon fils, dit le prêtre. C'était écrit. Donne-lui la paix. »

Saji refusa.

« Atchan va revenir. Pourquoi dites-vous qu'il est mort ? »

L'oncle de Mukundan gifla Saji violemment.

« Mon garçon ! Arrête ces bêtises. Allume le bûcher, tu veux que l'âme de ton père se torde de douleur ? »

Le bruit fit sursauter les corbeaux sur les lignes téléphoniques. Ils se mirent à croasser. « Obéis », cria-t-il. Le garçon ne bougeait pas. L'oncle de Mukundan le gifla encore une fois. Il tira l'oreille gauche de Saji et lui prit la main. Il le fit enflammer le bois. Puis il le força à rester là, pendant que Saji se débattait. « Il est parti, tu comprends ? Enfin mort. » Saji regarda son père brûler.

Tout brûla.

Cette nuit là, Saji prit la brique de sa chambre et s'en frotta tout le corps. Méthodiquement, comme si c'était du savon. Puis il alla trouver sa mère. Elle était assise dans la véranda avec les femmes de sa famille. Elle était maintenant veuve. Veuve. Veuve. Veuve. Veuve. Veuve du Golfe.

Saji posa ce qu'il restait de la brique à ses pieds, ses yeux étaient ronds et exorbités comme ceux d'une grenouille. Il regarda sa mère. « Je n'y arrive pas », dit-il. « Je ne suis pas assez fort, Amma. » Son fils était nu. Ses bras et ses jambes saignaient. Son corps était couvert d'écorchures et de poussière rouge, la chair à vif d'avoir été frotté. Il sentait la brique, la terre sale, la vieille poussière. Comme s'il était sorti du sol après avoir été dans une mine pendant des jours, des décennies même, à la recherche de quelque chose, mais revenait bredouille.

Et sa mère regarda son garçon et rit. « C'est beau que tu aies autant aimé un homme que tu as à peine connu, dit-elle. C'est comme si tu voulais que le monde entier sache que ton père te manque. Il me manque aussi, tu sais. Mais, on dirait que je suis seule avec toi maintenant. Je n'aurai pas le droit de l'oublier parce que je vais te regarder grandir et lui ressembler de plus en plus. Je n'aurai pas le droit de l'oublier parce que tu vas hériter de toutes ses manières. Il suffira d'un regard pour que tout le monde sache que tu es le fils de ton père. Alors dis-moi, mon fils, sois sincère maintenant, les enfants qui mentent à leur mère s'en sortent rarement dans la vie. Est-ce que tu penses aux garçons ? »

Chapitre sept — Blattella germanica

Dans l'appartement où je vis à présent, quand le lac se prend pour une mer, tous les étés, du moins quand il tombe des cordes dehors, une punaise d'eau de la taille d'un petit navire rampe hors du lavabo de ma salle de bain et décide d'aller faire un tour. Il n'y a jamais qu'un insecte. Quand je l'écrase ou que je le gaze, un autre arrive le lendemain, comme si la salle de bain était un port d'entrée ou la lune, visite autorisée pour un seul insecte à la fois. Je tue aussi celui-là. Au bout d'une semaine, j'appelle la gérante de mon immeuble, Laurel, et je l'informe qu'une grosse blatte me rend visite tous les jours, et lui demande si elle pourrait envoyer quelqu'un des services de lutte anti-cafards. Vous voulez dire une punaise d'eau, monsieur ? me répond-elle de prime abord. Non, je veux dire une blatte, je rétorque. Bien sûr, monsieur, dit-elle, je vais vous envoyer le désinsectiseur pour s'occuper de votre problème de punaise d'eau, monsieur. Laurel, il faut que je vous dise, il ne s'agit pas de punaises d'eau. Des blattes, madame, des blattes, des cafards. Et je connais les blattes. J'ai grandi avec elles. Pas des obèses ou indolentes, pas des créatures à la capacité de survie limitée, j'ai connu ce qui se fait de mieux dans le genre, des saloperies de la taille d'une cartouche, des *Blattella germanica* – les cafards.

Elles ont démoli l'immeuble où j'ai été élevé il y a des années. Celles qui vivaient dans notre cuisine, notre salle de bain, dans les fissures, dans les portes, qui venaient se nourrir quand nous nous nourrissions nous aussi, ou pendant que nous dormions, ou quand Milo, notre canidé irritable, faisait pipi ou caca sur un journal dans la salle de bain, ou quand il n'y avait personne aux alentours, que la maison était calme, que c'était le bon moment et qu'il n'y avait aucun danger à s'aventurer à l'extérieur, à flairer l'air avec leurs antennes vertigineuses ou à se rassembler comme des malfaiteurs ou des joueurs de cartes ou déguerpir et forniquer, ou déféquer ou laisser tomber des sacs d'œufs couleur caca luisant comme des chaussures cirées, ou simplement se promener pour le plaisir, déambuler, se gratter le dos entre les poils d'une brosse à dents, passer le temps, trouver une manière d'entrer dans le frigo et ne pas en sortir parce que la bouffe sentait si bon qu'on ne pouvait s'en détacher, sentait si bon qu'on en mourait. Si un seul de ces insectes a survécu à la démolition de notre immeuble, laissez-moi vous dire ce qui va se passer : quelque part, dans une maison, dans la cuisine ou la salle de bains ou ailleurs, où il y a une fissure dans un mur ou dans le sol, ces insectes complotent pour s'emparer de l'immeuble, pour observer ses locataires, pour imiter leurs habitudes, pour apprendre leur langue, pour les soumettre, et pour finir par se transformer en eux, et par prendre leur place.

J'ai vu de mes yeux les dangers de cette invasion. J'ai vu des trucs infernaux. Ce que les insectes deviennent. Je les ai vus s'entraîner à se faire passer pour autre chose. La nuit, j'ai vu des trucs irracontables, j'ai entendu des choses effrayantes. Des blattes portant des petites chemises, des pantalons et des jupes, des culottes et des slips, des blattes qui parlaient notre langue, des blattes qui avaient appris à marcher debout toutes seules. Des blattes qui étaient devenues humaines.

Je n'étais pas un enfant ou un attardé. Je ne prenais pas de cachets. J'avais dix-sept ans – dix-sept – quand je me suis rendu compte que les insectes pouvaient parler.

La porte de notre cuisine était à l'époque couleur cacao séché, criblée de trous et de fentes, comme l'écorce d'un arbre en train de pourrir. Cette nuit-là, pendant que ma famille dormait, j'ai attendu accroupi près de la porte de la cuisine, prêt à bondir dès que l'horloge sonnerait deux heures, au moment où l'humidité de la cuisine serait à son paroxysme, pour le plus grand plaisir des ses occupants nocturnes, je voulais être là quand ils sortiraient pour se nourrir. J'avais mes raisons. Un peu plus tôt dans la soirée, pendant le dîner, pendant que mes amis mangeaient sur la table couverte de la plus jolie nappe d'Amma, des blattes rampaient à la vue de tous, sur le tapis, près du climatiseur, sous le canapé, à côté des lampes, de la télé, sur le bord de l'écuelle de Milo, dans sa pâtée. Amma les balayait. Puis je les envoyais valser à mon tour. C'était dégoûtant. C'était gênant. La lumière ne faisait plus peur à ces créatures. Plus jamais ça, je me jurais, plus jamais, donc, j'étais là près de la cuisine qu'Amma fermait toujours pour la nuit, accroupi comme un homme préhistorique brandissant sa massue, à l'affût. Prêt à tuer.

Dans la poche gauche de mon pantalon, il y avait une bombe insecticide, ma main droite serrait le journal de la veille, roulé serré, une arme mortelle. Et c'est alors que j'entendis un caquetage. Des voix provenant de la cuisine.

Je comprends le malayalam, je le parle. En arabe, je me débrouille. Dans quelques autres langues comme l'ourdou, le farsi et le tamoul, j'arrive à identifier beaucoup de mots par leurs sonorités. Cette nuit-là, ce que j'ai entendu était un mélange de toutes les langues que je connais, ou que je connais plus ou moins, peut-être même mélangées à d'autres qui composaient un charabia si étrange, si particulier, si familier mais distant, un patois mystérieux avec des mots qui avaient peut-être été empruntés aux Égyptiens du onzième étage, à la famille soudanaise du cinquième, aux Palestiniens en face des Malous, aux Indiens de Bombay, à la dame anglaise, aux Pathans, aux Sri-Lankais ou aux Philippins, des mots qu'on dit à son fils ou à sa fille, qu'échangent des maris et des femmes, des amants et des ennemis, des mots collectés et répétés, déversés dans les cerveaux, pratiqués en secret mais à voix haute, des mots choisis puis transformés, prononcés et déformés, assemblés pour créer de nouveaux sons, pour conjurer les anciens, pour produire du sens, pour obscurcir des secrets ou exprimer sa joie. J'avais l'impression que ces mots que j'entendais dans notre cuisine, émanaient de toute une assemblée. Je me suis dit : des cambrioleurs. Des cambrioleurs dans notre petite cuisine, une famille de cambrioleurs, une bande de polyglottes qui avaient réussi à entrer, qui parlaient une langue codée, et il fallait que je fasse quelque chose, que je prévienne ma famille ou que j'amène le chien. Mais je n'ai rien fait de tout ça. Dans un moment de folie, je me suis précipité sur la porte. Je suis entré, j'ai refermé la porte à clé et j'ai allumé les lumières. La première chose vivante que j'ai vue était une blatte blanche dans une veste de sport et un short en épluchures pourries séchées. Elle se tenait debout, comme un humain, et fumait une beedie plus petite qu'une tête d'épingle. À quelque pas se trouvaient de nombreux insectes de son espèce, vêtus de petits habits, qui tentaient de marcher comme des humains, en se balançant d'un côté et de l'autre, qui s'entraînaient, aurait-on dit, qui me regardaient tranquillement en discutant. Mais en continuant à parler une langue qui n'était pas la mienne.

J'ai empoigné la bombe insecticide.

Ils se sont dispersés. Je leur ai couru après. Je les ai arrêtés, j'ai marché sur eux, je les ai écrasés. J'ai soulevé les objets, je les ai frappés jusqu'à les réduire en purée. J'ai vaporisé jusqu'à en avoir mal au doigt, jusqu'à ce que ma bombe ne crache plus qu'un peu de mousse. Je les tuais pendant qu'ils se hurlaient des instructions, s'échappaient dans des fissures, qu'ils abandonnaient leurs amis, en prévenant d'autres. Je les ai tués pendant qu'ils juraient, qu'ils suppliaient, qu'ils se taisaient. Tout ça ne pouvait pas avoir duré plus de dix minutes. Puis j'ai attendu. Vingt minutes de plus, le temps qu'il a fallu pour trouver des insectes faisant semblant d'être morts. Puis je les ai tous balayés et j'en ai fait un tas pointu que j'ai laissé au centre de la cuisine pour qu'Amma le trouve le matin. Mais avant de sortir de la pièce, je me suis accroupi tout près d'eux, assez pour sentir le gaz sur leurs corps, et j'ai observé attentivement les habits que les insectes portaient, leurs chaussures faites sur mesure à leurs pieds, leur savoir-faire, j'ai aussi fait attention à ce qu'aucun d'entre eux n'aboie plus d'ordres, à ce qu'aucune bestiole ne soit encore en vie. Dehors, dérangé par ce vacarme, Milo m'attendait patiemment. Il me lécha la cheville, me guida jusqu'au canapé de l'entrée, où je me suis endormi avec son cul collé à mon visage. J'ai dormi jusque dans l'après-midi, réveillé par le mal de tête. Quand j'ai demandé à Amma ce qu'elle pensait du massacre dans la cuisine, elle ne savait pas de quoi je parlais. C'est là que j'ai découvert que les blattes ne faisaient pas que manger leurs morts, elles retournaient les chercher. Donc le mois suivant, j'ai décidé de répéter la même opération, les insectes étaient bien là, dans leurs vêtements humains, parlant leurs langues humaines, sous les instructions d'un autre chef. Je les ai tués encore une fois, j'ai même fait un tas encore plus gros, j'ai pris des photos avec le vieux Nikon de mon grand-père, mais la pellicule était périmée et au matin, une fois de plus, le tas que j'avais fait avait disparu, ce qui m'a rendu fou. J'ai poussé Amma à demander à Atchan de faire venir un désinsectiseur pour imaginer ce qui pouvait être fait. Le désinsectiseur refusa le travail. Il est trop tard, expliqua-t-il. Je pourrais empocher votre argent, dit-il, mais ils sont partout. Il annonçait le nom du vainqueur, et ce n'était pas moi. Je pense que les insectes le savaient. Ils se mirent à me parler et à se moquer de moi. Pendant que je me brossais les dents ou que je faisais caca ou que je m'endormais sur le canapé en regardant la télé, il y en avait un qui s'approchait de mon oreille en criant Ouictoire, ouictoire ! Ils ne se gênaient pas pour prendre des notes aux yeux de tous, ils écoutaient quand mes parents me parlaient de la vie, ils entendaient que je décevais ma famille, quand j'avais dit à Amma d'aller se faire foutre, quand j'avais bousculé mon Atchan. Les blattes me marmonnèrent au revoir en onze langues quand je suis parti à l'université, pour ne plus jamais revenir.

Donc quand je dis à Laurel que je connais les cafards, ce n'est pas une blague. Ils se sont emparés de ma maison une fois. Il ne faut pas que cela se reproduise. Ces imbéciles replets qui se promènent dans ma salle de bain, un à la fois, une fois par jour, n'ont peut être pas le culot des *germanica* mais je ne veux courir aucun risque. Ma voisine, Helen, une vieille bique voûtée à rouge à lèvres rose m'a parlé d'un gros insecte qu'elle avait repéré dans sa salle de bain l'autre jour, elle aussi. Groooos, montrait-elle, groooos ! Ce sont certainement des missions de reconnaissance. Peut-être qu'un jour ces insectes malfaisants débouleront en masse dans nos salles de bain, avec leurs habits de professionnels ou d'ouvriers ou déguisés en ma proprio stupide qui ne parle pas un mot d'anglais et ne fait que sourire, ils parleront l'américain avec un accent, nous sortiront de nos lits, ils nous attacheront, nous amèneront dans nos salles de bains, ils nous pousseront dans la bonde des lavabos, ils feront couler l'eau, et se débarrasseront de nous, puis ils prendront notre place car il sera temps. Le désinsectiseur, Laurel, envoyez-moi ce putain de désinsectiseur ! Il y a quelque chose que Laurel devrait comprendre. À chaque fois que je tue un cafard bien gras, je laisse des parties de son corps dans la salle de bain, près du lavabo, dans la douche, dans la baignoire, près de la fenêtre, à côté de l'évacuation. Tous les matins, quand je me réveille pour aller pisser, ces morceaux de corps ont disparu, ils sont retournés à l'endroit d'où ils sont venus. Et le soir, un autre insecte malfaisant se pointe, comme une offrande. C'est un truc, un jeu, mais je ne les laisse pas faire. Avant de frapper l'insecte, je vérifie s'il porte des chaussures ou une jupe ou une veste ou une cravate ou des sous-vêtements sans entrejambe faits d'ordures putrides, si la bestiole prend des notes ou essaie de marcher debout. Je la regarde avant de passer à l'action. Puis, je m'approche autant que je peux de cette chose, je l'accule presque et je demande : « Tu parles anglais ? » Hier, Laurel, j'ai eu ma première réponse :

« Oui, Boï, un petit peu. »

Chapitre huit   Ividay (ici)
                                                   Aviday (là)

Ividay, dit Amma, il fait de plus en plus frais avec ces pluies incessantes. Le chien supporte pas bien ça, il a du mal à manger, dort toute la journée, aboie toute la nuit. Les voisins se plaignent. *Aviday* ?

Ividay, je parle dans mon téléphone, le froid est piquant, on attend encore de la neige. Il y a une marque de sel sur mes bottes, le radiateur de la salle de bain est minable, mon pantalon est déchiré à l'entrejambe. J'ai été super occupé. La vie. Il faut que j'obtienne tous ces documents, il me faut 7 565 dollars pour acheter une épouse américaine pas chère (un deal avec l'argent sur la table, à prendre ou à laisser) et que je trouve un boulot à plein temps. Tu peux me rappeler comment tu fais ton poisson, je dis.

Aviday, le poisson est bon ? demande Amma. Qu'est-ce que tu connais au poisson ? Où est-ce que tu trouves le temps de faire du poisson ? Reviens à la maison, ividay, mon garçon. Atchan achètera du poisson. Et tu mangeras autant de poisson que tu voudras. Aviday, je sais, les Américains préfèrent quand c'est fade. Juste du sel et du poivre pour eux. Ou bien des bâtonnets de poisson. Aviday, on trouve seulement des sushis.

Ividay, ça va bien, je dis. Amma n'est pas convaincue. Je suis parti de la maison il y a huit ans pour aller dans le Midwest. Un garçon fait pour l'université. Je ne suis jamais rentré depuis, et je n'ai plus de papiers depuis trois ans. Alors Amma imagine des choses. Ividay aujourd'hui, aviday me manque. Parfois, c'est la vérité. La manière dont Atchan cherche les signes de stress sur mon visage me manque. Ne t'en fais pas, ne t'en fais pas, dit-il, tout va bien se passer. J'ai une sœur quelque part, ma toute petite sœur – une jeune femme aujourd'hui. Ividay, je commence, puis je m'interromps. Amma attend que je finisse. Elle sent que j'ai quelque chose sur le cœur. Est-ce qu'il me faut du jaggery pour le poisson ou est-ce que je confonds avec le tamarin ? C'est ça que je veux demander, mais j'ai oublié comment on dit *jaggery*. Je suis gêné, je panique. Je me rattrape en lui disant qu'ividay, j'ai acheté des épices et des conserves chez les Arabes, je parle en partie anglais. J'achète des produits alimentaires bon marché chez les Mexicains, je continue. Ils vendent des crevettes tous les dimanches.

Aviday, quel temps fait-il maintenant ? Atchan voudrait savoir. Amma lui a passé l'appareil. Ne t'en fais pas, OK, dit-il, couvre-toi bien, OK ? Ne bouge pas, OK ? Gagne des sous, OK ? Et ne sors pas dans la neige sans tes gants, fils, il dit, avant de rendre le téléphone à Amma. Aviday, commence Amma, tout va bien, mon fils ?

Tout va bien ividay, Amma, je dis, parfaitement bien. Je suis à côté de la fenêtre de la cuisine. La lumière de l'après-midi faiblit. Il va neiger dans quelques heures. Aviday, dans quelques jours, il pleuvra. Un chien aura fait la paix avec son nouvel environnement. D'ici là, je me souviendrai. Chez les miens, le mot pour *jaggery* est *sharkara*.

Chapitre neuf — Baith

« Les organes d'Atchan sont en train de lâcher, me confirma ma sœur. Il est bourré de morphine. Ils vont arrêter la respiration artificielle si son état ne s'améliore pas. Amma reste à ses côtés en permanence. »
Que feriez-vous ?
Pendant que j'attendais mon avion à l'aéroport JFK, le mot a couru que l'immigration venait d'appréhender un gros bonnet du trafic humain. Un type du Bangladesh. J'ai entendu quelqu'un le chuchoter. À la réception des bagages, un chien a tourné deux fois autour de lui et s'est mis à aboyer. Soupçonneux, des agents obèses de la sécurité de l'aéroport ont soulevé le Bangladais par les pieds et l'ont secoué. Puis ils l'ont déshabillé en ne lui laissant que son boxer et l'ont assis sur une chaise.

Le chef, large comme un ours, à peine plus grand qu'un gnome, a marché sur lui, s'est mis debout sur les genoux du Bangladais et l'a forcé à ouvrir la bouche. Il a demandé ensuite un cocktail Molotov qu'il a jeté à l'intérieur. Et ils ont attendu. On a entendu bientôt un boum sourd. Puis le son d'un martèlement affolé s'est échappé du ventre de l'homme. Ils l'ont ouvert à l'aide d'une barre à mine et la mère de l'homme en est sortie enveloppée de cellophane et portant une bouteille d'oxygène.

— Trafiquant, dirent les hommes dans leur talkie-walkie.

— Mamie à porno, dit quelqu'un.

— Naaan, le corrigea son fils ébahi. Ne lui mettez pas les menottes ! Les mains en l'air... M'MAAAN !

Tout ceci retarda mon vol de trois heures. À Francfort, dans le salon de transit, on me fouille. C'est la première fois que ça m'arrive. Un agent allemand plus petit qu'un poney introduit ses doigts si profondément dans mon cul qu'il découvre mon pays des merveilles, qu'il veut inspecter, ses collègues serviables le poussent entièrement en moi. Il a l'air de s'y sentir bien, il refuse d'en sortir. Ses collègues ne semblent pas trop s'alarmer, ils vont s'occuper d'autres tâches plus pressantes dans l'aéroport. Les autres passagers prétendent ne rien avoir vu, je suis donc forcé de prendre le petit Allemand avec moi, ce qui contrarie mes plans. J'essaie d'aller voir mon père. Et pour faciliter cela, je vais essayer de me faire arrêter au contrôle des passeports de l'aéroport international d'Abou Dhabi, AUH. Je n'ai rien dit à Amma. Atchan aurait compris. J'ai donné l'instruction à un ami avocat d'envoyer un courrier scellé à ma sœur au cas où il m'arriverait quelque chose.

— Comme quoi ? demanda-t-il.

— Il y a des oiseaux qui percutent des avions tous les jours, répondis-je.

Ma sœur m'appelle avant que mon avion décolle de Francfort.

— C'est fait, dit-elle.

— Super, je dis.

— Quand on s'approchera de la fin, je t'appellerai. Tu lui parleras, OK ? Tu lui diras au revoir.

— OK, dis-je.

Normalement (jusqu'à Francfort), les agents de l'immigration de JFK ou de Schiphol ont rarement à m'adresser la parole. J'ai l'air quelconque, et c'est pourquoi je suis toujours persuadé que je ne vais jamais rencontrer aucun problème à JFK ou en transit à Francfort. En fait, à JFK, j'avais trompé la fille de l'enregistrement qui m'avait laissé embarquer avec la copie scannée d'un visa touristique émirati de l'an dernier, en lui expliquant que l'original m'attendait à AUH. J'ai fait le pari qu'elle ne vérifierait pas la date. Elle ne l'a pas vérifiée, et ne m'a demandé que mon passeport. À AUH, l'aéroport d'Abou Dhabi, j'espère avoir une autre réaction. Je veux attirer l'attention sur moi – mais seulement à AUH. Jusqu'à ce que j'y arrive, il faut que je passe tous les contrôles de sécurité. Pour réussir mon coup à AUH, je prends un risque, je rentre chez moi, à la maison – ce que je fais d'habitude une fois tous les deux ans – avec un tournevis en plastique, une pince, un détonateur et une boîte de biscuits pleine de TNT discrètement cachés dans mon sac à dos. J'ai aussi pris mon rosaire parce que compter, ça me détend. Autrement, je sue abondamment. Si tout marche bien, le reste devrait être simple. Ce n'est pas un plan compliqué, c'est pourquoi je suis persuadé que je vais réussir.

Quand nous serons dans l'espace aérien émirati, que le signal pour attacher sa ceinture s'allumera, indiquant qu'on atterrit dans une demi-heure, je ferai venir une hôtesse et lui demanderai d'informer le capitaine que je voyage avec des explosifs, que je promets de ne pas en faire usage à condition qu'une personne importante – je ne dirai pas qui, je suppose que la bonne personne sera dénichée – me rencontre sur le tarmac. « Donc dites-leur, dis-je à cette hôtesse, que si je meurs, si le minuteur s'arrête, j'explose. » Je m'attends à être arrêté dès l'atterrissage, mais pas avant d'avoir insisté pour qu'on me menotte au négociateur, puis je m'attends à ce que des gardes armés aux chaussures immaculées m'escortent dans une salle d'interrogatoire insonorisée, pendant que les ouvriers faisant la queue au contrôle des passeports, beaucoup aux cheveux couleur rouille, certains accroupis, font mine de ne rien voir, en attendant que leurs sponsors arrivent avec leurs visas de travail – les originaux et pas les photocopies qu'ils ont prises avec eux. Dans cette pièce, toujours menotté à cet homme, je demanderai qu'on m'amène à l'hôpital. Sinon, je bluffe, j'ai assez sur moi pour faire un sacré bordel. Le petit Allemand a été un contretemps pénible, mais je devrais peut-être lui en être reconnaissant, ma capture ne pouvait mieux se passer étant donné les circonstances. Pourtant, échouer comme j'ai échoué ! Je devrais donner des explications.

Comme j'ai un petit bonhomme dans mon cul, je suis un passager plutôt agité et je n'appelle pas l'hôtesse au moment où on pénètre dans l'espace aérien émirati. Même quand l'avion déploie son équipement d'atterrissage,s je ne bouge pas. Je compte les perles de mon rosaire, je bois le reste de mon jus de pomme, je maudis Francfort, je pense à me brosser les dents, et j'espère, j'espère, j'espère qu'Atchan tiendra bon. Au contrôle des passeports d'AUH, j'éveille l'attention d'un agent aux bras dignes de de Popeye, qui rôde comme un chien errant fouinant dans les locaux. La transpiration traverse presque ma chemise. Pendant que Popeye m'inspecte, l'Allemand trouve amusant de me poser des devinettes en anglais, en me donnant les réponses en allemand. Ça m'énerve et mon plan est en train de partir dans tous les sens. Mon esprit est vide. Popeye me demande mon vol, puis me somme poliment d'écarter les jambes et mes bras. Le détecteur de métal bipe parce que l'Allemand a des plombages dans ses dents ainsi que son mauser de service. On dégaine. Popeye s'empare de mon sac à dos, et m'ordonne de le suivre. Nous ne passons pas devant les cheveux couleur rouille. On ne fait que passer devant les hommes d'entretien des toilettes qui sentent le sol d'hôpital. Les autres passagers me dévisagent discrètement. Beaucoup secouent la tête. En moins de dix minutes, je suis assis nu dans une pièce équipée de trois climatiseurs, avec trois hommes moustachus qui ne sourient pas et un jeune homme que tout le monde appelle Rookie. Et Popeye. Mon bagage en soute est arrivé avant moi et est ouvert comme les mâchoires d'un croco du Nil sur une table en acier, où il n'y a rien d'autre que trois numéros cornés d'un magazine automobile. En dehors de ça, la pièce est très nue, à part un autre objet, un énorme bocal à biscuits en verre plein à ras bord de biscuits au sésame. « Les biscuits au sésame ont un goût de boue », se plaignait Atchan. Popeye attend une explication. J'ai anticipé ce moment, mais pas comme ça. Je ne veux pas que l'histoire de l'Allemand fasse de l'ombre à la mienne. Tout ce que je veux est que ces hommes m'amènent à l'hôpital pour que je puisse m'asseoir auprès d'Atchan, et attendre avec le reste de ma famille qu'il meure. Avant l'intrusion de l'Allemand, j'avais imaginé menacer de déclencher mes explosifs artisanaux si l'homme sur le tarmac ne m'avait pas écouté, ou n'avait pas accepté d'être menotté à moi, le bon sens aurait pris le dessus et on m'aurait amené en vitesse à l'hôpital. Mais avec l'incident de Francfort, et l'apparition de Popeye maintenant que j'ai un homme dans mon corps, je me sens bizarrement responsable de sa sécurité même s'il me pose des devinettes étranges. « Pourquoi les éléphants vernissent leurs ongles de pieds en vert ? » J'essaie de rester calme parce que je pense savoir ce qu'il faut faire, j'arriverai peut-être même à retourner la situation à mon avantage. Je me souviens de la manière dont la sécurité de l'aéroport avait géré l'incident du Bengladais.

Donc.

Je demande des allumettes, une poignée de TNT. J'avale. Rien ne se passe. Le petit Allemand résiste au TNT. Je pense que je l'entends chantonner. Je demande un peu plus de TNT, que j'engloutis accompagné de deux allumettes enflammées de plus. Puis, après un moment de réflexion, j'allume une autre allumette et je la jette au fond de ma gorge avec toute la boîte d'allumettes. Ça a l'air de marcher. On entend clairement un boum. On entend un cri d'homme, mon ventre est plus chaud que d'habitude. Mais personne ne frappe. Je reste zen. Je demande à me servir de mon tournevis et qu'on m'aide à me mettre en morceaux. Une découpe de viande. On me démonte. Mon cerveau est retiré, mon sang, versé dans des seaux, mes membres, mis dans une bassine, avec mes organes. Ma peau est pendue à un porte-manteau et mes os sont recueillis dans des sacs-poubelle.

Dans le cours de l'action, ils ont trouvé l'ennuyeux Allemand, mais les nouvelles ne sont pas très bonnes. Apparemment, j'ai utilisé trop de TNT. Ses derniers mots dans un effort désespéré ont été « Salu... tations d'Alle... magne ! » Sa fin a été aussi dramatique que celle d'un opéra de Wagner, mais il avait eu assez de temps pour gribouiller une note sur le dos d'une carte professionnelle quelconque tirée de son portefeuille. Elle est en allemand et il nous faut un traducteur.

En attendant le traducteur, Rookie me reconstitue, mais il reste un peu de sang et trois os, ainsi qu'un organe que personne n'arrive à identifier, le tout est mis dans un seau de plastique rempli de glace que je garde. Puis le traducteur arrive, c'est une femme si grande que je dois lever les yeux pour la regarder et lever encore plus les yeux. Quelle tête ! Elle pourrait recouvrir le ciel en entier. Rookie tend à la grande femme le papier un peu brûlé, elle le regarde de près avec une loupe et une pince. « Mmmm, dit-elle. Mmmm », dit-elle encore. Son cinéma irrite tout le monde.

« Pourriez-vous s'il vous plaît vous dépêcher et nous dire ce qu'il a écrit, Madame ? » Popeye fulmine quand les hommes à moustache se mettent à l'examiner. J'aimerais savoir, et j'essaie de hocher la tête pour montrer mon approbation mais je n'y parviens pas, Rookie l'a vissée trop serrée et je suis incapable de regarder à gauche ou à droite.

La grande femme émet un son, et en me regardant dans les yeux dit « Il a écrit : Au secours ! Il y a le feu! »

En un instant, je suis devenu un assassin, et je remarque que les hommes à moustache bouillonnent. Le consulat allemand ne sera pas content.

« Expliquez-vous ! » m'ordonne l'homme dont la moustache est tellement épaisse et fringante qu'un Rajput l'envierait.

Mon heure est venue. Je ne tiens pas en place. Je réfléchis fort. Je commence mes aveux.

— Je m'appelle ദീപക് ഉണ്ണികൃഷ്ണൻ, j'ai vécu ici.

Popeye se penche contre la table, il se frotte le menton.

— Continuez, m'ordonne-t-il. Parlez nous de l'homme que vous avez tué…

— Ma sœur s'appelle ██ ██████. Elle est née ici.

Même la traductrice est maintenant assise, son derrière robuste posé sur une chaise, elle écoute, en croquant un biscuit. Popeye lève les sourcils.

« Le nom de mon père est ██ ████. Ma mère s'appelle █████ ██████. Quand ils ont débarqué dans cette ville pour la première fois, Edward Heath était premier ministre en Angleterre. Heath est mort en 2005, mon père devrait mourir avant la fin de ce jour. »

Quelqu'un allume une cigarette. Une autre personne appelle le consulat d'Allemagne.

« Le nom de mon grand-père est ███████ ███████. Il est également mort ici. »

Je m'interromps. Popeye avance vers moi, il me tend un verre d'eau.

« Je viens en visite ici tous les deux ans, je parle à tout le monde. J'étudie les pathologies. »

Popeye me regarde un long moment, il joue avec les boutons de son talkie-walkie, signifie d'un geste à l'un de ses subordonnés de lui donner un autre cookie.

— Et la raison de votre visite ?
— Familiale, je dis, familiale.
— Votre famille vous attend ? demande Popeye. Votre père vous attend ?
— Mon père est en soins intensifs, ou il était en soins intensifs – je ne suis plus sûr à l'heure qu'il est, j'explique.

— Qu'est-ce qu'il s'est passé ? me demande-t-il en mâchant son biscuit.

— Quelqu'un l'a frappé avec un tuyau il y a trois jours, et il est dans le coma.

Popeye et les autres digèrent cette information. Quelqu'un vérifie que l'enregistreur fonctionne bien. Des hommes sont entrés avec un brancard et un sac mortuaire. On dit quelque chose à Popeye. Il jette un regard vers moi, hoche la tête.

— J'ai téléphoné au consulat à Washington, je continue. Je vis en Oklahoma et j'ai dit à l'homme du consulat que mon père était sous respiration artificielle, probablement en état de mort cérébrale, que ses organes lâchaient, qu'on pouvait le débrancher à tout moment…

— Monsieur… me coupe Popeye.

Je ne m'arrête pas.

« L'homme au consulat me demande ma nationalité. Je lui dis. Il me dit : "Un visa touristique, de trois à quatre jours." Je ne comprends pas, je lui dis. "J'ai été élevé à Abou Dhabi, c'est chez moi, mon père est là-bas sur son lit de mort." "Je suis désolé dit l'homme. Trois ou quatre jours…"

Popeye tente de placer un mot. « Le mort… »

Je l'ignore une fois de plus. « Je le supplie. "Faites une exception, s'il vous plaît ! Il doit bien y avoir un moyen, mon…" »

« MONSIEUR ! Il s'exclame avec autorité. Expliquez-moi cette histoire d'homme mort, s'il vous plaît. »

Je suis livide. Je me fiche de ce que Popeye veut.

— S'il meurt avant que je puisse le voir, son corps ne sera pas immédiatement remis à ma famille. Autopsie obligatoire. Meurtre. Laissez-moi le voir avant ça.

Avant qu'ils l'ouvrent, c'est important que je le voie. S'il vous plaît, s'il vous plaît.

— L'Allemand mort, monsieur.

Popeye essaie une nouvelle fois.

« Pourquoi avoir tué cet homme en notre présence ? »

Je ne réponds pas.

« J'ai vécu ici. Je pleure. J'ai vécu ici ! Mon père ne respire plus tout seul, vous comprenez ? »

Les collègues de Popeye me retiennent, mais je me bats. Je mords, je griffe, je crache. Popeye répète constamment la même chose « L'homme mort. L'homme mort ? »

« Votre père est vivant ? » je demande. « Vous avez encore votre père, vous autres ? Est-ce que quelqu'un comprend ? »

J'arrive finalement au bout de la patience de Popeye, il ordonne à ses hommes de me démanteler une fois de plus, ce qu'ils font, et une fois tous les biscuits mangés, ma tête est placée dans le bocal à cookies. Le reste de ma personne est rangé n'importe comment sur la table ou remis dans des seaux.

« Je suis désolé pour votre père », me dit Popeye avant de quitter la pièce. « Mais vous avez tué un homme en notre présence. Je ne peux pas vous laisser partir. Je vais cependant informer votre sœur de votre arrestation, elle viendra certainement vous rendre visite. »

Je supplie docilement :

— Les fils ont des droits !

— Je suis désolé, dit Popeye avant de sceller le bocal, étouffant mes cris. Il donne l'ordre au trio moustachu, à la femme à la tête immense et à Rookie de le suivre à l'extérieur. J'attends là dans cet état pendant ce qui me semble des heures. Je m'endors, mon front reposant contre le verre froid.

Je suis réveillé par la sonnerie d'un téléphone mobile, le volume est réglé au maximum, il est posé sur la table à côté de ma valise, à côté de mes membres. Le sol est jonché de biscuits. Je reconnais la sonnerie. C'est ma sœur. Ils m'attendent pour que je fasse mes adieux.

Chapitre dix

Pravasis =